中原作家群年谱丛书

徐洪军　主编

宗璞

年谱

王海涛　梁宇　著

郑州大学出版社

图书在版编目（CIP）数据

宗璞年谱 / 王海涛，梁宇著. -- 郑州：郑州大学出版社，
2024.7
（中原作家群年谱丛书 / 徐洪军主编）
ISBN 978-7-5773-0005-4

Ⅰ.①宗… Ⅱ.①王…②梁… Ⅲ.①宗璞－年谱 Ⅳ.①
K825.6

中国国家版本馆 CIP 数据核字（2023）第 215401 号

宗璞年谱
ZONG PU NIANPU

策划编辑	李勇军	封面设计	孙文恒
责任编辑	孙精精	版式设计	孙文恒
责任校对	王晓鸽	责任监制	李瑞卿

出版发行　郑州大学出版社（http://www.zzup.cn）
地　　址　郑州市大学路 40 号（450052）
出 版 人　孙保营
发行电话　0371-66966070
经　　销　全国新华书店
印　　刷　河南瑞之光印刷股份有限公司
开　　本　890 mm×1 240 mm　1 / 32
印　　张　13.5
字　　数　284 千字
版　　次　2024 年 7 月第 1 版
印　　次　2024 年 7 月第 1 次印刷

书　　号　ISBN 978-7-5773-0005-4　定　　价　68.00 元

本书如有印装质量问题，请与本社联系调换。

"中原作家群年谱丛书" 总序

程光炜

2011 年秋冬之际，我到常熟理工学院林建法、丁晓原二位先生刚创办不久的《东吴学术》杂志做客。其间与建法先生谈起，能否在该刊开辟一个"当代作家年谱"栏目。一年后，在人大文学院再次跟他聊起此事，不承想，这个原本遥不可及的目标，已在他手里实现。如果我没记错，"中原作家群年谱丛书"的个别年谱的"简编"，就曾经刊载于这家杂志。但我不知道，这套年谱丛书的策划起意，是否与这件事情有关。

在当代文学史上活跃着一大批河南籍或者长期在河南生活、工作的作家，他们中的一些人已经在中国文坛上产生了重要影响，如姚雪垠、魏巍、李準、李季、白桦、张一弓、二月河、周大新、李佩甫、刘震云、李洱等。对于当代文学中的河南籍或者长期在河南生活、工作的作家来说，这套"中原作家群年谱丛书"对于他们生平事迹、生活道路、创作情况的介绍，对于他们不再以作品"制造者"，同时作为写作了这些故事的作者的"生活史"，出现在研究者和广大读者的视野中，是有很大的意义的。据我粗陋的印象，此前这些作家中的有些人，不仅从无一本"研究资料"，更谈不上"年谱"；所以，我想"中原作家群年谱丛书"的问世，对于河南当代文学研究，对于中国当代文学研究，切实提供了一批难能可贵的基础性的文献材料。

在文学批评之后，与文学史研究同步开展的作家传记、年谱和其他材料的整理，在近些年越来越受到当代文学研究界的注意，相关研讨会也此起彼伏。但是作为将这些工作进一步细化、深入化的年谱整理及研究，则是一项更为寂寞、艰苦和长期的基础性研究。由此可见本套丛书所经历的过程，作者所付出的努力，以及从初稿、统稿到出版的日日夜夜。

此前，信阳师范大学文学院就已经组织出版了两辑共 23 卷的"中原作家群研究资料丛刊"，现在又推出这套"中原作家群年谱丛书"，可以看出他们对中原作家群研究的逐步深入，这是特别值得肯定的地方，也借此机会向他们表示祝贺。

2023 年 11 月 3 日记于北京

目　录

contents

1965 年　38 岁／089

1966 年　39 岁／090

1967 年　40 岁／092

1969 年　42 岁／094

1970 年　43 岁／096

1971 年　44 岁／097

1972 年　45 岁／098

1973 年　46 岁／100

1974 年　47 岁／102

1975 年　48 岁／104

1976 年　49 岁／106

1977 年　50 岁／108

1978 年　51 岁／112

1979 年　52 岁／117

1980 年　53 岁／123

1981 年　54 岁／132

1982 年　55 岁／142

1983 年　56 岁／151

1984 年　57 岁／154

1985 年　58 岁／162

1986 年　59 岁／171

1987 年　60 岁／175

1988 年　61 岁／179

1989 年　62 岁／190

1990 年　63 岁／198

1991 年　64 岁／206

1992 年　65 岁／209

1993 年　66 岁／213

1994 年　67 岁／218

1995 年　68 岁／224

1996 年　69 岁／230

1997 年　70 岁／234

1998 年　71 岁／236

1999 年　72 岁／241

2000 年　73 岁／246

2001 年　74 岁／253

2002 年　75 岁／259

2003 年　76 岁／263

2004 年　77 岁／266

2005 年　78 岁／268

2006 年　79 岁／275

2007 年　80 岁／279

2008 年　81 岁／287

2009 年　82 岁／292

2010 年　83 岁／296

2011 年　84 岁／302

凡例

一、在中国当代文学史，尤其是新时期文学史上，河南作家占有十分重要的地位。从 1906 年出生的著名诗人苏金伞，到 1994 年出生的知名作家小托夫，在中国文坛上产生过较大影响的河南作家有近 40 位。在十一届茅盾文学奖 53 位获奖作家中，河南作家占了 10 位。为了总结当代河南文学的实绩，为此后的当代河南文学研究奠定基础，我们编著了这套"中原作家群年谱丛书"。

二、本丛书之谱主均为河南作家。其判断标准是，该作家或出生于河南——这种情况在本丛书中占绝大多数，或长期在河南工作、生活，主要作品在河南创作发表——如二月河，或在文化血缘上与河南有着十分密切的关系——如宗璞。

三、每位作家编著年谱一册，以呈现该作家的文学活动为重点，兼及中国文坛、河南文坛的相关问题。

四、每册年谱一般包括作家小传、年谱正文、参考资料、附录、后记等五部分。

五、年谱正文一般包括本年度大事记、作家活动、作家研究相关文献。

六、年度大事记选取该年度与作家生活、创作有关联、有影响的，或者对中国文学有较大影响的事件录入。全国社会生活、文学活动资料很多，从严录入；河南省文学活动资料整理有限，尽可能详细；各位作家出生、求学、工作、生活地域的资料依据不同作家灵活处理。

七、作家活动。

1. 作家年龄使用虚岁，即出生当年为一岁，以此类推。

2. 引用文献和人物介绍均使用脚注。

3. 正文中如有需要解释说明的内容，则不使用脚注，而用"按"；如有多条按语，则用"按一""按二"标识。每个作家的具体内容由编著人灵活处理。

4. 为了更为直观地呈现作家的文学活动，一般在年谱相应位置插入一些图片。这些图片主要包括作家及相关人物照片、作品发表期刊照片、作品版本照片、作家参与活动照片、重要地标照片等。

5. 如有可以直接引用的文献，一般原文引用，以显示"无一字无出处"；如需要引用的文字太多、太长，则由编著人概述。直接引用文献包括两类，一类是公开发表文献，将注明出处；作家日记、书信等一手文献原文，引用次数较多的，可以不用一一标明。

八、研究文献。

1. 一般研究文献只列作者、题目、报刊、出版年月等信息，如果该文献比较重要，则视情况概述该文献主要观点。

2. 研究文献归属年份：一般作品的研究文献，放到该文献发表年份表述；重要作品的研究文献，为方便读者了解该作品的研究现状，一般在该作品发表、出版年份将其所有研究文献集中展示。

九、附录的内容可以包括但不限于作家的创作年表、作家佚文或稀见作品文本、比较重要的作家访谈等。

宗璞小传

宗璞，原名冯锺璞（冯钟璞），1928 年 7 月 26 日（农历六月初十）出生于北平海淀成府槐树街 10 号，祖籍河南省南阳市唐河县祁仪镇，中国当代著名作家，笔名有宗璞、绿繁、简平、任小哲、丰加云等。宗璞在小说、散文、童话、诗歌、翻译、评论等方面颇有建树，1979 年，《弦上的梦》获得 1978 年全国优秀短篇小说奖；1980 年，《总鳍鱼的故事》获得首届全国优秀儿童文学奖；1981 年，《三生石》获得全国优秀中篇小说奖（1977—1980 年）；1983 年，《核桃树的悲剧》获得钟山文学奖；2005 年，《东藏记》获得第六届茅盾文学奖；2018 年，《北归记》获得第三届施耐庵文学奖。其作品有英、法、西、日、韩、捷克等译本。

宗璞的人生大致可分为五个阶段：

1928—1937 年是最无忧无虑的童年阶段。1928 年 7 月 26 日出生于北平，是年 10 月就随父亲冯友兰迁居清华大学南院 17 号，后进入清华大学附设的教师子弟学校成志小学读书，在清华园乙所居住九年。

1937—1945 年是历经抗战、体味人世疾苦、汲取父辈师辈家国情怀的阶段。1937 年夏，宗璞读完小学四年级后辍学在家，与母亲任载坤在白米斜街 3 号居住一年。父亲冯友兰先行南迁，1938 年到达云南蒙自，执教于西南联合大学。1938 年 6 月，母亲携宗璞兄弟姊妹四人到达蒙自。两个月后，迁往昆明。1943 年，宗璞完成关于滇池海埂的散文（佚题）。在昆明的八年时间里，宗璞曾就读于南菁小学、西南联大附中。宗璞延续背诵古典诗词的习惯，大量阅读文学、哲学、自然科学方面的书籍。此流亡阶段，跑警报成为日常，疾病与清苦相伴，亦见证着联大师生们弦歌不辍、坚韧不拔的精神风貌。

1946—1977 年是汲取知识、改造思想和铸造灵魂的阶段。1946 年 5 月，自联大附中高中毕业。7 月，随父母回到北平，后考入南开大学外国语文系，两年后考入清华大学外国语文系二年级。1947 年，发表短篇小说《A. K. C》，是为小说处女作。1951 年，于清华大学外文系毕业，毕业论文为 *THE IDEA OF NECESSITY IN THOMAS HARDY'S POETRY*，可译为《哈代诗歌中的必然观念》，或《论哈代》。毕业后分配到政务院文教委员会宗教事务处。1952 年，随父母迁居北大燕南园。1954 年，调到中国文学艺术界联合会工作，开始翻译和评论外国文学作品。1957 年，调至《文艺报》担任编辑，任国际组组长。1957 年，发表短篇小说《红豆》，在文坛崭露头角，成名的同时也遭受诸多批判。1959 年，下放至河北涿鹿县温泉屯村，开始与农民、农村有了接触，真诚地改造自己。1960 年，调至《世界文学》编辑部，任评论组组长。1962 年，加入中国作家协会。1966 年，因是"冯友兰的女儿"遭到批斗。1969 年，与中央音乐学院附中语文教师蔡仲德结婚。此一阶段，社会处于大变革时期，宗璞努力改造自己，但"心灵深处的小资产阶级王国"坚固难移，于是在 1963 年年底无奈搁笔。1970 年，迁回北大燕南园与父母同住。

1978—1988 年是思想解放阶段，宗璞迎来了创作丰年。新时期的到来，宗璞既有研究和创作任务，也有照顾父亲的责任。此一时期，宗璞创作出《弦上的梦》《泥沼中的头颅》《三生石》《米家山水》《鲁鲁》等优秀小说；创作出《花的话》《吊竹兰和蜡笔盒》《露珠儿和蔷薇花》《书魂》《贝叶》《总鳍鱼的故事》等童话；散文也出现众多佳作。1981 年，调至外国文学研究所英美文学研究室工作，研究过英国女作家凯瑟琳·曼斯菲尔德、英国女作家伊丽莎白·波温（鲍恩），写过相关评论文章。1982 年，加入国际笔会。1984 年，出访英国。1985 年，成为中国作家协会第四届理事；开始长篇小说《野葫芦引》第一卷《南渡记》的创作，因要专心写作，便放弃研究。1988 年，于中国社会科学院外国文学研究所退休，同年《南渡记》出版是此一时期的总结。

1989 年至今是与疾病抗争并全力创作的阶段。宗璞将大部分精力用于照顾父亲冯友兰的日常起居，帮助父亲完成《中国哲学史新编》。1990 年 11 月，冯友兰去世。1991 年，因气管炎生病住院。2000 年，患眼疾，手术后失去大部分视力，不能继续阅读。2004 年 2 月，丈夫蔡仲德去世。身体与心理的病痛双重交叠并未毁其心志，宗璞仍如蚂蚁衔沙般口授创作，先后完成《她是谁?》（2001）、《惚恍小说（四篇）》（2008）、《琥珀手串》（2011）、《你是谁?》（2018）等短篇小说以及众多优秀散文，并且完成鸿篇巨制《野葫芦引》的后三卷《东藏记》（2000）、《西征记》（2009）、《北归记·接引葫芦》（2018）。2024 年，《宗璞文集》（全十卷）于人民文学出版社出版。

1928年　1岁

　　7月　26日（农历六月初十），出生于北平海淀成府槐树街10号。原名冯鍾璞，又作冯锺璞、冯钟璞，祖籍河南省南阳市唐河县祁仪镇。"冯鍾璞"何以为宗璞？宗璞说："我不喜欢鍾的简体字，它和鐘表的钟（这个字总让我想起双铃马蹄表）的简体字变成了一个字。鍾天地之灵秀和做一天和尚撞一天鐘，成了一回事，令人不悦。""再说'鍾'字。'鍾'字是我们家族的排行，到我这一辈人的名字都有个'鍾'，鍾字辈的堂兄弟姊妹共有三十六人。既然它已变成和尚撞的钟，我无论如何也要换一换。那时写文章要个名字，就想了一个和'鍾'字读音相近的'宗'作笔名。稀里糊涂地写在笔下，戴在头上几十年。……在正式场合，笔名是无效的，需要用本名，我则总写繁体字的'鍾'，以示郑重。后来又因常有人误认为我姓宗，便又在宗璞前加了我的本姓。""偏偏又出现了一个偏旁简化的钅。字典上没有这个字，只统一说明，这个偏旁就是金的简化，那么锺就应该等于鍾。"① 最终因为汉字简化问题，渐渐承认并使用"钟"。

按：宗璞祖籍河南省南阳市唐河县祁仪镇。冯友兰《三松堂全集》记载，冯氏家族原籍山西高平县（现为高平市），始祖于清康熙五十五年（1716 年）经商来唐河祁仪镇，因家焉，后遂为唐河望族。

宗璞出生于书香世家。父亲冯友兰（1895—1990）是中国著名哲学家、教育家。1918 年毕业于北京大学哲学系；1919 年考取公费留美资格，进入哥伦比亚大学研究院学习哲学；1923 年通过论文答辩；1924 年获得美国哥伦比亚大学哲学博士学位。回国后曾任教于中州大学、中山大学、燕京大学。时年 33 岁。母亲任载坤（1894—1977），字叔明，河南新蔡人，是辛亥革命前辈任芝铭②的三女儿。任芝铭思想开明，不主张女子缠足，且要女子识字。任载坤在民国初年得以进入当时的女子最高学府北京女子师范学校读书。1918 年毕业后在开封与冯友兰结婚。冯友兰任河南第一工业学校语文、修身教员，任载坤任河南女子师范预科算术教员。时年 24 岁。姑姑冯沅君（1900—1974）亦是学识渊博的学者，是中国现代著名女作家、古典文学家。

---

① 宗璞：《扔掉名字》，载《文汇报》笔会编《每次醒来，你都不在》，文汇出版社，2006，第 239—240 页。

② 任芝铭（1869—1969），男，原名近三，字子勉，河南新蔡人。曾因逃亡化名志民、志珉。祖上从山东逃荒到河南新蔡县，1903 年中举，是中国近代民主革命家、中国同盟会成员。1928 年在新蔡县创办今是中学，任董事长，1938 年任校长。夫人张梦吉（1873—1938），为响应任芝铭号召，带头解放女儿的小脚。育有任馥坤、任纬坤（任锐）、任载坤、任焕坤、任叙坤、任平坤（任均）。

叔叔冯景兰（1898—1976）是中国著名地质学家，中国矿床学的重要奠基者。宗璞出生时家中已有 9 岁的姐姐钟琏和 4 岁的兄长钟辽。

8 月　罗家伦邀请冯友兰到清华大学任哲学系教授兼任校秘书长。

10 月　随父迁居清华大学，居南院 17 号。

1929 年　2 岁

　　1 月　祖母吴清芝从北京返回开封冯景兰处，冯友兰到车站送行。24 日，姑姑冯沅君与陆侃如在上海结婚，冯友兰为其主婚。

　　4 月　5 日，冯友兰因病到上海治疗，任载坤陪同。

　　5 月　1 日，冯友兰、任载坤由沪返平。

　　9 月　自本学期始，冯友兰担任清华大学哲学系主任。

1930 年　3 岁

　　4 月　迁至清华园乙所。宗璞常在清华园内的小桥旁玩耍。《萤火》中写道："大概是两三岁时，一天母亲进城去了，天黑了许久，还不回来。我不耐烦，哭个不停。老嬷嬷抱我在桥头站着，指给我看那桥边的小道。'回来啦，回来啦——'她唱着。其实这全不是母亲回来的路。夜未深，天色却黑得浓重，好像蒙着布，让人透不过气。小桥下忽然飞出一盏小灯，把黑夜挑开一道缝。接着又飞出一盏。花草亮了，溪水闪了。黑夜活跃起来，多好玩啊！我大声叫了：'灯！飞的灯！'回头看家里，已经到处亮着灯了，而且一片声在叫我。"[①]

---

　　① 宗璞：《萤火》，载蔡仲德编纂《宗璞文集》（第一卷），华艺出版社，1996，第 114 页。

1931 年　4 岁

12 月　31 日，小弟冯钟越①于北京出生。

---

① 冯钟越（1931—1982），男，祖籍河南省唐河县，出生于北京。中国第一代飞机强度专家，曾任中国航空工业部第 623 研究所总工程师兼副所长、623 所党委委员。

1933 年　6 岁

9 月　进入清华大学附设的教师子弟学校成志小学读书。冯友兰回忆宗璞在幼儿园毕业班家长会的情景："头戴花纸帽，手拿指挥棒，和好些小朋友一起走上台来，宗璞喊了一声口令，小朋友们整齐地站好队。宗璞的指挥棒一上一下，这个小乐队又唱又跳，表演了好几个曲调。台下掌声雷动，家长和来宾哈哈大笑。"[①]

宗璞的文学之路源于父亲冯友兰的启蒙。宗璞说："父亲对我们很少训诲，而多在潜移默化。他虽然担负着许多工作，和孩子们的接触不很多，但我们却感到他总在看着我们，关心我们。……那时我们常把各种杂志放在地板上铺成一条路，在上面走来走去。不知为什么他们都不理我了，我们可能发出了什么声响。父亲忽然叫我到他的书房去，拿出一本唐诗命我背，

---

① 　转引自常莉：《宗璞：铁箫声里玉精神》，大象出版社，2007，第 15 页。

那就是我背诵的第一首诗，白居易的《百炼镜》。"① 父亲一边教一边讲解内容，"唐太宗曾说，'以铜为镜，可以正衣冠；以古为镜，可以知兴替；以人为镜，可以明得失'，就是说，从别人身上，自己应该学习领悟一些东西。"② 父亲那抑扬顿挫的声音深深吸引了宗璞，也激发了她对古典诗词的浓烈兴趣。此后，背诗成为宗璞的习惯。宗璞谈到父亲的启蒙作用："父亲在文学方面很有天赋，能写旧诗，并且常谈一些文学见解，对我起了启蒙作用。"③

① 宗璞：《那青草覆盖的地方》，载王景科主编《新中国散文典藏（第5卷）》，山东友谊出版社，2015，第119页。
② 杨长春：《冯友兰对女儿宗璞的言传身教》，《纵横》2019年第2期。
③ 施叔青：《又古典又现代——与大陆女作家宗璞对话》，《人民文学》1988年第10期。

1935 年　8 岁

约是年　偶然的机会，宗璞学会了骑自行车。散文《铁箫声幽》中写道："清华园乙所的住宅中有一间储藏室，靠东墙冬天常摆着几盆米酒，夏天常摆着两排西瓜。中间有一个小桌，孩子们有时在那里做些父母不鼓励的事。记得一天中午，趁父母午睡，哥哥在那里做'试验'，我在旁边看。他的试验是点一支蜡烛烧什么东西，试验目的我不明白。不久听见母亲说话。他急忙一口气噗地吹灭了蜡烛，烛泪溅在我身上。我还没有叫出来，他就捂住我的嘴，小声说：'带你去骑车。'我总是坐在大梁上左顾右盼游览校园。哥哥知道我喜欢坐大梁，便用这'游览'换得我不揭发。那天的'试验'也就混过去了。后来我要自己骑车了。我想那时的年纪不会超过九岁，大概八岁。因为九岁那年夏天开始抗战，我们离开了清华园。我学会骑自行车完全是哥哥的力量。那时在清华园内甲、乙、丙三所之间有一个网球场，我们好像从来没有打过网球，只在地上弹玻璃球。我在这场地上学骑自行车，用的是哥哥的那辆小车，我骑车，他在后面扶着座位跟着跑。头一天跑了几圈，第二天又跑了几圈。我忽然看见他不跟着车了，而是站在场地旁边笑。我本来骑得很平稳了，一见他没有扶，立刻觉得要摔倒，便大叫起来。哥哥跑过来扶住车，我跳下来，便捏紧拳头照他身上乱捶。他只是笑，说：'你不是会骑了吗？'"① 宗璞不无感慨地说是兄弟姊妹让她的生活变得丰富："想想我的童年，如果没有我的哥哥和弟弟，我将不会长成现在的我。我们兄弟姊妹四人，大姐钟琏长我九岁，所以接触较少，哥哥钟辽长我四岁，弟弟钟越小我三岁。整个的童年是和哥哥、弟弟一起度过的。"②

1935 年，全家合影。后排左起：任载坤、吴清芝、冯友兰；前排左起：冯钟琏、冯钟辽、冯钟璞、冯钟越

① 宗璞：《铁箫声幽》，《随笔》2012 年第 3 期。
② 宗璞：《铁箫声幽》，《随笔》2012 年第 3 期。

1936 年　9 岁

是年　阅读第一本外国文学作品《块肉余生述》，即林琴南所译《大卫·科波菲尔》，因年纪尚小还读不太懂。

幼年时期，宗璞阅读了大量的儿童读物和小说，诸如《格林童话》、《爱丽丝梦游仙境》、《西游记》、《红楼梦》、《七侠五义》（清代俞樾改编）、《隋唐演义》、《小五义》、《水浒传》、《荡寇志》等。

按：《红楼梦》对宗璞产生了极大影响。她曾数次谈起《红楼梦》："我从幼时读有护花主人评的《石头记》，常和兄弟比赛对回目，背诗词，却当有人来借《红楼梦》时，答以没有。"[1] "我读的《红楼梦》与现在的人民文学出版社 1982 年版不同，忘记是什么本子了。……《红楼梦》的好就在这里。一个是在世俗社会里头很圆满，一个是离经叛道，整个人都不合流。林黛玉就代表了一种精神。人们喜欢黛玉是有原因的，在

---

[1]　宗璞：《无尽意趣在"石头"——为王蒙〈红楼梦启示录〉写》，《读书》1990 年第 4 期。

黛玉身上表现了觉醒的人格意识。某回宝黛口角之后，黛玉说我为的是我的心，宝玉说我也为的是我的心，这在中国小说史上是头一次有这样的对话，他们有自己的心。所以这两个人物光辉万丈，他们的爱情又是在知己的基础上形成的，更是感人。"[1] 她还谈到《红楼梦》的独特之处在于"在现实描写中加入了木石前缘的故事，使得全书稍带有浪漫主义色彩"，更是向美国朋友极力推荐《红楼梦》，认为它"确实是一本奇书，非常值得一读"[2]。

---

[1]　侯宇燕：《细笔新悟红楼梦》，新世界出版社，2016，第233—237页。

[2]　宗璞：《传统与外来影响》，《当代文坛》1988年第4期。

1937年　10岁

7月　中旬，迁至白米斜街3号。月底，冯友兰将宗璞、钟越送到燕京大学冯沅君处。冯沅君和陆侃如任教于燕京大学，因是教会学校而较为安全。姐弟二人在那里度过了一个愉快的暑假。宗璞写道："在临湖轩下面池塘旁边的土坡上玩沙土，用沙土造桥、造路、造房屋，有时还造出一排小房子。说是小房子，当然那是加上想象的，建成了又推倒，很自由。那时我吃米饭总喜欢拌上白糖，在家里母亲是不允许的，因为这样会影响吃菜。四姑则随我们的意，不加管束。四姑父还把我和小弟轮流抢起来转圈，别的长辈从来没有过。我们很喜欢这个游戏，总是高兴得咯咯地笑。四姑和四姑父也笑，我想，这样的情形在他们的生活里不是很多。"①

8月　教育部决定将清华大学、北京大学、南开大学迁往湖南长沙，组成长沙临时大学，北京大学校长蒋梦麟、清华大学

①　宗璞：《四姑——你能告诉我吗?》，《新民晚报（美国版）》2018年12月20日。

校长梅贻琦、南开大学校长张伯苓三人任临时大学筹备委员会常委委员。是月，姐姐冯钟琏考入燕京大学外国语文系。

9月　冯友兰奉命前往长沙。到长沙后，住下麻园岭。宗璞回到白米斜街居住，后辍学。

1938 年　11 岁

春　北京大学、清华大学、南开大学三所高校从长沙迁往昆明，三校合并为西南联合大学。冯友兰与朱自清、汤用彤、陈岱孙等从广西前往河内，途中冯友兰左臂撞到城墙受伤，在河内住院治疗。病愈后，经河内到昆明，得知文学院设于蒙自后又前往蒙自。

5 月　4 日，西南联大开始上课，理、工学院设于昆明拓东路迤西会馆、全蜀会馆和江西会馆，文法学院设于蒙自。冯友兰任西南联大哲学系教授，担任文学院院长，成为当时领导集团的中坚力量。

按：西南联大成立初期，因昆明校舍不足，文学院、法商学院于 1938 年 4 月迁至蒙自办学，合并为"文法学院"，又称西南联大蒙自分校。

6 月　5 日下午 6 时，任载坤携子女抵达蒙自，宗璞一家在桂林街王维玉住宅安家。"那是一个有内外天井，楼上楼下的云南住宅。一对年轻夫妇住楼上，他们是陈梦家和赵萝蕤。我们住楼下。在楼下的一间小房间里，父亲修订完毕《新理学》，交小印刷店石印成书。"[1] 闻一多住冯家隔壁，两家门前都有西餐桌面大小的土地，种了些豌豆类的作物以供食用。宗璞的母亲任载坤与闻夫人常在菜地里交谈，宗璞、冯钟越、闻立鹤、闻立雕在一旁玩耍。任载坤常在周六请客吃饭，多是炸酱面、摊鸡蛋皮和炒豌豆尖。

1938 年，和弟弟冯钟越

　　7 月 7 日，西南联大师生和当地民众在旧海关旷地举行抗战纪念集会，冯友兰发表演讲，强调了一年以来抗战取得的

---

　　① 宗璞：《梦回蒙自》，载蔡仲德编纂《宗璞文集》（第一卷），华艺出版社，1996，第 89 页。

成绩。

8月 上、中旬，西南联大文法学院由蒙自迁往昆明昆华工业学校。宗璞一家住在登华街，"租用云南教育厅厅长龚自知房屋，仍与陈梦家、赵萝蕤夫妇为邻"①。

9月 宗璞、冯钟越就读北门街南菁小学。28日，日军9架飞机首次轰炸昆明。为躲避空袭，姐弟二人住校。这段时间，宗璞常和哥哥、弟弟于周末从乡下步行进城，一路走一路说话、讲故事、猜谜语、对小说回目，还轮流主讲他们自创的故事。

秋 迁至昆明小东城角16号，与冯景兰一家合住。宗璞记忆中的小东城角："一个小花园中有两幢小楼，我们和叔父景兰先生一家住在里面一幢，大门边的一幢由房东自己住。"② 宗璞经常在星期日或节假日到绥靖路图书馆看书，其中一本《兰花梦》给她留下了深刻印象。"从小到大，我去的第一个图书馆是昆明绥靖路图书馆。那恰是一个基层图书馆，是属于一个区的，藏书不多，可以随便借阅。我家当时住在昆明小东城角，暑假里安排的下午活动就是去图书馆。常常是跟着哥哥，有时姐姐也去。大家坐在一条长木凳上借书来读。我主要是读小说。记得读过的书中，有一本名为《兰花梦》，内容和《孟丽君》相似，只是写了女子不管得了怎样的高官厚禄，在家庭中还是受虐待，可谓新观点。"③

---

① 蔡仲德编撰：《冯友兰先生年谱长编》（上），中华书局，2014，第279页。
② 宗璞：《小东城角的井》，《女声》1988年第11期。
③ 宗璞：《让老百姓有书读》，《光明日报》1996年8月21日。

按：《兰花梦》，全称为《兰花梦奇传》，吟梅山人所作，是晚清长篇白话小说，描写了封建贵族家庭之女女扮男装在官场建功立业的故事，但是婚姻的悲剧使其郁郁而终。

是年 　在昆明生活时，宗璞延续了背诗的习惯。"父母分工，父亲管选诗，母亲管背诵，短诗一天一首，《长恨歌》《琵琶行》则分为几段，每天背一段。母亲那时的住房，三面皆窗，称为玻璃房。记得早上上学前，常背着书包，到玻璃房中，站在母亲镜台前，背过了诗才去上学。"① 宗璞时常到文科研究所看书，不仅接触到文学方面的书籍，也接触到了哲学、自然科学等方面的书籍。

按：在昆明时，宗璞常和兄、弟趁父母午睡时偷喝云南果酒。"云南开远杂果酒，色殷红，味香甜。童年在昆明，常在中午大人午睡时，和兄、弟一起偷饮这种酒，蜜水一般，好喝极了。却不料它有后劲，过一会便头痛。宁肯头痛，还是偷喝。头痛时三个人都去找母亲。母亲发现头痛原因，便将酒瓶藏过了。那时我和弟弟住一间房，窗与哥哥的窗成直角。哥哥在两窗间挂了两根绳子，可拉动一小篮，装上纸条，便成土电话。消息经过土电话而来，格外有趣。三人有话当面不说，偏忍笑回房写纸条。纸条上有各种议论，还有附庸风雅的饮酒诗。"②

---

① 宗璞：《那青草覆盖的地方》，载王景科主编《新中国散文典藏（第5卷）》，山东友谊出版社，2015，第119页。

② 宗璞：《酒和方便面》，载蔡仲德编纂《宗璞文集》（第一卷），华艺出版社，1996，第295—296页。

1939 年　12 岁

9 月　19 日，为解决西南联大教职工子女以及北迁而来的学生上学问题，西南联大向国民政府呈文，"呈请教育部指拨专款，筹设本大学师范学院附中、附小及幼稚园"①。

秋　迁至昆明郊区龙泉镇。在龙泉镇，居城内平政街，所租房为楼房，房东住楼下，与吴有训、陈梦家三家住楼上。冯友兰记载："那时昆明常受空袭，机关私人，多疏散至乡间。清华在昆明东北龙头村附近之麦地村租房一座，作为清华文科研究所。清华中国文学系的教授助教，都住在那里。每星期有三天到联合大学上课，有三天住研究所里做研究工作。……那时候我的家眷也住在龙头村，进城来往，都是步行。"② "疏散到离城十七八里的村子，叫'龙头村'。这个村子是昆明郊区比较大一点的集镇，又叫'龙泉镇'。疏散到这个地方的人很多，有

---

①　转引自黄钰生：《回忆西南联大附校》，《云南师范大学学报（哲学社会科学版）》1990 年第 A1 期。

②　冯友兰：《回念朱佩弦先生与闻一多先生》，《文学杂志》1948 年第 5 期。

西南联大的人，也有中央研究院历史语言研究所的人，还有北大的文科研究所。……这样，龙泉镇就成了当时的一个文化中心了。"① 后来，宗璞随父母搬到村边小土山的旧庙里。"那座庙修在村边的小土山上，已经没有神像了。这座庙有两层院子，后一层是龙泉镇镇公所，前一层的北房是一个公司的仓库，东厢住一对德国犹太人夫妇，据说男的原是德国外交部官员，被希特勒赶出来的。我家住在西边厢房里。"② 冯友兰在西南联大上课、办公暂居城里，宗璞等住校，任载坤留守旧庙。为此，邻居犹太夫人特赠送朋友的小狗给任载坤，冯友兰为其取名"玛丽"。宗璞很喜欢玛丽，常给它喂食、洗澡，带它游山玩水。抗战结束后，冯家离开昆明时欲将玛丽带走，碍于乘飞机不允许携带，只能转交给任载坤的大姐寄养。后来宗璞以此为原型创作了短篇小说《鲁鲁》。

　　是年　昆明遭遇激烈空袭，死亡人数高达百人，西南联大数名学生因此遇难。宗璞的八姐（宗璞在家族排行第九）、十妹在轰炸中丧命。

---

　　① 　冯友兰：《三松堂自序》，载《三松堂全集（第 1 卷）》，河南人民出版社，2001，第 92 页。

　　② 　冯友兰：《三松堂自序》，载《三松堂全集（第 1 卷）》，河南人民出版社，2001，第 94 页。

1940 年　13 岁

年初　患病休学，由母亲指导学习初中课程。宗璞在《花朝节的纪念》中写道："静静的下午，泥屋、白木桌。母亲携我坐在桌前，为我讲解鸡兔同笼四则题。父亲从城里回来，笑说这是一幅乡居课女图。"[①]

宗璞对母亲有着深厚的情感，认为母亲是家里至高无上的守护神。"在我们家里，母亲是至高无上的守护神。日常生活全是母亲料理。三餐茶饭，四季衣裳，孩子的教养，亲友的联系，需要多少精力！我自幼多病，常和病魔作斗争。能够不断战胜疾病的主要原因是我有母亲。如果没有母亲，很难想象我会活下来。在昆明时严重贫血，上纪念周站着站着就晕倒。后来索性染上肺结核休学在家。当时的治法是一天吃五个鸡蛋，晒太阳半小时。母亲特地把我的床安排到有阳光的地方，不论多忙，这半小时必在我身边，一分钟不能少。"[②] 从母亲身上，宗璞感

---

① 宗璞：《花朝节的纪念》，《中华散文》1993 年 9 月创刊号。
② 宗璞：《花朝节的纪念》，《中华散文》1993 年 9 月创刊号。

受到了中国妇女的魅力："在中国妇女贤淑的性格中，往往有极刚强的一面，能使丈夫不气馁，能使儿女肯学好，能支撑一个家庭度过最艰难的岁月。孔夫子以为女人难缠，其实儒家人格的最高标准'富贵不能淫，贫贱不能移，威武不能屈'，用来形容中国妇女的优秀品质倒很恰当，不过她们是以家庭为中心罢了。"①

7 月 10 日，西南联大师范学院附设学校筹备委员会成立，西南联大师范学院院长黄钰生为召集人，并由黄钰生、冯友兰、吴有训、查良钊、陈雪屏五人担任委员。31 日，西南联大常委正式任命黄钰生兼任附设学校主任，即校长。

是年 年底，联大附校改为国立西南联合大学师范学校附属中、小学校。

---

① 宗璞：《花朝节的纪念》，《中华散文》1993 年 9 月创刊号。

1941 年　14 岁

4 月　27 日下午，清华大学在昆明拓东路迤西会馆联大工学院举行清华 30 周年校庆。

此次校庆，西南联大七位先生合照上标注：梅贻琦、冯友兰、施嘉炀、潘光旦、陈序经、叶企孙、吴有训。

2011 年 6 月，宗璞接受李扬采访时，告知照片名字标注有误，"那天教师们聚会，大都阖第光临，许多孩子都去了，我也去了。照片中的 7 位先生是 20 世纪三四十年代清华的领导成员，也差不多就是西南联大的领导班子，他们当时正在壮年，全力为国家、民族苦撑着教育事业。但可惜，展板上标注的名字有误，写的陈序经其实是陈岱孙，把吴有训写成了叶企孙，把叶企孙写成了吴有训。这块展板展出一个多月，无人注意。感谢他们后来送来给我，我才看到。后来的人不认得以前的人，是很自然的，认得的就会说出来"①。

---

① 李扬：《宗璞　希望写的历史向真实靠近》，《文汇报》2011 年 8 月 9 日。

7月　冯钟琏毕业于西南联合大学，前往新加坡与张小毅结婚（后离婚）。冯钟辽考入西南联大先修班。

1942 年　15 岁

秋　宗璞考入西南联大附中二年级，住校。与闻一多次子闻立雕同班。

11 月　8 日，下午举行开学典礼。

按一：按照教学计划，联大附中二年级每周要上六堂国文，课本采用夏丏尊所编开明出版之初中国文教本，"文言语体兼而有之"，每学期授课约二十课，"每学期补充'政论'教材数篇，内容如《大公报》社评之类，此外，教师自由斟酌学生年级与程度，补充语体或文言教材若干篇"。关于写作教学，"每学期作文十次左右，每次作文时间为二堂，以在堂上缴卷为原则，题目由教师拟定，有时也叫学生各自拟题，或使学生写自己印象最深刻的东西，由教师给他加上题目"。定期组织作文比赛，"每学期举行一次，高初中各为一组，各班均须参加，由科主任命题，高中组重论说文字，初中组重叙述描写文字"。①

---

　　①　刘沣溪：《抗战期间昆明西南联大附中的国文教学》，《教育短波》1946年复刊第 1 期。

据联大附中学生回忆："附中的课外活动是丰富多采（彩）的。在课外活动中培养学生的志向和毅力，培养正义感和高尚的情操，摄取课内学习不可能得到的知识，锻炼健康的体魄。闻一多、华罗庚、费孝通、冯友兰、杨武之、刘禹昌、杨振宁、马约翰、许祯阳、胡毅等先生，都曾在附中兼课或指导附中的课外活动或作过精辟的演讲。闻一多和光未然先生经常来校指导，并亲自朗诵艾青《大堰河——我的保姆》等诗作以及他们自己的作品。在学生中还开展过演讲比赛、歌咏比赛、作文比赛等。"①

按二：联大附中考试非常严格。段承祐写道："附中对那些'权贵'们从不摧眉折腰。任何人都必须和其他学生一样，参加考试，择优录取，就是联大教授们的子女也是如此。凭'人情'或'关系'是进不了附中的。"②

---

① 段承祐：《回忆西南联大附中》，《云南师范大学学报（哲学社会科学版）》1990年第S1期。
② 段承祐：《回忆西南联大附中》，《云南师范大学学报（哲学社会科学版）》1990年第S1期。

1943 年　16 岁

　　2—6 月　冯友兰到重庆、成都讲学，任载坤随行治病（子宫切除手术），"锺璞、锺越寄住梅贻琦家"①。宗璞、冯钟越、梅祖芬三人经常偷吃泡饭，每人都能吃两三碗，直到吃得再也咽不下，有时弄得胃痛得起不了床。"梅伯母不知缘故，见三人一起不适，甚感惊慌。好在服用酵母片之后，个个痊愈。梅伯母已年近百岁，对于一起胃痛的奥妙，还是不甚了然。"②

　　8 月　迁至北门街。

　　是年　宗璞中学三年级，完成滇池海埂之散文（佚题），发表于昆明某刊物，是为处女作。宗璞写道："我的写作，自散文始。那是一九四三年，我的第一篇关于滇池的散文在昆明一家刊物上发表，署名'简平'。刊名记不得了，只记得那发黄发脆的纸。当时我为自己撰有一联：'简简单单，不碍赏花望月事；

---

①　蔡仲德编撰：《冯友兰先生年谱长编》（上），中华书局，2014，第 369 页。
②　宗璞：《从"粥疗"说起》，《收获》1992 年第 3 期。

平平凡凡，自是顶天立地人'。"①

按：宗璞在《书当快意》一书序言中写道："一九四四年夏天，我在西南联大附中高中一年级学习。学校安排我们到滇池中间的海埂上露营，夜间有站岗、偷营等活动，得以亲近夜色。我非常喜爱月光下茫茫的湖水，很想站在水波上，让水波带我到很远很远的地方。我把这种感受写了一篇小文，寄给昆明的某个杂志。文章发表了，是在一种很粗糙的土纸上。那是我的第一篇散文。我没有好好保存它，现在已经找不到了。而那闪着银光的茫茫湖水却永远在我的记忆里。"② 关于这篇散文的出处仍待商榷。唐艳群、金星《宗璞〈我生平所最值得回味的事〉考释》（《洛阳理工学院学报》2023年第1期）一文认为，宗璞最早发表的作品是写于1945年8月19日的《我生平所最值得回味的事》，该文刊于《中央周刊》1946年第1期，系《中央周刊》第四届"暑期写作奖金征文"选登作品。此处暂取《宗璞文集》（华艺出版社1996年1月版）中所载处女作日期。

---

① 宗璞：《第一卷说明》，载蔡仲德编纂《宗璞文集》（第一卷），华艺出版社，1996，第1页。

② 宗璞：《序》，载宗璞著、杨柳编《书当快意》，浙江文艺出版社，2015，第1页。

1944 年　17 岁

12 月　22 日，祖母吴清芝于河南省唐河县祁仪镇病逝，享年83 岁。

是年　杨振宁教宗璞高中数学。杨振宁于西南联大毕业获得硕士学位，在等待赴美深造过程中，经其父杨武之①引荐成为西南联大附中的一名高中数学教师，宗璞便是其所教学生之一。

---

① 杨武之（1896—1973），男，原名杨克纯，号武之，祖籍安徽凤阳县，出生于安徽合肥。数学家，曾在清华大学和西南联合大学数学系任教，担任系主任。后又任教于同济大学、复旦大学。

1945 年　18 岁

　　1 月　西南联大在西仓坡建造教职员宿舍，采取抽签方式予以分配，冯友兰抽中。上旬，宗璞随父亲迁至西南联大教师宿舍。中旬，父亲与叔叔冯景兰离开昆明回老家奔丧。

　　2 月　6 日，冯友兰完成《祭母文》，其中写到子女的情况："链（女锺链——冯友兰自注）幼依于祖母，备受母之恩勤，今远嫁于星岛，久不通于音闻，即吾母之永逝，亦欲告而无因，惟确知其无恙，母无用于忧心。应盟军之东至，辽（子锺辽——冯友兰自注）从军而远征，渡怒江而西进，旋奏绩于龙陵，继歼敌于遮放，今次师于畹町。斯吾母之遗体，为国家之干城，虽名位之微卑，亦告慰于尊灵。尚幼稚之璞越（次女锺璞，次子锺越，为母繁书'福体安康'四字——冯友兰自注），祝福体之安康，书鸟篆于鸾笺，欲进贴于母床，藉献岁之发春，博欢笑于一觞。"[1] 数年后，宗璞听闻"父亲与叔父一同回老家

---

　　① 蔡仲德编撰：《冯友兰先生年谱长编》（上），中华书局，2014，第 402 页。

奔丧，县长来拜望，告辞时父亲不送；而对一些身为老百姓的旧亲友，则一直送到大门。乡里传为美谈"①。中旬，冯友兰与冯景兰启程返回西南联大。16 日，闻一多带领学生到尾泽村参加活动，宗璞、冯钟越、闻立雕、闻立鹤随行。活动地点是尾泽小学，活动形式是朗诵会。闻一多发表讲话后，大学生们开始朗诵诗词、唱歌。宗璞兴趣不大，便在操场边学习阿细跳月。活动结束后，前往石林游玩。

按：阿细跳月是彝族民间舞蹈形式之一，流行于云南弥勒和石林等彝族支系撒尼、阿细人聚居区。

3 月　冯钟辽由国民政府军事委员会外事局派往美国进修，主修空军翻译。

8 月　19 日，完成《中央周刊》征文《我生平所最值得回味的事》。

按：《中央周刊》，创办于 1938 年 7 月 7 日，创刊地为长沙，同年 8 月迁至重庆。1941 年第 3 期由陶百川接办，形成"政治的、知识的、趣味的、综合的、斗争的、青年的"的编辑方针。为此，《中央周刊》于 1941—1947 年举办了六届"暑期写作奖金征文"活动。1945 年第 7 卷 17 期公布了"我理想中的……"和"我生平所最……"的征文活动（包括"我生平所最景仰的人物""我生平所最敬爱的朋友""我生平所最爱读的书""我生平所最值得回味的事""我对于人生的一些体验"），

---

① 宗璞：《三松堂断忆》，《读书》1991 年第 2 期。

宗璞所参加的即第四届征文，选择的题目是后一类。

10月 12日，完成短篇小说一篇，署名"冯简"，当时未发表，后发表时拟题为《题未定》。26日，《中央周刊》公布《本刊第四届暑期写作奖金得奖诸名录》，"冯鍾璞"（西南联大附中）获奖。

是年 谈及昆明的生活，宗璞说："我没有直接参加过战争，但战争的阴影覆盖了我的少年时代。我想一个人经历过战争和没有经历过，是很不一样的。在成长时期经历和已是成人的经历，也很不一样。"① 散文《铁箫声幽》中又写到清苦生活中闪烁着的光辉："在昆明时生活很艰难，最常用的乐器只是口琴。箫、笛虽也方便，却少人吹。母亲在乙所时便吹箫，到昆明后得了两只玉屏箫，声音很好。母亲时常吹奏的乐曲是《苏武牧羊》。哥哥制作铁箫便是受竹箫的启发，用一根现成的废铁管，根据一点点中学物理知识，钻几个洞，居然可以吹出曲调，大家都很高兴。我们就是这样因陋就简，在清苦的日子里，使得生活充实而丰富。"②

按： 由于物价飞涨，生活艰辛，宗璞父亲冯友兰开始卖字，母亲任载坤卖油炸麻花以贴补家用。冯友兰写道："因为通货膨胀，物价飞涨，教师们的生活也是很困难的。一个月的工资加到几百万，不到半个月就完了。教师们多是靠兼职兼薪，以为补贴。大多数的人是卖文，向报刊投稿，得一点稿费。……到

---

① 宗璞：《宗璞自述》，大象出版社，2005，第247页。
② 宗璞：《铁箫声幽》，《随笔》2012年第3期。

了抗战末期，联大一部分教授组织了一个卖文卖字的会。说是要卖字，闻一多还给我刻了两个大图章，以备使用。……我家先住在龙头村的村子里，后来搬到一个旧庙里……旁边是个小学，叔明一度在院里设了一个油锅炸麻花，学生下课了就来买麻花吃。梅贻琦夫人韩咏华约集了几家联大家属，自己配方，自己动手，制出一种糕点，名叫'定胜糕'，送到昆明的一家大食品商店冠生园代销。"① 宗璞则写道："联大教师组织了一个合作社，公开卖文、卖字、卖图章，父亲卖字，可是生意不好，从来就没开过张。倒是家旁边有个小学，母亲就在院里弄个油锅炸麻花，我帮母亲操持家务。"②

① 冯友兰：《三松堂自序》，载《三松堂全集（第1卷）》，河南人民出版社，2001，第94页。
② 陈洁：《冯友兰：宗璞的青葱记忆》，载《山河判断笔尖头》，生活·读书·新知三联书店，2009，第252页。

1946 年　19 岁

1 月　《中央周刊》第四届征文拔萃《我生平所最值得回味的事》刊于《中央周刊》第 1 期（12 日出版），署名"冯锺璞"。

5 月　4 日上午 9 时，西南联大举行毕业典礼，宗璞自联大附中（高中三年级）毕业。典礼后，西南联大纪念碑正式揭幕，纪念碑上铭刻《国立西南联合大学抗战以来从军学生题名》，冯钟辽名列其中。下旬，与父母欲经重庆返回北平。"河南同乡、昆明后勤总司令白雨生派吉普车（带拖斗）送先生一家、景兰先生一家离昆明，同行者尚有任继愈。抵贵阳停两日，锺璞病，先生为延医觅药，游花溪。约一周后，到重庆。住九尺坎天府煤矿公司总经理黄志煊宅。"① 其时，任继愈已经与宗璞堂姐冯钟芸②订婚。

6 月　滞留重庆。

7 月　下旬，与联大教授乘运输机返回北平，仍居什刹海白

---

①　蔡仲德编撰：《冯友兰先生年谱长编》（上），中华书局，2014，第 444 页。
②　冯钟芸（1919—2005），冯景兰长女。

米斜街 3 号。是月，冯钟辽由国民政府军事委员会外事局遣散，在美国退役。因得知冯友兰即将前往美国讲学，暂不回国。

8 月 中旬，冯友兰自北平抵达上海，乘"梅格将军"号海轮赴美。21 日，冯友兰抵达旧金山，冯钟辽迎接。22 日，冯友兰、冯钟辽乘火车前往费城，卜德教授于车站迎接。父子二人暂居卜德家。数日后，二人自行租房。

9 月 冯友兰在宾夕法尼亚大学讲授中国哲学史，与卜德一起翻译两卷本的《中国哲学史》。冯钟辽就读宾夕法尼亚大学机械系。

秋 宗璞考入南开大学外国语文系。时值清华、北大、南开三校联合招考，宗璞报考清华大学，自觉考得不理想，恰逢南开大学举行单独招考，遂报名南开。三校联考清华落榜，南开录取，而单独招考的南开亦被录取。宗璞便有两个学号，择一用之。

按：南开大学一年级，外国语文系课程与中国文学系课程基本相同。课程有国文、英文、中国通史、哲学概论、读书指导、社会学、经济学，另有自然科学课程一门（普通物理、普通化学、人类生物学等必选一门）。

一年级，卞之琳教"英文诗初步"、李广田教国文、罗大冈教法文。宗璞先后有四篇文章（《雪后》《荒原梦》《明日》《劳动人民的儿女们——追记四妇女劳动英雄讲演会》）经过李广田的批阅，第一篇和第四篇都给了当时的最高分"A+"，其他两篇是"A"。李广田很欣赏宗璞《雪后》（署名"外文系三五五九五冯钟璞",文前特注明"第一次作文")这篇散文,批语道:"我很喜欢你文章的节奏。像听一个会说话的(人)在说话,像听一个会唱歌的人在唱歌,我想,你也许可以写诗了。"对于《荒原梦》,李广田眉批:"我在荒原上住了一年,有很多地方都不曾体会到,凭借你这篇深切而灵动的文字,我才体会到了荒原之为荒原:它也可怕,也可爱,而从人的变迁上看起来——如你最后一段所写的那一片荒原倒是叫人非常怀念。"对于短篇小说《明日》,他写道:"这篇习作,结构是完整的,发展也自然,有些细节写得生动,那些活的语言尤其是一特点,这在你别处的文章中是还没有见过的。假如能把他的日常生活、他的生活习惯再补叙一些就更像小说了。"对于通讯报道《劳动人民的儿女们——追记四妇女劳动英雄讲演会》,李广田写道:"我以为你最不喜欢而且不善于写这样的文字的,而这篇文字却写得很好,这是你一大进步。以后可以多写些这样的报道,这极有用,叫任何人看了都会觉得振奋的。"[1] 这四份手稿现收藏在中国现代文学馆。读书期间,宗璞积极参加社团活动,如加入南雁社。宗璞时常和好友徐麋岐以及工学院的一位潘姓女同学一起看夕阳。

按:南雁社是南开大学社团联合会的核心。

约 10 月 因清华不再为闻一多家眷提供住宿,冯友兰邀请闻夫人一家到白米斜街居住。宗璞在《星期三的晚餐》中写道:

---

① 赵金钟:《院士世家——冯友兰·冯景兰》,河南科学技术出版社,2015,第170页。

"闻先生罹难后，清华不再提供住宅，父母邀闻伯母带孩子们到白米斜街居住。我们住后院，立雕一家住前院。"① 闻一多之孙闻黎明回忆道："冯友兰夫人知道后，热情地邀请祖母搬到白米斜街3号她们家去住，祖母觉得这里房子比较宽敞、安静，又有冯太太做伴，便欣然答应了，但一定要付租金，说白住于心不安，冯太太表示这是朋友间的互相帮助，无论如何不能要，争来争去最后只好以象征性收费而告妥协。"②

① 宗璞：《星期三的晚餐》，载蔡仲德编纂《宗璞文集》（第一卷），华艺出版社，1996，第57页。
② 闻黎明：《白米斜街三号与闻一多遗属》，《百年潮》2003年第8期。

1947 年　20 岁

6 月　新诗《我从没有这样接近过你》刊于天津《大公报》6 月 20 日，署名"冯璞"。

8 月　短篇小说《A. K. C》刊于天津《大公报》8 月 13 日、8 月 20 日。在接受施叔青采访时，宗璞说："上大学时在天津《大公报》发表了第一篇小说，笔名绿蘩。那时我在学法文，小说名叫《A. K. C》，法文'打碎'的意思。故事是一个小女孩把信装在瓶里要男孩打碎，男孩不懂，错过了，后来他一直在遗憾中度日。"[1] 在《虚构，实在很难》中，宗璞则写道："一九四八年，我写第一篇小说，刊登在天津《大公报》上。内容是编造的爱情故事。现在这篇小说找不到了，它的价值不大，并不让人太遗憾。……'A. K. C.'是 àcasser 的谐音，意思是打碎它。小说中男主角送给女主角一件瓷器，上面刻着'A. K. C.'，但是女主角舍不得打碎它，就没有得到藏在其中吐露真情的信。两人错过了，

---

① 施叔青：《又古典又现代——与大陆女作家宗璞对话》，《复印报刊资料（中国现代、当代文学研究）》1988 年第 12 期。

成为终身之恨。"① 孙先科教授曾指出："宗璞的小说处女作发表于1947年的《大公报》，但相关文字和《宗璞文集》均误指为1948年，作者对故事内容的复述也相互矛盾。被作者认为'价值不大'的这篇小说实际上是宗璞爱情言说的重要开端，构成她爱情言说的主要诗学特征已初见端倪。……这篇小说的价值不可低估，尤其是将它放到宗璞爱情小说创作的整个序列和谱系中，从发生学的意义上去看它，它的价值更是非同小可。宗璞此后的爱情小说创作在很多方面受到这篇小说的影响。……从这篇小说开始，宗璞在人生和爱情认知方面体现出的神秘感与悲剧姿态一以贯之地运行于她以后的小说创作，由此形成了她在爱情书写上的独特气质与特殊内涵，在整个当代文坛都独树一帜。"②

按： 除特殊说明，本年谱正文中出现的《宗璞文集》均指华艺出版社1996年1月版，后文不再一一注明。

秋冬 冯友兰在夏威夷大学担任客座教授，讲授中国哲学史。

---

① 宗璞：《虚构，实在很难》，《读书》1994年第10期。

② 孙先科：《从"玻璃瓶"到"野葫芦"——宗璞的第一篇小说和她爱情书写的诗学特征》，《文学评论》2012年第4期。

1948 年　21 岁

春　闻一多夫人高孝贞携子离开白米斜街 3 号，前往解放区。

2 月　冯友兰启程回国。

3 月　月初，冯友兰抵达上海，后由沪返平。到家后，任载坤转达二姐任锐的意见："你们可以到延安去，现在延安、北京之间，常有飞机来往。如果你们决定去。全家都可以坐飞机去。"①

7 月　宗璞从南开大学考入清华大学外国语文系二年级。"在南开的两年间，民主运动正如火如荼。我参加过进步同学组织的读书会，却不很积极，对有兴趣的课程如英诗，也只是浮光掠影。1948 年，我又参加了清华的转学考试。因为不急于工作，也不能用功读书，所以仍然报考二年级，这样录取的几率也大些。这次我考上了，父母很感安慰，最主要的是不必奔波于平津途中了。"② 与宗璞同时录取的有周起骧、资中筠（女）、

---

① 蔡仲德编撰：《冯友兰先生年谱长编》（上），中华书局，2014，第 461 页。

② 宗璞：《考试失利以后》，《中华读书报》2010 年 4 月 23 日。

李秉钧、梅祖芬（女）、罗先业、靳东生、陈日曜。美籍温德教授教宗璞英诗和莎士比亚课。宗璞常和同学到温德先生家听音乐，在那儿听了许多经典名曲。宗璞尤为喜欢济慈的《夜莺曲》和《希腊古瓮曲》。

宗璞选修邓以蛰先生的美学课。她写道："我选了邓以蛰的美学，便是在图书馆里授课，在哪间房间记不起了，这门课除我之外还有一个男生。邓先生却像有一百个听众似的，每次都做了充分准备，带了许多图片，为我们放幻灯。幻灯片里有许多名画和建筑，我在这里第一次看见蒙娜丽莎，可惜不记得邓先生的讲解了。"①

按：南开大学二年级的课程有大二英文、逻辑、英国文学史、西洋通史、社会学原理（或政治学概论、经济学概论，三者必选一门），选修课有英文诗文朗诵、日文、法文、德文、俄文等②。杨善荃教宗璞英诗、王逊教宗璞逻辑学。

弟弟冯钟越考入清华大学航空系。

8月 上旬，与父母到北京大学附属医院看望因胃病住院的朱自清先生，先生问宗璞是否仍在写诗。宗璞在《耳读〈朱自清日记〉》中写道："一九四八年我到清华上学，那时常写一点小诗，都是偶感之类，不合潮流。一次曾随几个同学到朱先生

① 宗璞：《那祥云缭绕的地方——记清华大学图书馆》，载侯竹筠、韦庆缘主编《不尽书缘——忆清华大学图书馆》，清华大学出版社，2001，第187页。

② 南开大学校史编写组编《南开大学校史（1919—1949）》，南开大学出版社，1989，第338页。

家，同学们拿出自己的诗作请朱先生看，我也拿出一首凑热闹。朱先生认真看了，还说了几句话，可惜不记得说的什么了。""记得他去世前数日，父母到医院看望，也带着我。我站在母亲身后，朱先生低声问了一句：'你还写诗吗？'我嗫嚅着，不敢大声说话。"① 12 日，朱自清离世。19 日，清华大学学生会负责人裴玉荪为躲避国民党军警追捕，在冯家避难。冯家曾庇护多位学生。宗璞写道："也是在那年，他（冯友兰——笔者注）身为清华文学院院长，自不能公开站在学生一边，但受国民党军警迫害的进步学生都信得过他，我们在工字厅的家里不知来过多少位避难的同学，父亲只是一律掩护，连人家姓名都没问过。"②

10 月 新诗《一个年轻的三轮车夫》刊于天津《大公报》10 月 24 日，署名"冯璞"。

新诗《疯》刊于天津《大公报》10 月 31 日，署名"冯璞"。

是年 在清华大学结识资中筠。宗璞原与梅祖芬是至交好友，两人又一同考入清华大学。入学后，宗璞常到梅祖芬宿舍，因而结识了梅祖芬室友资中筠，两人很快成为好友。资中筠回忆："记不起何月何日，宗璞来宿舍，只有我一个人在，我们就天南地北地聊起来，大半都是谈读过的书，古今中外，各抒己见：从中国

---

① 宗璞：《耳读〈朱自清日记〉》，载《宗璞散文》，人民文学出版社，2022，第 285 页。

② 宗璞：《冯友兰：都云哲人痴，谁解其中味》，载牛文怡编《最爱北京人》，生活·读书·新知三联书店，2012，第 9 页。

古典诗文、小说到外国文学，把自以为独特的感受和见解都尽情倾吐。如今所谈的内容已经模糊，只记得古人中她最喜欢苏东坡，达到神交的地步，诗则欣赏李义山，认为有'空灵之美'，这些都深得我心。我则向往魏晋名士风流，《世说新语》都是我们所爱。外国文学谈到了《战争与和平》、勃朗特姐妹、哈代等等。她独喜哈代，为那种苍凉、宿命的悲剧意境低回赞叹。印象最深的是关于《红楼梦》，我们都不喜欢林黛玉，不约而同地喜欢探春。她说父亲（冯友兰先生）一贯教育他们，不但要能作文，还要能做事，探春既有文才又有干才，不但才，还有识。……我与她似有一层特殊的关系，互相已经形成习惯，凡是读到什么好书，有什么心得，或者'忽发奇想'第一个想告诉的就是对方。记得我向她介绍过雨果的《笑面人》，那是我刚好在假期中以我的初级法文程度抱着词典'硬读'的第一本法文小说，……一开学就急着讲给她听。"① 资中筠向宗璞介绍爱好古典文学且能诗能文的中学同学徐谦。"有一次我们三人效古人夜游，买了海淀莲花白，淡粉色的，在生物馆前夜饮。此事后来宗璞写入了散文《方便面和酒》。"② 宗璞记校园夜饮："我们细品美酒，作上下古今谈，自觉很是浪漫，对自己的浪漫色彩其实比对酒的兴趣大得多。若无那艳丽的酒，则说不上浪漫了。酒助了谈兴，谈话又成为佐酒的

---

① 资中筠：《我与宗璞，高山流水半世谊》，《各界》2016 年第 7 期。

② 资中筠：《高山流水半世谊——宗璞与我》，载王必胜、潘凯雄选编《2005 中国最佳散文》，辽宁人民出版社，2006，第 189 页。

佳品。"①

　　在清华读书时，宗璞时常在课后骑车到圆明园、颐和园等地。

　　① 宗璞：《酒和方便面》，载蔡仲德编纂《宗璞文集》（第一卷），华艺出版社，1996，第296页。

1949 年　22 岁

年初　宗璞搬到宿舍与同学同住。

4 月　二姨任锐病重离世，享年 58 岁。

5 月　4 日，冯友兰担任清华大学文学院院长。是月，六姨任均和姨父王一达①携子女自延安到北京，居清华乙所。据任均回忆："我和丈夫王一达到骑河楼坐清华的校车，出城去清华大学看三姐。三姐让小儿子冯钟越去清华校门口接我们。他不认识我们，没接到。三姐又打发小女儿冯钟璞去接。我们在清华门口等着，忽听见有人问：'是六姨吗?'我扭头一看，是一个姑娘，觉得这可能是钟璞。我们当年分别时，钟越还是个小儿童，钟璞还是个小姑娘，现在，长这么大了。钟璞其实也不认

---

① 任均（1920—2022），女，原名任平坤，祖籍河南省新蔡县，出生于开封，1938 年到达延安，在延安平剧院工作。曾任天津市文化艺术工会宣传部长兼文艺工会业余学校校长，后在辽宁青年试验戏曲剧院任副院长、北京戏剧专科学校教务处任副处长。

王一达（1919—2003），男，曾用名王昇，1938 年进入延安抗日军政大学参加革命，后在鲁迅艺术学院戏剧系学习。曾任中国驻保加利亚使馆文化参赞、中国京剧院副院长。

识我们了，只是看见这两个人穿的是解放区的破棉袄，就试着叫了一声，就把我们接到了。她引着我们走进清华园，一路上热情地问长问短，把我们接到了家。……跟三姐一起安葬二姐后，我和一达留在北京，工作未定，就带着儿子延风、女儿乔乔，去清华乙所三姐家住了一段时间。"①

9 月　冯友兰、任载坤夫妇到火车站送任芝铭先生返回河南。

10 月　下旬，表姐孙维世②出访东欧回国，于清华乙所小住。

按：孙维世是任锐和革命烈士孙炳文的女儿，孙炳文于 1927 年 4 月 20 日牺牲之后，孙维世曾和宗璞的姐姐冯钟琏一起上贝满女中，暑期住清华乙所，宗璞称其为兰姐。

是年　杨绛教宗璞英国小说选课。

---

①　任均口述，王克明撰：《我这九十年》，华文出版社，2010，第 117—118 页。
②　孙维世（1921—1968），女，乳名小兰，出生于四川省南溪县（现南溪区）。毕业于莫斯科东方大学、莫斯科戏剧学院，演员、编剧、翻译家。

1950 年　23 岁

　　1 月　27 日，冯友兰、任载坤响应号召在北京郊区参加土改。冯友兰回忆："我于 1 月 27 日参加土改，先到丰台西北的张仪村。其时那个村的土改，已到分胜利果实的阶段。……在张仪村，我们都是吃派饭。先一天农会干部就将第二天的饭派好。第二天被派那几家，于饭做好时，就来请，每家去二人或三人。……吃派饭的原则是跟着主人吃，他吃什么，我们吃什么，无论吃什么，都是一斤米的代价。"[①]

　　2 月　3 日，冯友兰、任载坤由张仪村到卢沟桥参加土改。

　　3 月　10 日，冯友兰、任载坤由卢沟桥返回清华。

　　10 月　与冯友兰、任载坤、冯钟越一起参加孙维世和金山的婚礼。

　　冬　随清华外国语文系到玻璃厂宣传抗美援朝。资中筠回忆："清华学生会利用农闲时节，组织同学下乡宣传抗美援朝，

---

　　① 蔡仲德编撰：《冯友兰先生年谱长编》（上），中华书局，2014，第 504—505 页。

都是用老百姓'喜闻乐见'的文艺形式，敲锣打鼓动员老乡来看演出。起初我和宗璞分在创作组。我们住在老乡家，天气的寒冷与我们的热情成对比。宗璞当仁不让是创作组的主力。一般是晚上创作，第二天清早赶着排练，白天演出。她有过敏性鼻炎，披着一件粗蓝布棉列宁装，……一面不断打着喷嚏，一面奋笔疾书，一晚上可以赶出一个活报剧来。有人物、有情节，切合主题，就是类似抗战时《放下你的鞭子》那种短剧。"①

12 月　完成短篇小说《诉》。

---

① 　资中筠：《高山流水半世谊——宗璞与我》，载王必胜、潘凯雄选编《2005 中国最佳散文》，辽宁人民出版社，2006 年，第 190 页。

1951年　24岁

1月　短篇小说《诉》刊于《光明日报》1月28日，署名"清华大学学生冯钟璞"。此小说系"抗美援朝文学特辑6"，同版刊有清华大学副教授王瑶的《真实的镜子——从几篇新文学作品看中朝人民的友谊》、清华大学讲师季镇淮的诗《一个声音》。宗璞在工厂宣传抗美援朝期间与玻璃厂女工有了接触，即以一个女工口吻对旧社会予以控诉，同时表达了工人同志支援抗美援朝的决心。

5月　4日，加入新民主主义青年团。因要积极入团，宗璞开始检查思想，批评自己在中学时作的一副对联"简简单单，不碍赏花望月事；平平凡凡，自是顶天立地人"是小资产阶级思想。宗璞将此事告知表姐孙维世，表姐感叹：赏花望月有什么不好，不要把好东西都送给资产阶级。我也喜欢风花雪月。

夏　完成毕业论文《论哈代》，该论文由美籍温德教授指导，现存于清华大学图书馆特藏室，后收入《野葫芦须——宗璞散文全编（1951—2001）》。当时温德教授开设法语、英国文学史、欧洲文艺史等课程，除了指导宗璞研习哈代之外，还引导她学习欧美文学，教她如何读书。"美国教授老温德告诉我，他常用一种'对角线读书法'，即从一页的左上角一眼看到右下角。……不同的读法可以有不同的收获，最重要的是读好书，读那些经过时间圈点的书。"①

毕业前夕，宗璞与好友在清华溪边的山坡上欣赏星光和萤火。"我们看准一棵树，又看准一个萤，看它是否能飞到那棵树，来卜自己的未来。几乎每一个萤都能飞到目的地。因为没有飞到的就不算数。那时，我们的表格里无一不填着'坚决服从分配，到祖国最需要的地方去'！无论分到哪里，我们都会怀着对美好未来的向往扑过去的。"② 宗璞、资中筠以及另两位好友于清华园摄合影。

毕业后，宗璞分配到政务院文教委员会宗教事务处。与宗璞同时期分配到宗教事务处的有吴宗蕙③和资中筠。据资中筠回忆："宣读毕业分配名单时，我刚好与宗璞分在同一单位：对外文化联络局，但是到它的上级单位文教委员会报到时，又一同被扣下，留在了文委直属的'宗教事务处'，原因是那里有一批

---

① 宗璞《乐书》，载《宗璞散文》，人民文学出版社，2022，第239页。
② 宗璞:《萤火》，载蔡仲德编纂《宗璞文集》（第一卷），华艺出版社，1996，第115页。
③ 吴宗蕙（1934— ），女，祖籍江苏盐城，1963年毕业于北京大学中文系，20世纪50年代曾和宗璞在宗教事务处工作。曾任北京大学中文系和北京师范学院文艺系教师，首都师范大学语言文学研究所副研究员，《首都师范大学学报》编审，出版有评论集《女作家笔下的女性世界》、散文集《中南海之恋》等。宗璞曾为《中南海之恋》作序。

外文报纸没有人看。文联局对此有意见，我们也更愿去那里，但是文委是领导机关，胳膊拧不过大腿，也无可奈何。事实上，那批外文报纸摘译完后，就再没有外文的材料。我们是'见习员'，做一些抄抄写写，会议记录以及其他打杂之事……好在两人在一起，同办公，同宿舍，就更加形影不离了。文委机关新分配的大学生较少，我们两人成了文娱活动骨干。刚到不久，参与组织了国庆节晚会的一台节目。……我们这种关系自然在单位中显得很特殊，被批评为'搞小圈子'。不过时间不长，半年以后，她和我先后分别'借调'到不同的单位。"①

冯钟越因工作需要提前从清华大学航空系毕业，志愿填到西南地区，最后分配到沈阳三机部所属的某航空工厂。

秋　冯友兰随印度、缅甸访问团出国。

10 月　宗璞被借调到匈牙利文工团担任英文翻译。

---

① 资中筠：《我与宗璞，高山流水半世谊》，《各界》2016 年第 7 期。

1952 年　25 岁

1 月　24 日，冯友兰随访问团回国，回到清华大学时遭到文科学生的围攻批斗。文学院领导高望之害怕发生意外，派中共党员教师李广田送冯友兰回家。

7 月　评论《评〈十月文艺〉丛书》刊于《文艺报》第 13 期（7 月 10 日出版），署名"简平、李枫"。

是年　因院系调整，清华文法学院归并于北大，冯友兰调北大哲学系任教，宗璞随父迁往北大校园燕南园 54 号。

1954 年　27 岁

1 月　宗璞调入中国文学艺术界联合会研究部工作，开始翻译和评论外国文学作品。大约一年时间以内，同宿舍的三位女青年有的调走，有的出嫁，只有宗璞留职坚守。因住在文委，宗璞与阳翰笙先生结识。"翰老知道有这么一个文学爱好者，又无慧根，不愿与高僧周旋，于是在重建中国文联时，把我调去。若无此调动，我可能要摒弃文学，专心于宗教工作。"[①]

6 月　评论《谈独幕剧〈百年大计〉》刊于《剧本》第 6 期，署名"简平"。

7 月　冯友兰担任北京大学中国哲学史教研室主任。

9 月　17 日，冯友兰收到冯钟辽 6 日回信。冯友兰、任载坤、宗璞曾分别去信劝冯钟辽回国。

---

① 宗璞：《忆旧添新》，载蔡仲德编纂《宗璞文集》（第一卷），华艺出版社，1996，第 26 页。

1955 年　28 岁

夏初　文联组织吴作人、萧淑芳、关山月等艺术家游览内蒙古草原，宗璞作为工作人员前往。

约是年　宗璞在文联工作时，曹禺为写反映新中国成立后知识分子生活的话剧《明朗的天》约其谈话，要她讲讲新中国成立前后教授的生活、学生的心情等。宗璞说："我讲话能力很差，大概没有帮助。讲到刚解放时，和几个同学在寒风中，走到海淀去看解放军。解放军一个个都很年轻，戴着大皮帽子。他很注意这一细节。"[①] 宗璞在昆明时曾看过曹禺的《家》《北京人》等演出，每次都深受震撼。

---

① 宗璞：《在曹禺墓前》，《中华读书报》1999 年 6 月 23 日。

1956 年　29 岁

　　5 月　评论《伟大俄罗斯作家——陀思妥耶夫斯基》刊于
《工人日报》5 月 26 日，署名"宗璞"（后文凡署"宗璞"不再
一一注明）。此文为纪念陀思妥耶夫斯基逝世七十五周年而作，
宗璞肯定了陀氏的人道主义精神："他的人道主义精神和现实主
义手法塑造的平凡小人物的形象，以及他们的无边无涯的痛苦，
具有震撼人心的力量。他以无限的同情，刻划（画）了这些
'卑贱'的人受屈辱的精神面貌。"宗璞也尖锐地批评道："他
的反动观点在有些地方致命地损害了他的作品。用爱、忍受来
模糊一切的宣传，使得他的作品充满了一种阴暗无望的色彩。
若不加以分辨地去读，会给人一定程度的不良影响，引人走向
容忍、妥协的路。"因此，"只有剥去他的作品的神秘色彩，剔
除其中的错误宣传，才能看出他怎样鲜明地反映了过去的吃人
社会中人们痛苦的生活，有力地向那不公平的社会提出了抗
议"。1989 年宗璞谈到陀思妥耶夫斯基时说："关于陀斯（思）
妥耶夫斯基只写过一篇极简单的小文，还是 50 年代在文委宗教

事务处工作时，似乎是国际上纪念陀氏，不知怎么写了一点，发表在《工人日报》上。我从初中到大学期间，不断读陀氏作品，《罪与罚》《被侮辱与被损害的》《白痴》《卡拉玛佐夫兄弟》，真是令人肝肠寸断！有很长时间，我们的评论认为陀氏是反动的，喜欢他的作品也至少是在情感的细流里有某种不健康因素，在一次次的思想改造中应该挖挖思想根源。"①

6月　4日，加入中国共产党。

秋　创作新诗《华山五问》（《问石》《问风》《问雨》《问道》《问客》）。

是年　完成译作《猫的名字是怎样来的》（〔苏〕萨米尔·马尔夏克），译自《苏联文学》1956年第8期。未发表，后收入《宗璞文集》（第四卷）。

完成译作《点金术》（〔美〕纳·霍桑），译自霍桑《奇异的书》。未发表，后收入《宗璞文集》（第四卷）。

---

① 　宗璞：《独创性作家的魅力》，《外国文学评论》1990年第1期。

1957 年　30 岁

1 月　随父迁居燕南园 57 号。因原先燕南园 54 号过于狭窄,北大党委书记与冯友兰互换住宅。

年初　调至《文艺报》担任编辑,任国际组组长。宗璞在那儿度过了一段短暂的美好时光:"1957 年初,我到《文艺报》工作。当时《文艺报》年轻人多,很有朝气,学习的热情很高。那时还没有狠批'封资修'。记得副主编陈笑雨复习英文,要我为他找些书。我找的书是以前的高中英语课本,上面有大卫·科波菲尔在饭馆被骗的一段,读了都觉得很有趣。当时编辑组的两位女同志召明和杨明想读点古文,我建议她们背诵。她们要我布置功课并按时听她们背书。有一次,召明背到中间卡了壳,急得哭了起来。在这样的学习气氛中,作为主编的光年同志,自然是重量级。他开讲《文心雕龙》,每周一个半天。这本是很好的学习机会,但我没有能认真听讲。在编辑部的同乐会上,光年同志也朗诵过诗……我觉得光年在朗诵时特别显出一种诗人气质,他是一位诗人又是一位学者。我所在的外国文学部，主任是萧乾，副主任是黄秋耘和邹荻帆，大家都很谈得来。萧乾曾带我们全组人员到北海去会见文洁若。秋耘常说自己是军人，但他总是带一副多愁善感的模样。我们有时一起背诗，你一句我一句，很畅快。在宝钞胡同的《文艺报》宿舍，谢永旺等四个年轻人住一个房间，我称他们为'四杰'。文学评论组有两位年略长的同志，被我们称为'鸭、羊二兄'。那一段日子，也就是'反右'以前的几个月，回想起来是很快乐的。"①

6月　评论《打开通向世界文学的大门》刊于《文艺报》第 12 期（6 月 23 日出版），署名"本报记者　冯锺璞"。

春夏之交　宗璞陪同锡兰作家默黑丁访问江南。

按：斯里兰卡，旧称锡兰。南亚岛国。

7月　短篇小说《红豆》刊于《人民文学》1957 年第 7 期。

《红豆》刊于《人民文学》1957 年第 7 期

---

① 宗璞：《握手》，载《宗璞文学回忆录》，广东人民出版社，2020，第 64—65 页。

《人民文学》7月"革新特大号""编后记"中强调："本期所刊载的〈改选〉〈红豆〉都是新人的作品，希望前辈作家和批评家们更多的（地）关怀他们的创作。"《红豆》刚面世时颇受《人民文学》编辑部重视，但好景不长，文艺界"反右"运动全面展开之后，《人民日报》《中国青年报》《文艺月报》对《红豆》等小说进行了长达一年的批判。关于《红豆》的发表情况，《人民文学》编辑涂光群说："那时我们都在刚刚落成不久的灰色大楼——王府大街36号文联大楼办公。冯钟璞小姐（时在全国文联外联部工作）拿着一篇小说手稿来找我，我们就算认识了。这篇小说就是《红豆》。那是北京最好的季节五月的一天。这篇小说在《人民文学》编辑部没有什么异议。写一个年轻女大学生在新、旧两个世界大决战时人生道路的抉择，她选择了理想，舍弃了初恋的爱情。文笔细腻，情文并茂。这样一篇佳作便被留在力求体现'双百方针'的1957年7月革新特大号隆重推出。可是为时不久，开展了反右派斗争。……宗璞的《红豆》立即首次作为'修正主义的创作倾向'而'入列'。整篇小说告诉读者的明明是小说女主人公江玫在与她的初恋对象齐虹决裂时说的那句话'我不后悔！'，姚骗子强词夺理，却硬说小说女主人公和作者是'后悔'！这就不仅小说的思想倾向有'问题'且是很大的政治罪名了。"① 之后《红豆》则以"爱情被革命迫害""在感情的细流里不健康""挖社会主义墙脚"

---

① 涂光群：《宗璞写〈弦上的梦〉》，载《五十年文坛亲历记（1949—1999）》，辽宁教育出版社，2005，第252页。

等被批判。孙秉富认为《红豆》"是一株莠草。……这样一个彻头彻尾的爱情至上的个人主义者，竟被作者歌颂为'健康的'党的工作者。可见作者是站在什么立场上来歌颂他的人物了。它和工人阶级的立场观点和思想感情是没有丝毫共同之点的"①。姚文元认为《红豆》在知识分子中引起了同情，小说流露出"一种颓废的、脆弱的、不健康的小资产阶级个人主义的感伤"②。文美惠批评小说存在着比较严重的问题："这篇小说，从它的基调到题目，都没有能很好地、正确地表现出它所描写的生活，却宣传着一种与我们格格不入的，甚至完全相反的思想感情。"③张少康和张天翼谈到江玫从最开始就是以一个资产阶级小姐身份与齐虹恋爱，但是江玫一方面一步步走向革命，另一方面却也对齐虹的爱情如旧，"这就表明江玫一点没有改变，仍是充满资产阶级的思想感情"④。陈笑雨曾出面保护宗璞，"她写了一篇小说《红豆》，给我看过。我认为文笔很美，感情真挚，推荐给《人民文学》发表了。'反右派'时，有人点名批判说是'毒草'。又联系到她的家庭出身，几乎要划她'右派'。我极力保护她，并承担责任说，是我鼓励她搞业余创作，

---

① 孙秉富：《批判〈人民文学〉七月号上的几株毒草》，《中国青年报》1957 年 9 月 6 日。

② 姚文元：《文学上的修正主义思潮和创作倾向》，《人民文学》1957 年第 11 期。

③ 文美惠：《从〈红豆〉看作家的思想和作品的倾向》，《文艺月报》1957 年第 12 期。

④ 陈新速记、《人民文学》编辑部整理：《〈红豆〉的问题在哪里？（一个座谈会记录摘要）》，《人民文学》1958 年第 9 期。

文章我也看过。我看，至多是小资产阶级情调，不很健康，还算不上是'毒草'吧。我是杂志主编又是机关党组织负责人，说话还有分量，总算把她'保护过关了'"①。宗璞说："当时的《人民文学》主编张天翼曾带我到北大中文系开了一次会，听取意见。后来又安排我写一篇外国作家大炼钢铁的报道，也在《人民文学》发表，以此表示我还可以发表作品，没有什么大问题。这都是对我的关心和爱护，但他也指出这个年轻人肯定是应该注重思想改造的。"②

1979年，《红豆》和其他的一些被批判的作品被命名为"重放的鲜花"重现面世，一些批评家重新审视《红豆》的价值。李子云认为："《红豆》受到批判时，主要罪名是鼓吹超阶级的爱情，宣扬资产阶级的恋爱至上。这个指责是毫无道理的。《红豆》通过人物形象诉诸读者的，恰恰是爱情——特别是在阶级矛盾激化、双方壁垒分明的时候——是不能超越阶级的，不属于同一阶级的恋爱双方，如果不能做到一方归顺一方，决裂是不可避免的。"③ 美国圣约翰大学亚洲研究所的李又宁教授在"中国当代现实主义文学新形式问题"学术研讨会上谈道："江玫是一个典型的宗璞式的女主人公。……她既不同于丁玲的莎菲，也不像社会主义现实主义的某些流派所写的标准女英杰那

---

① 金凤：《宁折不屈的陈笑雨》，载《命运——金凤自述》，人民日报出版社，2000，第314—315页。

② 宗璞：《握手》，载《宗璞文学回忆录》，广东人民出版社，2020，第65页。

③ 李子云：《净化人的心灵——读〈宗璞小说散文选〉》，《读书》1982年第1期。

样雄赳赳、气昂昂。"① 孙瑞丹认为宗璞"克服了 50 年代公式化概念化的流弊，既不是简单地贴上'阶级斗争'的标签，也不是从抽象的爱的概念出发，而是从生活出发，通过刻画在特定历史条件下人与人的关系，从而揭示了人物正确抉择的思想、心理和性格依据"②。陈素琰认为《红豆》最大的特点是真诚，"《红豆》的成功之处，在于通过细腻的心理剖析，把那种理智要割舍而情感上又难以割舍的爱情，写得缠绵委婉。它作为那个时代的青年处于重大的蜕变和跃起的情感和心理的形象记载，而保留在新时代的人物谱系之中"③。此外，程蔷以"爱情诚可贵，甘为革命抛"为主题，强调"人的本性和感情（哪怕是少女的初恋这样带有强烈个人色彩的感情）都不能不受阶级立场制约的道理"④。洪子诚先生认为小说"揭示了事情的复杂性，写到各种关系的制约、影响、渗透，但并不把爱情与政治简单地等同，这正是文学创作从简单的教条束缚下得到解脱，走向对生活作整体性把握的一个标志"⑤。吴宗蕙从女性知识分子出发，认为"江玫是宗璞送入文学画廊的第一个个性鲜明、内涵

① 李又宁：《从宗璞看中国当代年轻的女作家》，方仁念译，《文艺理论研究》1983 年第 3 期。

② 孙瑞丹：《宗璞小说创作漫论》，《淮阴师专学报》1982 年第 3 期。

③ 陈素琰：《论宗璞》，《文学评论》1984 年第 3 期。

④ 程蔷：《她心头火光熠熠，笔下清风习习——评宗璞的小说创作》，载《文学评论》编辑部编《文学评论丛刊》（第 20 辑），中国社会科学出版社，1984，第 3—5 页。

⑤ 洪子诚：《当代中国文学的艺术问题》，北京大学出版社，1986，第137—138 页。

较为丰富的女性知识分子形象，她带着自身的优势和弱点，走进了社会主义文苑。这个形象概括了一定的社会历史内容，在她的身上，分明地打上了家庭、社会和时代的印记"①。陈思和从宏大叙事与艺术笔法入手，认为《红豆》"所反映的社会层次和艺术格调都明显地高于当时以宏大历史叙事为主的现代历史小说。诗意化的意境和散文化的笔法，形成了作品独有的艺术风格，而温馨浪漫的情调和浓郁含蓄的人情味则形成作品独特的文人韵味。……作品带有一种温情脉脉的'感伤美'"②。常莉则从文风出发，认为"宗璞在年青（轻）时代，已显露出她为文的特征，文笔文雅细腻，细节委婉，感情含蓄。主人公江玫对情感的犹疑、眷恋和追忆真实而富有个性，那支（只）红豆发夹的意象古典而优雅，在大时代的印记之上，宗璞经意与不经意间，还是曲折地传达出她的修养、风格、气质、审美趣味和文字之外的独有的生活根基"③。吴秀明注重小说情感，认为"今天读《红豆》，它的令人心动的力量恐怕还在于它对'情'的诉说拨动了人们内心深处的情感之弦，而这一点是任何时代都能感动人的。从一定意义上说，'情'是《红豆》真正的内核，'阶级'则是可以置换的时代背景"④。郑春凤认为

---

① 吴宗蕙：《女作家笔下的女性世界》，首都师范大学出版社，1995，第105页。

② 陈思和主编《中国当代文学史教程》，复旦大学出版社，1999，第88页。

③ 常莉：《宗璞：铁箫声里玉精神》，大象出版社，2007，第33—34页。

④ 吴秀明主编《中国现代文学作品导引（第三卷）：1917—2000》，高等教育出版社，2004，第29页。

"江玫在十七年文学中是一个很独特的艺术形象。她虽然走上革命之路，但作家宗璞并没有像同时代其他作家那样把她塑造成一个完美无缺、没有七情六欲的女英雄"①。《中国当代重要小说分年评介》认为《红豆》"有异于当时图解政策的主流作品的风格，超越了十七年文学的公式化和概念化倾向，细致地呈现了人物的情感世界和内心挣扎，得到了读者共鸣。……小说追溯与回忆的节奏舒缓，对往事进行了世事洞明的价值判断，使个人情感因宏观历史的映衬而具有了理性的节制感，充满了人道主义和理性主义的双重光芒"②。宗璞说《红豆》写的是一次十字路口的搏斗："在我们的人生道路上，不断地出现十字路口，需要无比慎重，无比勇敢，需要以斩断万种情丝的献身精神，一次次作出抉择。祖国、革命和爱情、家庭的取舍，新我和旧我的决裂，种种搏斗都是在自身的血肉之中进行，当然十分痛苦。但只要有信仰，任何痛苦都是可以忍受的。在信仰和理想中，痛苦甚至于可以变成欢乐。"③ 后来在与贺桂梅的谈话中，宗璞说："我要写我自己想写的东西，不写授命或勉强图解的作品。在50年代那时候，本来已经不太可能写这样的作品，正好碰到'百花齐放'，有那样一种气氛，希望写一些各种各样

---

① 郑春凤编著：《中国当代文学史》，东北师范大学出版社，2005，第42—43页。

② 马振宏编著：《中国当代重要小说分年评介》（第1卷），中国言实出版社，2019，第77页。

③ 宗璞：《〈红豆〉忆谈》，载尤敏、屈毓秀编《中国女作家小说选（下）》，江苏人民出版社，1981，第249页。

的作品。"①《红豆》英译本收入香港联合出版社1983年出版之英译中国小说集《香草集》；世界语译本收入中国世界语出版社1989年出版之《中国文学作品选》。另有俄语、捷克语、西班牙语等译本。

新诗《山云（外一首）》刊于《文艺月报》第7期。

10月　译作《伟大的十月革命和锡兰文学》（默黑丁）刊于《文艺报》10月27日（《文艺报》第29期特约稿），署名"冯钟璞"。

11月　中篇童话《寻月记》于中国少年儿童出版社出版（冯锺璞著，萧淑芳绘图）。这篇童话是宗璞在文联工作上夜班时所写。汤锐作有评价："《寻月记》采撷中国民间文学的精华，融入了作家极具个性的丰富幻想，成为兼具民族艺术风采和作者艺术个性的独特童话精品。……这部作品中光明向上的主题、童趣十足的人物形象、出神入化的想象力、清纯而优美的叙述文字，构成了那一时期宗璞童话的总体艺术风格。"②

是年　母亲任载坤患甲状腺癌，在协和医院手术治疗，宗璞和冯友兰在医院守候。

---

①　贺桂梅：《历史沧桑和作家本色——宗璞访谈》，《小说评论》2003年第5期。

②　汤锐：《哲理与童心之间的幻想小径——写在宗璞童话创作五十周年》，载《轮回与救赎》，青岛出版社，2017，第281—282页。

本年度重要论文：

孙秉富：《批判〈人民文学〉七月号上的几株毒草》，《中国青年报》1957 年 9 月 6 日。

伊默：《在感情的细流里——评短篇小说〈红豆〉》，《人民日报》1957 年 10 月 8 日。

文美惠：《从〈红豆〉看作家的思想和作品倾向》，《文艺月报》1957 年第 12 期。

1958 年　31 岁

1 月　前往十三陵水库义务劳动。

新诗《小桦树的心事》刊于《文艺月报》第 1 期。

2 月　新诗《石头人的话》刊于《北京日报》2 月 18 日，署名"任小哲"。

5 月　《送给小朋友的好礼物——介绍〈为孩子们写的诗〉》刊于《文艺报》第 10 期（5 月 26 日出版），署名"任小哲"。

7 月　18 日，北京大学中文系三年级海燕文学社当代文学评论组召开宗璞小说《红豆》的座谈会，宗璞、张天翼等人出席。座谈会首先由学生发言，就"《红豆》究竟表现了什么思想倾向，作品的根本问题在哪里？"予以讨论。谢冕说："在去年看过《红豆》之后，会特地到主人公江玫和齐虹定情的地方——颐和园玉带桥去凭吊一番，追溯当初他俩是怎样在这里定情的。……作品的缺点主要表现在开头和结尾。……如果把作品的开头和结尾不健康的情感描写去掉，加上一些积极健康的描写（如让主人公把红豆掷出窗外等等），作品就没有什么问题了。"此观点遭到反对。汪宗之觉得玉带桥定情很有诗意，但是"作者正是通过这些细节描写和艺术手法传达了错误的思想倾向"。吴泰昌表示："江玫实际上是被作者歪曲了的共产党员的形象。如果把她塑造成批判的人物，倒有一定的意义。"张少康说江玫虽然一步步走向革命，但是对齐虹的爱却始终如旧，"这就表明江玫一点没有改变，仍是充满资产阶级的思想感情"。朱一清则提出"如果解放后齐虹回国来了，江玫会怎么办呢？"的问题。李汉秋从"真实"方面反驳谢冕，并认为"这篇作品就是大力宣扬了资产阶级思想感情，因此，这种'真实'我们必须严加痛斥"。杨天石也谈到江玫的形象是不符合生活真实的。会议还就"作品产生思想错误的原因"进行探讨。首先是作者对江玫的灵魂挖掘不深，如张越书面发言："江玫实际上也是自私自利的爱情至上主义者。"还有人认为对人物缺乏憎恶与批判，如吴同瑞："作者不仅美化了江玫，而且百般装扮粉饰堕落为祖国叛徒的齐虹。"刘育智表达了类似看法。吴重阳认为小说根本没有认识到反动的阶级本质和批判。会上大家一致认为作品呈现出的错误思想倾向是由于作者的思想立场问题。吴同瑞说："根本原因是由于作者在立场观点上同小说中的江玫是一致的。"张炯在书面发言中说："我们隐隐约约从江玫身上看到了作者的灵魂——未经彻底改造的小资产阶级王国。"刘恒认为"是由于作者只抽象地接受了马列主义，而自己的内心还保存着根深蒂固的资产阶级思想感情。……在革命题材的幌子下来贩卖资产阶级的货色，因此作品就在去年修正主义逆流向我们冲击的时候，充当了宣传资产阶级思想的角色"。宗璞自己在会上发言："当初确实是想写一个小资产阶级的知识分子怎样在斗争中成长，而且她所经历的不只是思想的变化，还有着尖锐的感情上的斗争。是有意要着重描写江玫的感情的深厚，觉得愈是这样从难于自拔的境地中拔出来，也就愈能说明拯救她的党的力量之伟大。……小说在读者中间散布了坏影响，感觉负疚很深。"她又在书面发言中补充道："小说所以产生了这样的效果，有这样严重的错误，就是因为我自己思想意识中有很多不健康的东西。在写这个小说时，自己也被这爱情故事吸引了。自己所站角度也并不比江玫高，当然就更不能批判齐虹和江玫了。尽管在理智上是想去批判的，但在感情上，还是欣赏那些东西——风花雪月，旧诗词……有时这种欣赏是下意识的，在作品中自然地流露了出来。"会议最后，张天翼作了总结。他认为江玫参加革命缺乏必然性，齐虹和江玫有着共同的资产阶级趣味，作者对整个作品中的人物的态度有问题。认为"解决问题的关键，还在于彻底地改造自己的思想感情，使自己实际上（不只是理论上）把立场改变过来"。[1]

按：《张天翼日记》（中国戏剧出版社 2017 年版）中记载时间为七月十八日："十八日　星期五　早饭后陶萍、宽（张天翼妻子沈承宽），和崔道怡、冯宗璞，还有一位速记同志来。八时

---

[1]　陈新速记、《人民文学》编辑部整理：《〈红豆〉的问题在哪里？（一个座谈会记录摘要）》，《人民文学》1958 年第 9 期。

半到俄文大楼出席文三海燕文学社讨论《红豆》的座谈会。大致谈透了。"八月十一日记载:"整理《红豆》发言记录,很麻烦。宽偕陶萍归,交换了一下意见,还是用报道形式好。谈了一下要点。由宽整写。"八月十五日记载:"星期五 把《红豆》座谈会发言的部分修改好。"《人民文学》1958 年第 9 期刊登《〈红豆〉的问题在哪里?(一个座谈会记录摘要)》,记载时间为"七月二十八日"。

12 月 12 日,完成评论《红军阿姆,松柏长青!》,后刊于《文艺报》第 24 期(12 月 26 日出版),署名"任小哲"。又刊于《读书》1959 年第 1 期。

报告文学《钢炉烧尽冬天雪,催促时光早到春!——亚非及中国作家炼钢小记》刊于《人民文学》第 12 期。

是年 因干部要轮换"下放"改造,张光年在一次小型会议上,力主宗璞应第一批下放,但因为工作需要,宗璞到 1959 年才下放。

本年度重要论文:

陈新速记、《人民文学》编辑部整理:《〈红豆〉的问题在哪里?(一个座谈会记录摘要)》,《人民文学》1958 年第 9 期。

1959 年　32 岁

年初　宗璞下放至河北涿鹿县温泉屯村。开始与农民、农村有了接触，有了接近中国农民和了解中国乡土社会的机会。与宗璞一起下放到涿鹿县的还有好友陈澂莱①。《下放追记》中写道："如果没有亲到农村，我可能也要积极参加各种运动，用假话批评真话。幸而我有这个机会看到书斋以外的世界。下放生活中充满了政治。我们经常开小组会，谈心得体会，进行批评和自我批评。……在下放中，我体会到生活比较原始的面貌。我们周围再没有墙壁。我们和天空、田野，和收获的喜悦、灾难的伤痛都离得很近。……我们参加劳动，冬末春初，为准备春耕严整土地。人们用锄或锹把土块打碎，是为'打土坷垃'。这是力气活，很累人。……下放一年，我是有收获的，曾想，学生如能在假期到农村去几个月，亲近农民——那毕竟是中国人的大多数，会更好地了解自己的国家，也更懂得我们的历史，

---

①　陈澂莱，又作陈澄莱，祖籍福建，是宗璞好友，曾与宗璞合译《缪塞诗选》。宗璞在散文《水仙辞》《三幅画》中都曾写到她。

只是，那些政治斗争可以免去。"①

1月　评论《阿拉伯人民的声音!》刊于《世界文学》第1期，署名"任小哲"。

5月　完成散文《山溪——小五台林区即景》。

8月　散文《山溪——小五台林区即景》刊于《新观察》第16期（8月16日出版）。宗璞记录了自己在冀晋交界处的小五台山林场工作时的情景："山溪，喧嚷的山溪。它的声音叫我们不要在这一片深绿中迷失。沿着它，走到了林业工人的宿营地。冬天，白雪一直堆到窗前，工人们围着通红的火炉，讨论采伐计划直到深夜。"

1959年，宗璞（左二）在小五台山林场工作期间

————————
① 宗璞：《下放追记》，载《宗璞散文》，人民文学出版社，2022，第229—231页。

冬 宗璞和陈澂莱到张家口开会，偶遇汪曾祺。据宗璞回忆，汪曾祺在张家口一带，境况比她还要苦。

年底 宗璞下放一年期满，公社为其钱行。临走时，公社送了大红锦旗，上面写着："上游干将，为民造福。"宗璞表示："到农村确实增长了见识，很有益处，但若说长期留下改造，怕是谁也不愿意。"①

是年 冯友兰向博物馆捐赠 619 件兵器。宗璞说她父亲在抗战前就非常喜欢逛古董街，收兵器。在西南联大时期，也喜欢去古董铺收集东西。她写道："东四牌楼附近有一个小巷，叫弓箭大院，是从前制造弓箭的地方。父亲在那里收罗了上百支的箭，有各种各样的箭头，特别是响箭，制造特别精致。这些东西，他藏有几百件，曾在清华开过一次展览。后来都捐献给博物馆了。现在家里还有一幅文化部颁发的奖状，言明'收到冯友兰先生捐赠各式兵器 619 件'，落款时间是 1959 年。"②

---

① 宗璞：《酒和方便面》，载蔡仲德编纂《宗璞文集》（第一卷），华艺出版社，1996，第 296 页。

② 宗璞：《冯友兰：都云哲人痴，谁解其中味》，载牛文怡编《最爱北京人》，生活·读书·新知三联书店，2012，第 10 页。

1960 年　33 岁

1 月　评论《赞〈公社一家人〉》刊于《文艺报》第 2 期（1 月 26 日出版），署名"任小哲"。

3 月　评论《精神的鸩酒——从美国十年来的畅销书谈起》刊于《文艺报》第 5 期（3 月 11 日出版），署名"任小哲"。

5 月　16 日，完成评论《飞翔吧，小溪流的歌!》。后刊于《文艺报》第 10 期（5 月 26 日出版），署名"任小哲"。该文是为严文井的童话集《小溪流的歌》所作，"《小溪流的歌》这本集子，具有以共产主义精神教育小读者的思想性和用准确的语言来描绘童话人物形象的艺术特色。几篇童话，都能比较集中地帮助小读者们建立劳动观点和集体主义观点"，并且"它以我们时代所需要的精神品质教育我们的新一代"。

译作《安蒂怎样赛跑?》（［澳大利亚］阿伦·马歇尔），译自马歇尔短篇小说集《安蒂怎样赛跑?》，刊于《世界文学》第 5 期，署名"冯锺璞"。

10 月　从《文艺报》调至《世界文学》编辑部，任评论组组长。张光年同志通知作协党组的决定，两人谈论了很多思想改造问题，张光年鼓励宗璞要巩固下放的收获。宗璞组到的第一篇稿子是朱光潜摘译的《拉奥孔：论画与诗的界限》。宗璞说20世纪60年代初《世界文学》面临着一个方向性问题："为了跟上革命的步伐，配合世界人民的斗争，刊登了许多亚非拉地区政治性极强的作品，也发表中国作家的各种支援、声明等。当时作协党组提出一句话，'不要把《世界文学》办成《人民文学》'，希望多介绍外国优秀作品，在评论方面，则要求介绍古典文艺理论。"①

11月　短篇小说《桃园女儿嫁窝谷》刊于《北京文艺》第11期。作品充满了对农村以及普通民众的热情与关爱，是宗璞为数不多的农村题材小说。这篇小说深受周扬的赞赏，"周扬之赞，有深意焉，那就是期望宗璞多写点以工农兵为描写对象的作品，认为《桃》作是宗璞取得的可喜的进步"②。宗璞在考虑是否将其收入《风庐短篇小说集》一书时说："一方面是它当时要表现的是社会主义改造，觉得这种思想和现在不大对头，另外一方面觉得它和我大部分创作好像是两回事：我忽然写起农村来了。可是后来我觉得，别人也这么看，说是你去农村的时间不久，可是写的农村还写得挺像，而且穷队富队之间的这种关系，富队支援穷队的精神也还是好的。写《桃园女儿嫁窝

---

① 宗璞：《〈世界文学〉和我》，《世界文学》1993年第3期。

② 涂光群：《宗璞写〈弦上的梦〉》，载《五十年文坛亲历记（1949—1999）》，辽宁教育出版社，2005，第253页。

谷》，当时当然主要是思想改造的产物，好像改造得还不错吧！"①

12月　译作《缪塞诗选》于人民文学出版社出版。17首是与陈澂莱合译，另有三首译者为沈宝基、闻家驷。宗璞谈到与陈澂莱合译诗选的情景："我们一起翻译《缪塞诗选》，其实是她翻译，我只是润饰文字而已。白天工作很忙，晚上常译到很晚。我嫌她太拘泥，她嫌我太自由，有时为了一个字，要争论很久。我说诗不能太认真，因为诗本不能译。她说诗人就是认真的，译诗的人要更认真。"②

是年　下放结束后，宗璞创作短文《第七瓶开水》。"写我的房东大娘，在我到别的村子去的日子里，每天为我换新的开水，换到第七瓶，我才回来。原稿的第一句话是'天下的母亲都是慈爱的'，写下来一看，不对，这不是人性论的说法吗？赶快删去！"③

20世纪60年代初，创作《牛石》，未发表。"那时着重要反映社会主义建设，写得太实，不象（像）童话。如果多考虑给读者美的享受、美的熏陶，可能会好一些。"④

---

①　贺桂梅：《历史沧桑和作家本色——宗璞访谈》，《小说评论》2003年第5期。

②　宗璞：《水仙辞》，载蔡仲德编纂《宗璞文集》（第一卷），华艺出版社，1996，第6页。

③　宗璞：《下放追记》，载《宗璞散文》，人民文学出版社，2022，第228页。

④　宗璞：《也是成年人的知己》，载甘肃省文联《飞天》编辑部编《我是怎样走上文学道路的》，中国文艺联合出版公司，1984，第77—78页。

1961 年　34 岁

2 月　完成散文《无处不在》。

3 月　10 日下午，张天翼召开《人民文学》编辑与作家谈心会。严文井和编辑部人员参加，此外还有张雷、王愿坚、浩然、林斤澜、刘厚明、宗璞参加。

散文《无处不在》刊于《人民日报》3 月 5 日。

新诗《黄昏》刊于《北京文艺》第 3 期。

5 月　完成童话《湖底山村》。

6 月　游览西湖。宗璞称赞："西湖胜景很多，各处有不同的好处，即便一个绿，也各有不同。黄龙洞绿得幽，屏风山绿得野，九曲十八涧绿得闲……"①

童话《湖底山村》刊于《人民日报》6 月 25 日。

7 月　完成散文《西湖漫笔》。宗璞回忆："写《西湖漫笔》是在一九六一年夏，陪同一位以色列女作家露丝·乌尔到南方

---

① 宗璞：《西湖漫笔》，《光明日报》1961 年 8 月 12 日。

访问之后。当时我在《世界文学》任编辑；只能早晚写作。我规定自己要'冬练三九，夏练三伏'。大概每个不肯虚度光阴的人都是这样做的。记得那年暑热闷重，清晨便挥汗不置（止），我约在晨六时到办公室，写到八时上班。这两千字约用了两个班前时间。写完了，站在窗前，看楼下来上班的人群，看头上万里晴空，真有一种喜悦，一种丰满的喜悦。这种丰满感，真是美好的回忆。"① 宗璞办公桌玻璃板下还压着一张冯友兰所书墨迹："莫以善小而不为，莫以恶小而为之。"

8月 散文《西湖漫笔》刊于《光明日报》8月12日。学者冯亦代给予很高评价，尤其欣赏宗璞描写山水草木的能力："她把山山水水、花花草草的美，尽染在一张素笺上，写得又如此玲珑剔透，真愧杀我这个自幼生长在西子湖边的人。"② 常莉认为，"《西湖漫笔》对宗璞来说，很有代表意义。她对于自然山水草木的细微体察和描写，在以后的写作生涯中俯拾皆是，日臻化境，她以这种曲折委婉的文笔，表达着含蓄内敛的感情世界"③。

12月 散文《秋色赋》刊于《北京文艺》第12期。

是年 生活艰苦，父母轮流坐在门前等候送牛奶的人。邓颖超赠送任载坤一包花生米和干贝。"当时有'糖豆干部''肉

---

① 宗璞：《关于〈西湖漫笔〉之漫笔》，载《丁香结》，百花文艺出版社，1987，第149—150页。

② 冯亦代：《〈宗璞散文选集〉》，《书城》1994年第8期。

③ 常莉：《宗璞：铁箫声里玉精神》，大象出版社，2007，第35页。

蛋干部'的说法，比如十七级以上的干部有糖豆，什么级别的补贴什么，炒个白菜也是好的。改革开放后我去外面买菜，看到那么多品种，高兴得不得了，没有经过的人都不能理解。那些日子，都是靠母亲精打细算熬过来的。"①

① 陈洁：《冯友兰：宗璞的青葱记忆》，载《山河判断笔尖头》，生活·读书·新知三联书店，2009，第252页。

1962 年　35 岁

1 月　26 日，加入中国作家协会。

3 月　完成散文《针上纪事》。

4 月　散文《针上纪事》刊于《北京日报》4 月 7 日。

6 月　短篇小说《两场"大战"》刊于《北京文艺》第 6 期。

7 月　陪同冯友兰随政协参观团赴海拉尔参观。

短篇小说《不沉的湖》刊于《人民文学》第 7 期。吴宗蕙认为通过女主人公苏倩的自白"揭示她单纯美好的心灵，赞美她热爱事业、勇于献身的精神，这个形象在解放初期奔向新生活的青年女性中颇具普遍性，她的气质、情操和对理想、事业的执着追求，具有一定的典型意义"①。

夏秋之交　陪同日本女作家深尾须磨子访问江南。

9 月　完成童话《鹿泉》。完成散文《墨城红月》，后刊于

---

① 吴宗蕙：《女作家笔下的女性世界》，首都师范大学出版社，1995，第 107 页。

《光明日报》9月20日。有研究者写道："这是一篇写景抒情的散文。作品展现了呼伦贝尔草原的奇观……如果将草原比做（作）一幅画的话，那么，墨城则是画卷上一颗璀璨的星。作者对草原的爱恋之情溢于笔端。……最后，通过对碧天红月奇景的描写，赞美了兄弟民族的兴旺发达，赞美了祖国的蒸蒸日上。作品构思精巧，具有深邃的意境；文字典雅秀丽。"①

10 月　　完成短篇小说《后门》。

---

① 周振甫主编《大学语文——中国现当代文学作品选》，高等教育出版社，1989，第 339 页。

1963 年　36 岁

　　1 月　散文《一年四季》刊于《北京日报》1 月 8 日。

　　2 月　完成短篇小说《知音》。

　　短篇小说《林回翠和她的母亲》刊于《新港》第 2 期，原题《后门》。有英译本。宗璞谈道："对'走后门'的现象，当时并没有人公开提出来走后门，可是我就写了这个题目，觉得这样做不对。可是小说里面特别委婉地说这种走后门的现象马上就可以制止，而且说明是'受了资产阶级思想的腐蚀'所以才走后门。"所以"这篇作品还是受当时的思想视野的限制的。我觉得《后门》这篇作品也算是一个风气之先的东西吧。……《后门》写完之后有前辈告诫我不要这么写，但没有什么实质性的批评，也没有太多的人注意"。对此，宗璞说："虽然我已十分注意语气的委婉，并将原因归于资产阶级的影响。……光年看到了这篇小说，也许是有人向他报告的。在一次作协的会议上，开会休息时他对我说：'这篇小说不好，要投鼠忌器，要注意。'我很感谢光年的关照。"①

童话《鹿泉》刊于《山花》第 2 期。

9 月 完成散文《暮暮朝朝》。

10 月 散文《暮暮朝朝》刊于《光明日报》10 月 1 日。

11 月 短篇小说《知音》刊于《人民日报》11 月 26 日。有英语、法语、日语译文。吴宗蕙说："这篇小说虽然带有徘徊于那个时期的'左'倾思潮的痕迹，但石青的形象比肖（萧）素血肉丰满，显示出作者在女革命者形象塑造上的进步和发展。作者用回忆、穿插、倒叙等艺术手法，写出了石青的思想发展史、性格形成史，从而，折射出时代的风貌。作者在构思上、时序上的这种灵活巧妙的排列组合，打破了自己以往结构故事的自然顺序，不拘成法，自出机杼，刻意求新。宗璞二十年前在艺术形式上的可贵探索，为她今天的艺术创新打下了基础。"②

12 月 完成散文《路》，后刊于《光明日报》12 月 21 日。

是年 创作童话《花的话》和《露珠儿和蔷薇花》。

本年度重要论文：

任鸿文：《〈一年四季〉读后》，《山花》1963 年第 5 期。

---

① 宗璞：《握手》，载《宗璞文学回忆录》，广东人民出版社，2020，第 66 页。

② 吴宗蕙：《女作家笔下的女性世界》，首都师范大学出版社，1995，第 107 页。

1964 年　37 岁

5 月　新诗《这一炉熊熊大火》刊于《北京日报》5 月
13 日。

是年　随《世界文学》编辑部并入中国科学院哲学社会科
学部外国文学研究所。随即全所下放参加"四清",宗璞因生病
留编辑部编辑资料。

1965 年　38 岁

11 月　在协和医院接受手术治疗。

是年　阅读卡夫卡作品。

1966年　39岁

　　7月　下旬，红卫兵到冯友兰家抄家、贴大字报。"宣布先生（冯友兰）'罪状'及惩罚措施：文物书籍全部封存，扣发工资，每月只给先生夫妇二人生活费二十四元。"[1] 此时，宗璞居迺兹府 27 号。

　　夏秋时节　宗璞所在的文学研究所举行何其芳批斗大会。宗璞原本没在批斗行列，但一个造反派发现她在场，她也被拉上台。"'冯钟璞!'有人大叫，我不知道自己的罪名到底是什么，那时把学不够深、位不够高而又欲加之罪的人称为三反分子。我走到麦克风前如此报了名，台下好几个人叫：'看看你的帽子!'我取下帽子，见白纸黑字，写着'冯友兰的女儿'。""我怕人碰我，尽量弯着身子，像一条虫。""有人把我们挨个儿

认真按一遍。我只有一个念头，尽量弯得合格，尽量把自己缩小。"①

按：据资中筠回忆，宗璞面临审查时，她曾被要求表态。"于是我就面临对她的'态度'问题。我没有直接见过她的外调人员，却收到过运动领导小组转给我的，要求揭发冯钟璞的函件。应该承认，以我那时的思想状态，从未想过可以拒绝，还是认认真真地回想她与我的谈话中有什么可以成为问题的。我能想起来的是：她欣赏李商隐；还有在'文革'前一年我生病住了较长时间的医院，她来看我时带给我两本书，一本是讲赛金花的《孽海花》，一本是卡夫卡的小说。这些都代表'封、资、修'，当然说明她'感情不健康'，就成为我'揭发'的内容。这些有没有成为'炮弹'，增加对她的伤害，我不得而知。""我最后过关的稿子中有一段就是检讨与宗璞的关系，用的语录是'世上没有无缘无故的爱，也没有无缘无故的恨'，说明我与她的关系是'臭味相投'，感情基础就是封资修（大意）。这些，宗璞当时当然不会知晓，多年以后我们再恢复交往，已是时过境迁，没有再提起。"②

12 月 燕南园 57 号已经先后入住五户人家。

---

① 宗璞：《一九六六年夏秋之交的某一天》，载《野葫芦须——宗璞散文全编（1951—2001）》，北京出版社，2003，第 349 页。

② 资中筠：《我与宗璞，高山流水半世谊》，《各界》2016 年第 7 期。

1967 年　40 岁

　　1月　8日，冯友兰因身体原因前往阜外医院治疗，无效。因是"反动学术权威"，不准住院，只得暂居迺兹府（宗璞处），以便随时前往协和医院门诊。15日，冯友兰因尿中毒，病情加剧，经宗璞、任载坤多方奔走，得以住进北京医院。31日，冯友兰又被勒退出医院，手术未完成。

　　3月　经任载坤多方奔走汇报，冯友兰得以继续手术。

　　宗璞因长肿瘤在日坛医院手术、治疗，冯友兰、任载坤前去医院探视，未进入病房。宗璞曾告诉好友资中筠生病的经过，资中筠写道："那时当然谈不到定期体检，等她自己感到不适去医院检查，已需要立刻住院动手术。但是她的存款都被冻结，只发少量生活费。她孑然一身，为交住院押金，自己骑着自行车到已被造反派控制的财务科跑了多次，遭到各种冷遇和推诿，拖延时日，最后她'气得忍不住骂人了'。我想不出来宗璞骂人

怎么骂法，就好奇地问她。她说：'我说你们简直是草菅
人命！'"①

①　资中筠：《我与宗璞，高山流水半世谊》，《各界》2016 年第 7 期。

1969 年　42 岁

9 月　17 日，宗璞与中央音乐学院附中语文教师蔡仲德①结婚。冯友兰、任载坤、陈澂莱到迺兹府 10 号参加婚宴。据陈乐民、资中筠回忆："仲德于宗璞大病之后身心疲惫之时，冯家尚在劫难之中，作为一名青年读者，因宗璞的作品而主动结识宗璞，完全是出于对才华的爱慕，因而相交、相知。他们的结合是高度的精神的契合，超越一切世俗的考虑。"②

是年　母亲任载坤做胆囊切除手术，宗璞与冯友兰在手术室外守候。手术很成功。宗璞谈及此一时期冯友兰的状态："'文革'期间，我们全家人被迫挤在一间斗室，各处堆满东西，空间局促，无处坐立，父亲处之泰然，从无烦躁失态。因为他

---

①　蔡仲德（1937—2004），浙江绍兴人，1960 年毕业于华东师范大学中文系。曾任中央音乐学院附中语文教师，中央音乐学院教授、博士生导师，后成为音乐美学史家，冯学研究专家。

②　陈乐民、资中筠：《忆仲德》，载李起敏主编，中国音乐美学学会、中央音乐学院音乐学系音乐美学教研室编《蔡仲德纪念文集》，中央音乐学院出版社，2008，第 10 页。

不能再感觉别的事物，他在思想。""自一九四九年后，父亲生活的主要内容就是检讨，但是他并没有完全失落自我。他在无比强大的政治压力下不自杀，不发疯，也不沉默。在这混乱的世界中，在他的头脑里，有一片——哪怕已被挤压得很小——清明的哲学王国，所以他在回归自我时很顺利。"①

①　宗璞：《向历史诉说——我的父亲冯友兰》，人民文学出版社，2017，第95 页、第 99—100 页。

1970 年　43 岁

　　5 月　12 日，蔡仲德下放河北，宗璞迁至北大与父母同住，寓燕园。

1971 年　44 岁

　　8 月　8 日，冯友兰在《答陈克明》一信中提道："来信及大作收到。祝贺党成立五十周年，词多至二十首，合之即为纪述党史之长诗。热情毅力，至为钦佩。钟璞亦同此意。"① 10日，陪同父亲游故宫。下旬，完成《怀仲四首》以表离别之苦，未发表，后收入《宗璞文集》（第四卷）。

---

　　①　冯友兰：《三松堂全集（第 14 卷）》，河南人民出版社，2001，第 642 页。

1972 年　45 岁

春　前往蔡仲德下放之地河北清风店探望，夫妻二人同游定州。宗璞作《江城子·定州寻夫》："定州塔下忆相逢，远天晴，晚霞明。三载结盟，魂梦惯牵萦。会少离多君须记。长夜永，泪如倾。　　佳会清游太乐生。佛作证，石为铭。携手长行，荆棘自然平。九霄云上也攀登，生同路，死同陵。"[1]

1 月　8 日，收到冯钟辽 1971 年 12 月从费城的来信，得知哥哥大女儿冯恺（久丽）已经五岁，小女儿冯嵘（雯棣）已经两岁。

2 月　18 日，上午持介绍信陪同冯友兰前往中国书店"购得杜诗一部，宋诗钞一部。在首都饭庄进午餐，锺琏亦在座"[2]。

4 月　9 日，陪父亲游颐和园同赏桃花。16 日，陪父母同游颐和园，赏花。

5 月　21 日，陪同父亲游颐和园，赏芍药花。

---

①　常莉：《宗璞：铁箫声里玉精神》，大象出版社，2007，第 90 页。
②　蔡仲德编撰：《冯友兰先生年谱长编》（下），中华书局，2014，第 698 页。

8 月 11 日，全家到机场接冯钟辽、李文佩、冯恺、冯嵘。31 日，冯钟辽一家离京返美。其间，全家与四姑冯沅君、七姑冯缦兰①以及叔叔冯景兰一家在颐和园聚会。

10 月 29 日，宗璞、冯钟越陪同冯友兰游香山。

11 月 宗璞、冯钟越陪同父亲往四不要礼堂看京剧《红色娘子军》。

是年 女儿冯珏出生于北京。

完成旧体诗《咏古二首》（其一《读离骚》，其二《读汉书》）和《读怀素自叙帖二首》，后收入《宗璞文集》（第四卷）。

---

① 冯缦兰（1905—2004），又作冯让兰，冯友兰的堂妹，冯友兰的叔叔冯汉异之女。

1973 年　46 岁

7 月　在日坛医院接受手术治疗。

8 月　1 日，冯友兰丹毒复发，在北大校医院治疗。10 日，冯友兰出院回家。

10 月　5 日，宗璞、冯钟越随父母前往南长街看望张奚若夫人及其子女。是月，蔡仲德下放结束，回北京工作。宗璞与蔡仲德在北大燕南园安家，随侍父母。

12 月　9 日，陪同父亲到蔚秀园拜访张岱年、冯缧兰夫妇。11 日，冯友兰批判组前来问苏轼《留侯论》的写作背景以及"天马行空，独来独往"出于何书，宗璞、蔡仲德代查。

是年　冯友兰成为"批林批孔"时期的众矢之的。在与夏榆的对话中，宗璞说："'批孔'时声势浩大，是黑云压城城欲摧的气氛。父亲成了众矢之的，烧在铁板下的火，眼看越来越大。他想脱身，想逃脱烧烤，哪怕是暂时的。他逃脱也不是为了怕受苦，他需要时间，他需要时间写《中国哲学史新编》。"①

萧乾从湖北咸宁干校回京后，宗璞告诉文洁若（萧乾夫人），潘家洵②先生正在打听他，并托她转交一包书。

按：这包书是《彼尔·金特》。1956 年，萧乾将收藏的英译本《彼尔·金特》送给潘家洵，希望他能译成中文。

———————————

①　宗璞、夏榆：《痴心肠要在葫芦里装宇宙》，《上海文学》2010 年第 8 期。
②　潘家洵（1896—1989），男，江苏苏州人，翻译家。1920 年毕业于北京大学西语系，1921—1926 年留校任讲师，1928—1938 年在北京大学任副教授，1938—1942 年在西南联大文学院任职，1954 年起任中国社科院文学研究所研究员以及中国社科院外国文学研究所研究员。译著有《易卜生戏剧集》（1—4 集）、《萧伯纳戏剧选》等。

1974 年　47 岁

1 月　25 日上午，张岱年、冯缦兰夫妇前来拜年。下午，宗璞与蔡仲德到宣武门外王源兴家帮父亲送条幅，以此答谢王源兴送药给任载坤。

2 月　17 日，宗璞、蔡仲德陪同父母去王府井做衣服。中午，四人在首都饭庄吃饭，饭后到地质学院看望冯景兰、仝珺夫妇。

3 月　17 日，全家在丰泽园为任载坤庆贺八十大寿，王一达、任均夫妇应邀出席。

4 月　7 日上午，与蔡仲德陪同父母前往颐和园赏桃花。21日清晨，与蔡仲德陪同冯友兰前往颐和园赏海棠。

5 月　1 日，与蔡仲德陪同冯友兰前往颐和园参加五一游园活动。

6 月　9 日，冯友兰收到陆侃如信，得知冯沅君确诊癌症，且已扩散，病情十分严重。下午，宗璞陪同父母前往王一达、任均夫妇处，之后去地质学院与冯景兰商议到济南看望冯沅君事宜。11 日下午，冯钟芸、冯钟广①前来商议去济南之事。12 日，宗璞、冯钟琏、冯钟芸、冯钟广四人前往济南看望冯沅君，三日后返回。17 日，清晨 5 时 30 分，冯沅君病逝。20 日，宗璞代父拟冯沅君治丧委员会唁电。28 日，冯友兰在天津丹毒发作住院。29 日，宗璞和母亲持北大党委介绍信前往天津探视冯友兰。30 日，冯钟琏前往天津探望冯友兰。

7 月　1 日下午，宗璞和父母乘车离开天津回到北大。15 日，陪同父亲前往西什库北医一院高干诊室拔牙。22 日、29 日再次去拔牙。

8 月　27 日，与母亲陪同冯友兰前往东直门医院门诊看病。

9 月　1 日，全家同游陶然亭，中午到姨母任均家吃饭。13 日，陪同父亲往校医院治疗支气管炎。16 日，陪同父亲前往西什库治牙。20 日，因之前同住的人陆续搬走，恢复了"文革"前的住宅。

10 月　1 日，全家前往颐和园参加游园活动。20 日上午，陪同父母前往北医三院看望郑昕②。

12 月　31 日，冯钟辽一家回国探亲。

---

①　冯钟广（1928—　　），宗璞堂弟，冯景兰次子。

②　郑昕（1905—1974），男，安徽庐江人，西方哲学史家。1924—1926 年就读于天津南开大学哲学系。1927 年赴德国留学，曾先后就读于柏林大学、耶拿大学，专攻康德哲学。1932 年归国后任北京大学哲学系讲师，讲授康德哲学，后任北京大学教授、哲学系主任，中国哲学会副主席等。

1975年　48岁

1月　25日，宗璞、蔡仲德、冯友兰、任载坤与冯钟辽夫妇参观周口店。26日，全家同游故宫。

2月　冯钟辽夫妇返美，宗璞与父母前往机场送行。11日，姐姐冯钟琏携女儿到燕园过年。13日，与蔡仲德陪同冯友兰到未名湖畔散步。

3月　3日，母亲患胆囊切除手术术后综合征，住院治疗。8日，母亲出院。

4月　8日，姐姐冯钟琏患子宫癌住院。下午，宗璞、蔡仲德与冯友兰夫妇前往日坛医院探视。

6月　1日，前往洒兹府，看望冯钟琏。5日，冯钟琏病危，与父母到北京市第二医院探视。6日清晨，宗璞、蔡仲德赶往医院途中，冯钟琏去世。10日，宗璞、蔡仲德、冯景兰、仝珺、王一达参加冯钟琏追悼会，任均留家中陪伴冯友兰夫妇。冯钟琏生前是北京31中优秀语文教师，育有三女，分别为冯枚、冯薇、冯蓓。22日上午，宗璞、蔡仲德陪同父母前往虎坊路访王一达、任均。

7月 9日，母亲因胆管炎住院。11日，母亲出院。16日，姨母任均来访。

11月 26日，陪同父亲前往协和医院看望徐旭生①。是月，宗璞忙于冯钟越调回北京之事。

12月 11日，冯友兰致信中共北京大学哲学系总支要求调冯钟越回北京工作，以便照顾父母。冯友兰写道："今年6月间，我的大女儿因病去世，家里缺少了一个照顾我们的主要力量……我的二女儿曾患乳腺癌，甲状腺瘤，动过多次手术。现患冠心病，每天必需（须）服药，才能维持生活，是个坚持工作的病号。我的女婿在城内工作，经常下乡，下厂。我和我的老伴年纪越来越大，经常和疾病作斗争，深感缺人照顾。……踌躇再三，还是不得不提出来，恳请领导上帮助解决调钟越来北京工作的问题，不胜盼望感谢之至。"② 17日，母亲腹痛难忍，宗璞送母亲到北医三院，等候四个小时后被医生告知不予治疗，并要求回家。宗璞只能将母亲送到北大校医院，检查后得知是胆道感染。22日，母亲出院。24日，陪同父亲前往首都剧场看话剧《万水千山》。

是年 宗璞恢复工作，在《世界文学》编辑资料。

---

① 徐旭生（1888—1976），男，河南唐河县人，名炳昶，字以行，著名历史学家。

② 冯友兰：《致中共北大哲学系总支》，载《三松堂全集（第14卷）》，河南人民出版社，2001，第658—659页。

1976 年　49 岁

1 月　17 日上午，陪同父亲前往八宝山参加徐旭生追悼会。21 日上午，陪同父母到宽街中医医院请赵炳南门诊。

2 月　1 日下午，张岱年、冯缠兰给冯友兰拜年。2 日上午，王一达、任均前来拜年。

3 月　21 日，为庆贺任载坤寿辰，王一达、任均在月坛北街餐馆宴请祝寿，吴晓铃、石素真夫妇作陪。下午，张岱年、冯缠兰来访。29 日，宗璞代父前往哲学系请求冯钟越调回北京之事。

4 月　1 日，宗璞向冯友兰讲述天安门广场见闻。2 日，蔡仲德向冯友兰讲述广场上的见闻。5 日，宗璞、蔡仲德继续讲述 4 日晚的天安门广场见闻。29 日，父亲心脏不适，宗璞与母亲陪同前往北医三院就诊。

6 月　23 日，陪同父亲前往阜外医院检查心脏。

7 月　8 日，陪同父亲到西什库看牙。31 日，冯友兰夫妇住进防震棚。

9 月　29 日上午，得知冯景兰病危，蔡仲德陪同冯友兰前往北医三院探视，并未看到，到地质学院才知冯景兰已经离世。30 日晚上，冯钟芸前来谈论冯景兰治丧事宜。

10 月　2 日下午，冯友兰拟冯景兰先生挽联："一病太无情，竟使老弟遭摧折；九原如相遇，代向高堂问平安。"① 7 日上午，全家前往八宝山大礼堂参加冯景兰追悼会。

12 月　4 日，宗璞设家宴为父亲祝寿，仅王一达、任均夫妇前来。

① 蔡仲德编撰：《冯友兰先生年谱长编》（下），中华书局，2014，第 744 页。

1977 年　50 岁

1 月　2 日晚，宗璞、冯钟越、蔡仲德三人与冯友兰谈论《中国哲学史新编》修改问题，主张"文化大革命"前已出版之一、二册不必修改，新写各册不以革新前进、保守倒退两条路线为纲，冯友兰坚持按两条路线从头写起。

2 月　19 日，宗璞、蔡仲德与冯友兰、任载坤到地质学院看望冯景兰夫人仝珺，之后去蔚秀园看望张岱年、冯缵兰。21 日上午，宗璞、蔡仲德与冯友兰夫妇到花园村华侨公寓访朱章庚、吴作人，到校场口访吴晓铃、石素真夫妇，后又前往虎坊路看望王一达、任均夫妇。下午，冯钟芸前来拜年。

3 月　27 日，宗璞、蔡仲德、冯友兰、任载坤四人同游中山公园。

4 月　19 日，与蔡仲德访吴晓铃，并送冯友兰为其所写条幅。27 日，全家与赵萝蕤、傅愫冉同游植物园。

6 月　19 日，全家四人前往王府井购物，之后到地质学院看望仝珺。

7 月　4 日，蔡仲德再次向冯友兰提出修改哲学史问题，但冯友兰坚持以革新、守旧两条路线为纲。24 日，全家同游颐和园、看书法展。

8 月　14 日，陪同冯友兰、任载坤前往虎坊路看望王一达、任均。29 日，与冯友兰、任载坤、冯蓓前往天安门广场参观毛泽东纪念堂。

9 月　14 日，陪同任载坤到北医三院拍照检查。23 日，任载坤确诊肺癌，住北大校医院治疗。25 日，任载坤病危。宗璞发电报通知冯钟越母亲病危事宜。26 日，上午 10 时，蔡仲德进城给冯钟辽发电报。28 日，仝珺、冯钟芸前往校医院看望任载坤。29 日，外文所《世界文学》党支部委员冯秀娟等到北大慰问宗璞，并前往校医院看望任载坤。30 日，《世界文学》编辑部支部书记李光鉴、外文所人事处王玉明到北大慰问宗璞。

10 月　3 日上午 7 时 15 分，任载坤病故，享年 83 岁。上午，仝珺与冯钟芸前往校医院向任载坤遗体告别。下午，王一达、任均夫妇向任载坤遗体告别。4 日，张岱年、冯缣兰夫妇与魏建功夫人前来吊唁。晚上 7 时，冯钟辽一家抵达北京。5 日，陈桂芝、冯采、冯岱到北京。6 日上午，在八宝山由冯钟芸举行遗体告别仪式，除家人外，仝珺、冯钟潜、冯钟广、冯钟燕、王一达、任均、张岱年、冯缣兰、韩咏华（梅贻琦夫人）、尚佩秋（曹靖华夫人）、贝君达（潘家洵夫人）、夏蔚霞（王力夫人）、徐恒（徐旭生之女）、赵萝蕤、吴晓铃以及外文所李光鉴、冯秀娟、唐梅、邵殿生等人参加。8 日上午，冯友兰、冯钟辽、宗璞、冯钟越前往八宝山接任载坤骨灰回家。9 日，宗璞、冯钟辽、冯钟越、李文佩代表冯友兰到全珺住处、张岱年与冯缦兰住处、王一达与任均住处以及梅贻琦夫人住处谢吊。12 日上午 9 时 30 分，全家游卧佛寺、碧云寺，中午在香山饭店用餐，饭后同游香山寺遗址。16 日上午 9 时，全家在北大图书馆前拍照。之后布置任载坤灵堂：骨灰盒放壁炉架上，墙上挂任载坤遗像，两旁有冯友兰手书挽联："在昔相追随，同荣辱，共安危，出入相扶持，黄泉碧落君先去；从今无牵挂，断名缰，破利锁，俯仰无愧怍，海阔天空我自飞。"[①] 19 日，宗璞、蔡仲德代表冯友兰前往金有景、潘家洵、曹靖华家致谢。26 日晚上，冯友兰、冯钟辽、李文佩、宗璞、蔡仲德在康乐饭店宴请梅贻琦夫人韩

1977 年 10 月，全家合影

① 蔡仲德编撰：《冯友兰先生年谱长编》（下），中华书局，2014，第 756 页。

咏华、梅祖彦、刘自强、杨宗遐、丁一鸣。29 日中午，全家在四川饭店吃饭，席间冯钟辽对宗璞、蔡仲德说："以后就全靠你们两个人在家照顾父亲了。"31 日晚，宗璞、蔡仲德、冯友兰前往机场为冯钟辽夫妇送行。

1978 年　51 岁

1 月　新诗《心碑》收入《世界文学》编辑部所编《心碑》。

3 月　11 日，陪同冯友兰前往北医三院检查，发现心律过慢。

4 月　5 日，清明节，全家为任载坤上香。20 日，宗璞、蔡仲德陪同冯友兰前往未名湖畔散步。

5 月　2 日，宗璞、蔡仲德访张岱年。12 日，陪同冯友兰去校医院医治气管炎。

6 月　完成短篇小说《弦上的梦》初稿。

童话《花的话》刊于《人民文学》第 6 期。

7 月　28 日晚上，冯友兰突然发烧，宗璞、蔡仲德代替冯友兰到友谊宾馆见牛满江①。

9 月　28 日，张岱年、冯缦兰夫妇到访。29 日上午 9 时，

---

① 牛满江（1912—2007），男，出生于河北省博野县。著名发育生物学家。

冯钟芸来接冯友兰前往八宝山参加冯景兰先生两周年祭，并去看孙泱、孙维世骨灰盒，宗璞陪同。

秋 短篇小说《弦上的梦》改稿完成。

10 月 3 日清晨，全家在任载坤灵位前行礼。29 日，与蔡仲德、冯友兰同游香山。

12 月 3 日，山东大学中文系来信告知：陆侃如于 12 月 1 日病故，追悼会将于 8 日举行。同时致信冯缵兰，请冯友兰代为转交。傍晚，蔡仲德往张岱年、冯缵兰处送信。11 日，冯钟芸前来谈整理冯沅君遗著之事。17 日，与蔡仲德、冯友兰前往未名湖散步。

短篇小说《弦上的梦》刊于《人民文学》第 12 期。有英文、法文、西班牙文、日文译本。英译本收入外文出版社 1981 年出版的《中国获奖小说选（1978—1979）》以及外文出版社 1982 年初版、1983 年二版、1985 年三版之《女作家七人集》；法文译本刊于《中国文学》1979 年 8 月号以及中国文学出版社 1981 年版《女作家近作选》；西班牙文译本收入外文出版社 1982 年出版《艺苑新花》。后获 1978 年全国优秀短篇小说奖。宗璞谈创作经过："我是 1978 年春天开始写，《弦上的梦》是写'四五'天安门事件的。当时我的小说一般都寄给《人民文学》杂志，编辑不敢发表，编辑看了觉得很好，但是往下看，就放弃了。天安门事件还没有平反，小说不能发，搁在那里了。一直到 11 月，中央做出决定，给天安门事件平反，我这个小说就在 1978 年 12 月的《人民文学》发表。"① 《人民文学》编辑涂光群谈到小说发表情况："是我读到的最早一篇以 1976 年的天安门事件为题材的小说作品，这篇小说成稿于 1978 年 6 月，那时天安门事件还没有平反。宗璞表现了一个作家的敏感和胆识，这是非常可贵的。宗璞的稿件送到编辑部后，最早读它的编辑是胆怯而谨慎的。他认为这篇小说明显的在政治上犯了'忌'，不好发表。复审者读后却觉得这篇小说并没有犯什么忌，如果说它贬斥、唾弃了什么，那是贬斥、唾弃了人民皆曰可弃的'四人帮'和他们的种种倒行逆施，而赞扬了人民和青年的新觉醒。可是没有想到这篇小说送到主编那儿，他亦采取否定态度，理由是这篇小说'写的干部子弟（指作品女主角梁遐等人）不够典型'，建议退稿。我想这不过是他否定小说的一个托词。作为复审者，我和几位同事商量了，决定采取拖延处理的'策略'。过了些日子，传来天安门事件即将正式平反的消息。我们名正言顺地请示了主编，说要邀请作家开个小型座谈会，谈天安门事件的题材，组织反映这一伟大历史事件的小说。主编欣然同意。宗璞的《弦上的梦》遂被允许请作家修改，而不是退稿。"② 有论者认为宗璞此文代表她步入"伤痕文学"道路："她之为'新时期著名作家'的命名，来自她对此间主流话语构造的果敢而有力的加入。宗璞的作品序列几乎包含了新时期

---

① 夏榆：《宗璞：痴心肠要在葫芦里装宇宙》，载《在时代的痛点，沉默》，上海三联书店，2016，第 145 页。

② 涂光群：《中国三代作家纪实》，中国文联出版公司，1995，第 437 页。

'启蒙文化'的全部母题。1978年，她的新时期发轫作《弦上的梦》，便与宗福先的《于无声处》、苏叔阳的《丹心谱》一起，因正面写'四五'运动，不仅加入了伤痕文学的热浪，而且成了其间干预并介入现实的力作。"① 面对文坛的批评，宗璞说："当时有人批评这篇小说的结尾有点概念化，尤其外国人读起来觉得不能接受。其实，我写的梁遐这个孩子还是比较真实的。我有一个亲戚就是梁遐这样的人。当时觉得这些孩子挺值得同情，他们经受了历史，而且没有变坏，都在逆境中挣扎出来了。"②

是年 完成童话《吊竹兰和蜡笔盒》。

《世界文学》复刊后，1978年第2期刊登了萧乾摘译的《彼尔·金特》，宗璞是责任编辑。她在《〈世界文学〉和我》中写道："记得在发稿过程中，和萧乾同志打过好几次电话。那时他家没有电话，我家的电话第二次被拆掉了。都用公用电话。有几次还没说到正题电话就断。后来萧乾同志总是说：'我们赶快！'""在这一段工作中，我以为，最有意义的事就是使《彼尔·金特》先于四川人民出版社版本数年和读者见面了。……我在经手这篇译作时，从作者、译者都学习到了很多很多。我还因此对北欧文学深感兴趣而有一阵子分管北欧。"③ 对于《世

---

① 戴锦华：《涉渡之舟——新时期中国女性写作与女性文化》，陕西人民教育出版社，2002，第136—137页。

② 吴舒洁：《宗璞　当代文坛的常青树》，载王能宪、陈骏涛主编《足迹——著名文学家采访录》，中国工人出版社，2011，第3页。

③ 宗璞：《〈世界文学〉和我》，《世界文学》1993年第3期。

界文学》的编辑工作，宗璞颇多感慨："在《世界文学》这一段日子，没有什么功绩，对自己来说是有收获的。如果不作为工作任务，我大概不会读那些理论文章。如果不是做编辑而是在研究所这么多年，书会读很多，大概很难从书堆里钻出来了。"①

---

① 宗璞：《〈世界文学〉和我》，《世界文学》1993 年第 3 期。

1979 年　52 岁

1月　12 日，陪同冯友兰前往校医院皮肤科看病。

2月　5—13 日，人民文学出版社在北京召开中长篇小说座谈会，就中长篇小说创作问题展开讨论。会议由人民出版社社长严文井主持，茅盾、周扬、陈荒煤、冯牧等发表了讲话。宗璞、王蒙、刘心武、高缨、黎如清、陈立德、苏辛群、冯骥才、秦兆阳、秦牧、谌容、陆文夫、杨佩瑾、黄家佐、王以平等参会。座谈会上，宗璞说她正在酝酿写一个"文革"时期癌症病人的故事，计划写成短篇。座谈会后，宗璞决定写成中篇，即《三生石》。会上，韦君宜和李曙光认为宗璞已经能够进入写长篇的阶段，向宗璞约稿。

童话《吊竹兰和蜡笔盒》刊于《北京文学》第 2 期。宗璞表达了对"本色"的坚守："吊竹兰要保持自己的'本色'，拒绝蜡笔为之涂上颜色。说实在的，这些年，作为一个人，我们多么需要自己的本色！"① 有论者认为："《吊竹兰和蜡笔盒》表达了对生命本真色彩的执著（着）。……作品对压制个性、贬抑自我的那一段社会历史进行了反思，呼唤自我意识的觉醒，肯定了对自我个性的持守与追寻以及直面真我的勇气与自信，高扬了真实生命的价值与意义。"②

译作《拉帕其尼的女儿》刊于《世界文学》第 1 期。宗璞谈道："1979 年，我国专门介绍外国文学的刊物《世界文学》（那时我是一名编辑）复刊时，我提出介绍霍桑，于是和朋友们一起选了《教长的黑纱》和《拉帕其尼的女儿》两篇，我自己翻译了后者。这次阅读使我更为霍桑的气魄所感动，总想编译一本霍桑短篇小说集，但因为我忙于创作，这一工作已经由别人完成了。"③

3 月 18 日下午，宗璞、冯钟越、蔡仲德与冯友兰到未名湖散步。

完成短篇小说《我是谁?》。

4 月 7 日，与蔡仲德、冯友兰游颐和园赏桃花。

5 月 7 日，冯钟睿④回国探亲，与母亲、姨母、姨父一同看望冯友兰。

北京语言学院出版《中国文学家辞典（征求意见稿）》现

---

① 宗璞：《也是成年人的知己》，《飞天》1981 年第 10 期。

② 张永健主编《20 世纪中国儿童文学史》，辽宁少年儿童出版社，2006，第 553 页。

③ 宗璞：《传统与外来影响》，《当代文坛》1988 年第 4 期。

④ 冯钟睿（1934— ），男，祖籍河南省唐河县，艺术家，是冯友兰的堂侄。

代第二分册，收有"宗璞"条。

短篇小说《红豆》收入《重放的鲜花》（上海文艺出版社出版）。

6月　10日上午，与蔡仲德、冯友兰到三里河拜访梅贻琦夫人韩咏华及仝珺。往虎坊路拜访王一达、任均，在其住处吃饭，为冯钰赴美饯行。14日下午，冯友兰、宗璞、冯钟越、冯钰在北大校园拍照。15日下午5时30分，全家在和平门烤鸭店为冯钰饯行。16日，冯钰离家赴美，行前向任载坤灵位行礼。傍晚，与冯钟越、冯友兰到机场为冯钰送行。

完成散文《热土》。

7月　散文《热土》刊于《十月》第4期。

译作《早晨的洪流——毛泽东与中国革命》于北京出版社出版（1—8章为宗璞译）。

童话《露珠儿和蔷薇花》刊于《儿童时代》第11期（7月16日出版）。

8月　1日晚，与冯友兰离京前往黄山旅游。2日下午2时，抵达南京。晚上抵达芜湖。6日，与冯友兰游桃源亭。7日，与冯友兰游观瀑亭。13日，乘面包车离黄山到芜湖。15日，返回北京。

完成散文《湖光塔影》。

9月　2日，全家同游圆明园。5日下午，陪同冯友兰前往八宝山参加邓拓追悼会。23日，与蔡仲德、冯友兰进城到王一达、任均住处，同游天坛公园。

新诗《华山五问》刊于《怀来文艺》第 3 期。

10 月 2 日，仝珺、冯钟芸、冯钟燕向任载坤灵位行礼。3 日,任载坤忌日，全家向任载坤灵位行礼。6 日上午，宗璞见北大副校长张平，要求修理暖气设施。13 日晚上，陪同冯友兰离京赴太原参加会议。18 日，陪同冯友兰游迎泽公园，晚上乘坐火车离开太原。

散文《湖光塔影》刊于《旅游》创刊号。

11 月 小说《红豆》收入《北京短篇小说选（1949—1979）》（北京出版社出版）。

12 月 6 日，张守仁因编辑中篇小说《三生石》，与宗璞在北大燕南园见面。张守仁描述："我见她衣着朴素，面容端庄，中等稍高的个儿，戴一副近视眼镜，低声细语跟我打招呼。"①

完成散文《废墟的召唤》和中篇小说《三生石》。

短篇小说《我是谁?》刊于《长春》第 12 期。《小说月报》1980 年第 3 期予以转载。法译本刊于《欧洲文学杂志》1985 年 4 月号；后又有英译、日译本。有研究者强调小说具有人的异化与扭曲的西方现代派主题："宗璞的《我是谁?》是第一篇触及这类题材的作品，具有开拓性的意义。她既没有因为这类题材的尖锐和敏感性而怯步，也没有落入西方类似题材的思想窠臼，而是忠实于生活本身，并从中得出自己的独到见解。"② 戴锦华

---

① 张守仁：《兰心蕙质 品格高雅——记宗璞》，《文艺报》2016 年 6 月 24 日。
② 方克强、费振刚：《迈在探索和创新的路上——宗璞短篇近作漫评》，《钟山》1982 年第 3 期。

认为《我是谁?》不仅"成为历史控诉与人道主义呼唤的先声，而且极为'超前'地成了中国大陆现代主义写作的开篇。事实上，书写'文革'中的校园惨剧，迄今尚没有人超过《我是谁?》之中的惨烈与深度"①。还有论者谈到小说的叙事方式："令人联想到卡夫卡《变形记》中对格里高里·萨姆沙的描写：一夜之间，格里高利突然发现自己变成一只甲虫……不过，与现代派作家不同，宗璞作品质询的对象不是人类本身的荒诞不经，而意在揭示'文化大革命'的悲剧。"② 宗璞将这部小说视为第一篇内观手法小说。

是年 出席第四次全国文代会。

按：关于宗璞新时期的创作，有论者曾作过论述。如李法惠、杜青山在《南阳文学》一书中写道："仍然保留着朴素平实、委婉的风韵。不同的是已失去20世纪50年代的单纯和透明感，代之而起的是特有的严峻、深沉，她的现实主义艺术方法更臻于成熟。宗璞近年的每一篇作品，都进行了有意识的新探索。"③ 李明军主编的《中国现当代文学》一书中写道："新时期，宗璞的小说创作特别鲜明地体现了一代中年作家在摆脱了文化专制的禁锢后，与'五四'新文学传统在精神和文化层面上的衔接与契合。作为一位学养深厚的女作家，宗璞新时期的

---

① 戴锦华：《涉渡之舟——新时期中国女性写作与女性文化》，陕西人民教育出版社，2002，第137页。

② 张炯主编《中国当代文学史》（中），江苏凤凰文艺出版社，2018，第314页。

③ 李法惠、杜青山编著：《南阳文学》，河南大学出版社，2003，第163页。

小说作品既能够传承中国古典美学的蕴藉，又能够充分领略和借鉴西方文学之所长，并由此形成了独领风骚的艺术风格。"①张炜也表达了类似看法："作为一位学养深厚的女作家，宗璞小说的特点之一是对不同文化的摄取、消化与吸收，以绘制中西合璧的文化景观。"②

---

①　李明军主编《中国现当代文学》，陕西师范大学出版总社有限公司，2010，第286页。

②　张炜主编《中国当代文学史》（中），江苏凤凰文艺出版社，2018，第313—314页。

1980 年　53 岁

1 月　散文《废墟的召唤》刊于《人民文学》第 1 期。

2 月　29 日，宗璞与北大哲学系交涉重新安装电话之事。

3 月　5 日，宗璞前往北大哲学系为冯友兰交涉解决抄写人问题，无果。宗璞前往中关园，请姚谷音帮忙抄写。12 日，北大决定给冯友兰家恢复电话，派人安装。冯友兰说："恢复电话，是璞的又一伟大胜利。"宗璞则说："历史就是这样，绕了一圈又回来了。"① 24—27 日，完成童话《书魂》。

短篇小说《我是谁?》在《小说月报》第 3 期上转载。同期刊出的还有马烽的《结婚现场会》、王蒙的《悠悠寸草心》《说客盈门》等文章。

春　《钟山》编辑徐兆淮拜访宗璞。"记得她家居住在北大一个叫做（作）燕南园的院落里，园内树木葱茏，花草扶疏，走进书房，顿时感受到一种书香飘逸、文静安详的气息。那分

---

① 蔡仲德编撰：《冯友兰先生年谱长编》（下），中华书局，2014，第 781 页。

明是一种适于读书写作的世界，而出现在我眼前的宗璞，则更然是一位执礼甚恭、待人和善的中年女知识分子的形象，言谈举止间分明流露出淡淡的书卷气，和一副大家闺秀的精神气质。当我以一个读者身份谈及对她写于50年代的代表作《红豆》的阅读感受，又以《钟山》杂志的编辑身份约请她为刊物写稿，并邀请她参与《钟山》即将举办的太湖笔会，尤其是得知我曾在社科院文学所工作过的经历时，她便欣然应允了。"①

4月 4日，全家为任载坤上香。7—10日，完成评论《揭开〈飘〉的纱幕》。15日，与蔡仲德、冯友兰前往颐和园赏玉兰花。18—19日，完成散文《柳信》。21日，完成散文《爬山》。26日上午，宗璞、冯钟越拜访吴晓铃、石素真，请其帮冯钟越调回北京。

评论《揭开〈飘〉的纱幕》刊于《光明日报》4月23日，署名"丰加云"。

5月 创作散文《萤火》和短篇小说《全息照相》。

中篇小说《三生石》刊于《十月》第3期（5月10日出版）。宗璞写出了梅菩提与陶慧韵之间的友情："我觉得友情是人伦中很重要的构成部分。中国传统是很注意友情和朋友的。友情和爱情差不多是并重的。"② 有论者肯定《三生石》的精妙

---

① 徐兆淮：《问候·祝福·回忆——编余琐忆：宗璞印象记》，《扬子江评论》2012年第1期。

② 贺桂梅：《历史沧桑和作家本色——宗璞访谈》，《小说评论》2003年第5期。

构思："它准确地表现了十年动乱策源地的破坏与毁灭，但它却是优美的，在看似无法战胜的灾难中——一方面是人为的中世纪式的地狱般的疯狂，一方面是尚无可靠治疗方法的来自自然的癌——演出了一幕会令一切善良的人欢笑的、充满诗意的友谊与爱情……《三生石》预示着妇女创作的爱情题材作品从政治主题向爱情主题的转变。"[1] 吴宗蕙认为宗璞把一位端庄凝重、深沉内省、落落大方的中年知识女性形象推到了读者面前："有力地昭示着：美终将代替丑，正义终将战胜邪恶，真理必将挫败谬误，未来必定是光明的！"[2] 戴锦华指出这部中篇并非一部完美的作品，"在匀院之外，它有着太多的情节剧的痕迹，太多的巧合，脸谱式的败类与丑角，相对简单外化的善恶的对立，不无公式与浪漫化之嫌的人民、大众形象。但在匀院之中，在宗璞的'方舟'之上，感人至深的是一份深情与挚爱，是不已的执著（着）与痛楚的柔情，不仅在彼时彼地，《三生石》成为那样一种无穷的辉耀与萦回"[3]。有学者着眼于身体书写，认为"小说中癌症的发生与患者牛鬼蛇神、大毒草的身份形成一种'污名化'同构"[4]。自我与疾病之间形成紧张对立的关系，

① 乐铄：《迟到的潮流——新时期妇女创作研究》，河南人民出版社，1989，第38—40页。

② 吴宗蕙：《女作家笔下的女性世界》，首都师范大学出版社，1995，第110页。

③ 戴锦华：《涉渡之舟——新时期中国女性写作与女性文化》，陕西人民教育出版社，2002，第146页。

④ 邱慧婷：《身体·历史·都市·民族——新时期女作家群论》，社会科学文献出版社，2019，第76—77页。

并且成为横亘在患者与社会之间的巨大鸿沟，阻碍患者融入正常的社会秩序，隔断了与社会人之间的正常交流。疾病的被控制或被治愈隐喻"文革"的结束与光明的未来，同时也是对个体身份的思索与确认。

6月 26日，陪同冯友兰前往密云出席《中国哲学史研究》编辑部召开的夏季学术研讨会。

创作短篇小说《鲁鲁》。

散文《萤火》刊于《散文》第6期。

童话《书魂》刊于《人民文学》第6期。

小说《红豆》收入《爱——爱情小说选》（兆岱丹主编，广西人民出版社出版）。

7月 1日，吴晓铃来访。宗璞请吴晓铃设法调小弟冯钟越回北京。

完成短篇小说《米家山水》。

创作短篇小说《蜗居》。

9月 17—19日，宗璞与赵萝蕤同游承德。

散文《柳信》刊于《福建文艺》第9期。

短篇小说《全息摄影》刊于《北方文学》第9期，原题《全息照相》。

短篇小说《米家山水》刊于《收获》第5期。小说"赞美了'仇人'间的宽宥和谦让精神"，虽然题材和主题都略显普通，但"读完小说，却深感女画家米莲予的性格就如一幅流动着灵韵的写意山水画，一首意蕴浓郁的诗"。① 有论者认为宗璞突出的是一种中国知识分子的精神气质："这气质深深根植于我们悠久的民族文化土壤中。……米莲予通过她的绘事，深深浸润其中。她的高尚风格是这样自然浑成。"② 还有论者谈到小说的批判价值："表现了某一种回避。这种冰清玉洁的理想境界，容易诱人从现实中超脱，而以宁静自得去填补现实中的缺憾。这又不能不是中国传统知识分子某种人生哲学的弱点：过分强调自我精神作用，在现实面前缺少力量。这在宗璞近期作品，乃是一种明显的倾向。"③

评论《广收博采，推陈出新》刊于《文艺报》第 9 期（9月 12 日出版）。宗璞谈到意识流与艺术创新问题："这些年我们唯我独革，舍我之外尽皆帝反修。提起意识流，便感到支离破碎，朦胧一片，必为腐朽文化之产物。我一度也这样看，没想到有一天我们有些作品也要运用这种手法。我从去年春天想到艺术探索的问题，写了《我是谁?》，可能不够成功。我看了王蒙的《风筝飘带》忽然有所感悟。……如果能很好地从'心理时间'出发，可以从人物意识的流动选择场景，突出要突出的，略去该略去的。这样完全可以更好地为内容服务。艺术总是要广收博采，推陈出新，西方的意识流手法完全可以为我所

---

① 方克强、费振刚：《迈在探索和创新的路上——宗璞短篇近作漫评》，《钟山》1982 年第 3 期。

② 江雁心：《吉光片羽谈宗璞》，《福建文学》1983 年第 5 期。

③ 陈素琰：《论宗璞》，《文学评论》1984 年第 3 期。

用。……我们已经和世界取得联系,可以吸收借鉴的当远不只(止)这一种方法,而且也会有些走极端的形式,为我们不取。……在广采博收的同时,永不能忘对自己民族传统的继承。我们中国文化太伟大太宝贵了,简直是子孙后代取之不尽用之不竭的大宝库。我们要创作出世界文学中第一流的,而又是富有中国味的作品。"

译作《拉帕其尼医生的女儿》(〔美〕纳·霍桑)收入《霍桑短篇小说集》(陈冠商编选,山东人民出版社出版),署名"冯钟璞"。

10月 1日,四世同堂大聚会。3日,任载坤忌日,全家为其上香、行礼。4日,完成创作谈《〈红豆〉忆谈》。

散文《爬山》刊于《光明日报》10月5日。

完成童话《贝叶》。

11月 3日,冯友兰为西南联大校歌歌词作者问题致信《北京晚报》,宗璞代为修改。6日,宗璞、蔡仲德将信送至《北京晚报》报社。7日晚上,宗璞、蔡仲德为西南联大校歌歌词一事到清华大学拜访沈刚如①先生。沈先生认为歌词与联大纪念碑碑文是一回事,碑文已写明作者是"文学院院长冯友兰",便可不必深究。下旬,完成新诗《归来的短诗》(七首)。15—27日,在昆明参加中国当代文学学术讨论会,与会者有冯至、

---

① 沈刚如(1905—2003),男,安徽黄山人。1928年毕业于杭州中医专科学校。1933年到清华大学,先在图书馆工作,清华大学南迁后任校长秘书。1954年调入校医院中医科担任主任。

张炯、钟惦棐、马德波、谌容、程树榛、叶辛、张抗抗、峻青、黄秋耘、阎刚、谢冕、兰翎、丁力等，会议就新诗的发展以及王蒙等作家的作品评价问题展开讨论。

短篇小说《鲁鲁》刊于《十月》第6期。法译本刊于《中国文学》1987年4月号，后又收入1994年法国伽里玛出版社出版的《中国当代小说选》；英译本收入1989年中国文学出版社出版的《中国优秀短篇小说选》；后又译成马来文。孙犁评价："最近读了宗璞的小说《鲁鲁》，给我留下了三方面的印象，都很深刻。一、作者的深厚的文学修养；二、严谨沉潜的创作风度；三、优美的无懈可击的文学语言。"其文字"明朗而有含蓄，流畅而有余韵，于细腻之中注意调节。每一句的组织无文法的疏略，每一段的组织无浪费或蔓枝。可以说是字字锤炼，句句经营。……宗璞的语言出自作品的内容，出自生活。她吸取了外国语言的一些长处，绝不显得生硬，而且很自然"。① 戴锦华认为《鲁鲁》是宗璞最为感人的名篇："这无疑是宗璞童年记忆中的一幕。在孩子、叙事人和白狗鲁鲁交错的视点中，宗璞至为纯净、至为动人地结构了一个关于放逐、家园、爱与剥夺的故事。……或许，正是在这部小说，而不是在她的爱情名篇中，宗璞将她对爱与情、大时代与小人生的叙事及信念推到了极致。在她洗练而素朴的结局中，深情的依恋几乎达到了惊

---

① 孙犁：《人的呼喊》，载人民文学出版社编《宗璞文学创作评论集》，人民文学出版社，2003，第4—5页。

心动魄的程度。"① 相较于宗璞的其他作品，陈平原也青睐于《鲁鲁》："我更喜欢其写于1980年的《鲁鲁》，因那接近作家的生活及趣味，且兼及小说、散文与童话。"② 王平凡也表示自己第一次读到《鲁鲁》就被深深地吸引："为那小狗鲁鲁着实难受了很多天。但从那时起，我就特别喜欢宗璞的作品。喜欢宗璞的静，喜欢她那不动声色地讲述，喜欢她那静静水面下的波涛汹涌。"③

短篇小说《心祭》刊于《新港》第11期。有捷克语、英语、法语译本。后来收入江西人民出版社1981年9月版《小说年鉴》、中国友谊出版公司1993年8月版《红豆》，后又刊于捷克《家庭之友》。吴宗蕙评论说："《心祭》旨在写情，是一篇抒情诗式的作品。……作品通篇是用回忆、联想、现实与往事交叉的手法写成的。……多侧面地衬托出她（指黎倩兮）情操的高洁和纯美。"④

评论《钢琴诗人——肖邦》刊于《文汇增刊》第7期（11月10日出版）。宗璞称赞肖邦的音乐语言"是这样独特，个人风格是这样鲜明，使他比任何一个大师更容易辨认"。

---

① 戴锦华：《涉渡之舟——新时期中国女性写作与女性文化》，陕西人民教育出版社，2002，第143页。
② 陈平原：《花开叶落中文系》，生活·读书·新知三联书店，2013，第238页。
③ 王平凡口述，王素蓉整理：《宗璞：静静地流于笔端之下》，《作家文摘报》2013年4月16日。
④ 吴宗蕙：《女作家笔下的女性世界》，首都师范大学出版社，1995，第117页。

12 月　重游西南联大旧址，为闻一多先生衣冠冢和纪念碑各写一首小诗："亲眼见那燃着的烟斗，照亮了长湖边的苍茫暮霭，我知道这冢内还有它，除了衣冠外。""那阳光下极清晰的文字，留住提炼了的过去，虽然你能够证明历史，谁又来证明你自己。"[1] 再次游石林，宗璞觉得都是人为的痕迹，鬼斧神工的感觉淡了许多。

完成短篇小说《团聚》。

评论《揭开〈飘〉的纱幕》收入《〈飘〉是怎样一本书》（浙江人民出版社出版）。

本年度重要论文：

胡德培：《漫谈宗璞创作的艺术特色》，《光明日报》1980年4月9日。

［日］村田茂：《描写"文革"——宗璞的文学与陈若曦的文学》，《东亚》1980年第11期。

---

[1]　宗璞：《九十华诞会》，载蔡仲德编纂《宗璞文集》（第一卷），华艺出版社，1996，第24页。

1981 年　54 岁

　　1 月　2 日上午，陪同冯友兰前往三里河看望全珺。到北京医院向顾颉刚遗体告别。之后到虎坊路看望王一达、任均夫妇。春节前夕，宗璞约谢大光拜访孙犁。谢大光写道："1981 年年初，一天，北京宗璞打来电话，想专程来天津看望孙犁。……宗璞是个周四上午来的，我事先已和先生打了招呼。我们到时，先生已经在等候。彼此没有多少寒暄，直接谈起了文学。孙犁之前没有读过宗璞小说，知道她做外国文学研究，所谈围绕着近年读过的一些翻译作品。……宗璞走后，孙犁对我感叹，不愧是名门之后，谈吐就不一样。"①

　　2 月　4 日，农历除夕，四世同堂，阖家团聚。7 日，冯友兰诵读韩愈诗文、西南联大校歌歌词、西南联大纪念碑碑文，宗璞为其录音。10 日，宗璞委托谢大光转交孙犁先生一些诗作。17 日，完成《〈宗璞小说散文选〉后记》。"希望这本小书，若

---

　　① 谢大光：《在耕堂聊天——孙犁先生日常所记》，《天津日报》2022 年 7 月 14 日。

能为徘徊在十字路口的人增添一点抉择的力量，或仅只减少些许抉择时的痛苦，我便心安。"18 日，《宗璞小说散文选》将在北京出版社出版，冯友兰为之作序，因故未被采用。恰有孙犁为宗璞《鲁鲁》作有评论，冯友兰提议可将此文作为序言。出版社最终同意将孙犁之文作为序言出版。

短篇小说《团聚》刊于《人民文学》第 2 期。后转载于台湾《联合报·联合副刊》1992 年 1 月 16、17 日。《团聚》表明宗璞"敏感地捕捉到了某些人生活日趋物质化的信息。她感叹理想在欲望面前的'让位'，人的价值观念以及人与人的关系受到市（世）俗的污染"①。

新诗《归来的短诗》刊于《滇池》第 2 期。共七首，分别是《腊梅》《小路》《石头》《衣冠塚》《纪念碑》《箱子》《城墙》。

按：《归来的短诗》后收入《宗璞文集》（第四卷）时，"《衣冠塚》"改为"《衣冠冢》"。

短篇小说《蜗居》刊于《钟山》第 1 期（2 月 15 日出版）。有法译本，后收入 1988 年法国 Alinea 出版社出版的《1978—1988中国短篇小说》。这是宗璞应《钟山》编辑部约稿后的第一部作品。《钟山》编辑徐兆淮认为这是一部超现实主义的尝试之作，"大约正是为了推荐宗璞这类小说的创作尝试，《钟山》在发出《蜗居》之后不久，旋即就在同年第四期上组发了青年学者赵宪章所写的评《蜗居》一文《梦幻·现实·艺术》，对作者在此文

---

① 陈素琰：《论宗璞》，《文学评论》1984 年第 3 期。

创作中借鉴西方现代派艺术的某些特色，作了阐释和肯定。并正是编辑部的这一举措，引来了宗璞先生的一封讨论创作的来信。她在信中，饶有兴趣地写道：'我一直在考虑创作方法多样化的问题。现实主义概括不了文学史，当然概括不了现在和将来。但我们现在连浪漫主义都不提，更不要说现实主义等等。'我以为，这是刊物与作者友好合作的开始，也为我们今后的友谊与合作，提供了坚实的基础"①。方克强、费振刚认为《蜗居》在艺术上是《我是谁?》的进一步发展："在《我是谁?》里，宗璞对新的艺术手法的借鉴还是尝试性质，还留有一些过渡与生硬的痕迹，而《蜗居》里，这一切已达到了水乳交融的地步。……几千字的短篇小说与囊括如此巨大和丰富复杂的社会内容，必然形成内容与形式的尖锐矛盾。这里单靠现实主义的表现方法是不够的，必须透过现实的外壳切入事物的本质。因此作者借助表现主义的艺术手法，力求达到内容与形式的高度统一。"② 戴锦华认为，"也正是对这放逐、自我放逐的书写，成就了宗璞作品序列中绝无仅有的一阙英雄主义的颂歌《蜗居》"③。"《蜗居》使一个超自然的鬼蜮出现在人间，而人都成了背着圆形外壳的蜗牛，揭露了'文化大革命'对人的戕害和对人性的毁灭，表达了'每一个人，都

---

　　① 徐兆淮：《问候·祝福·回忆——编余琐忆：宗璞印象记》，《扬子江评论》2012 年第 1 期。

　　② 方克强、费振刚：《迈在探索和创新的路上——宗璞短篇近作漫评》，《钟山》1982 年第 3 期。

　　③ 戴锦华：《涉渡之舟——新时期中国女性写作与女性文化》，陕西人民教育出版社，2002，第 140 页。

应该象（像）人样，活在人的世界’的主题。"① 宗璞自认为这篇小说只能稍微启发人起来反抗，而不是号召人反抗。

3月　12日，陪同冯友兰到口腔医院镶牙。5日、7日、11日，中央人民广播电台介绍宗璞及其小说《团聚》。

4月　8日，冯友兰在畅春园饭店西餐部为宗璞出访澳大利亚（澳中理事会邀请）饯行。

《宗璞小说散文选》于北京出版社出版。

小说集《三生石》于百花文艺出版社出版。

《三生石》封面及内文插图

① 华中师范大学《中国当代文学》编写组编《中国当代文学　第三册》，上海文艺出版社，1989，第225页。

5月 4日，到达悉尼，与瑙玛①观看电影《苔丝》。5日中午，在中国餐馆与澳大利亚理事会文学局负责人考斯蒂根博士用餐，考斯蒂根赠送宗璞澳大利亚儿童作品。这本书"是把各地区、各民族的许多孩子的作文收在一起编印的。装帧、印刷都很精美，然而最美的是那些孩子的天真、充满向往的心和话语了，有文法拼音错误都照原样不改，益发显出孩子的本色"②。6日早上，与瑙玛从住处莫斯曼湾乘船前往悉尼市中心，之后前往著名作家帕特里克·怀特寓所。宗璞向怀特介绍他的书在中国的译介情况，并赠送随身所带的外国语学院出版的《外国文学》，上面载有怀特《人类之树》前四章。临别前，怀特赠《沃斯》和《坚实的祭坛》，宗璞回赠一张道教篆文。二人摄有合影，但回国后无法洗出。接着，前往悉尼亨利·劳森墓地。"亨利·劳森的墓很简朴，如同他小说的风格一样，占地不过只够一人躺卧，离左右邻居都很近，有些拥挤。一九七二年，即劳森逝世五十周年时重新修理过，墓面还新。"③ 中午，在悉尼艺术馆用午餐，偶遇克里斯夫·考希。晚上，参观悉尼歌剧院，与梅卓琳④、考斯蒂根夫妇、托

---

① 瑙玛（Norma Martyn），据宗璞《我的澳大利亚文学日》介绍，时为悉尼笔会副主席。

② 宗璞：《我的澳大利亚文学日》，载蔡仲德编纂《宗璞文集》（第一卷），华艺出版社，1996，第224页。

③ 宗璞：《我的澳大利亚文学日》，载蔡仲德编纂《宗璞文集》（第一卷），华艺出版社，1996，第223页。

④ 梅卓琳（Jocelyn Chey），曾获得中国哲学和中国历史方面的博士学位，澳大利亚驻华大使馆首任文化参赞，为中澳友好做出了贡献。在宗璞访问澳大利亚之前，她就阅读了《三生石》，并写了英文提要分送各地。

马斯·肯尼利①夫妇、瑙玛共进晚餐。7日，回国。20日，北京举行全国优秀中篇小说（1977—1980年）、报告文学、新诗评奖发奖大会，宗璞的《三生石》获得优秀中篇小说二等奖。一等奖获奖作品是谌容的《人到中年》、叶蔚林的《在没有航标的河流上》、鲁彦周的《天云山传奇》、张一弓的《犯人李铜钟的故事》和王蒙的《蝴蝶》。

6月 15—16日，完成散文《不要忘记》。

7月 11日，宗璞致信葛林②。原文如下：

葛林同志：

关于我的工作，拟粗略计划如下：

今年下半年为准备阶段，因澳大利亚文学原无人接，似没有报纸，杂志书籍有多少不详。以前我也未注意。访澳时任务不同，想自己写东西，对他们的文学注意不够。需要准备。

1982年我着手在 P. White 拟写一介绍他的文章。若题

---

① 托马斯·肯尼利（Thomas Keneally, 1935— ），男，澳大利亚著名作家。曾创作《辛德勒方舟》，改编为电影《辛德勒的名单》。就餐时为宗璞开出他的著作名录，在初次见面时就赠送宗璞《次等王国》一书，此次是第二次见面。

② 葛林（1915—2013），女，祖籍山东省日照县（现日照市）。1932年参加革命工作，1937年加入中国共产党，1940年毕业于西南联合大学外国语言文学系，曾任南开中学、桂林中学英文教师，1978年到中国社科院外国文学研究所工作，从事英美文学研究，任外国文学研究所西方室副主任、英美室主任，1982年11月离休。译著有《"扁的和圆的人物"以及"角度"》《小说面面观》《现实主义与当代小说》等。

名为"怀特研究"是否太深了？还是说介绍好些？我想上半年读他的作品，识一两个短篇加深对他的了解。下半年写文章。现在我为"世界文学"写一篇《我的澳大利亚文学日》，谈一点澳洲文学家的会见，谈不上学术性。

这样安排不知合适否？还需要你的帮助。有何任务、要求，尽管告诉我。

13 日下午飞兰州，月底返京。

暑祺！

锺璞

81. 7. 11

13 日，宗璞与冯牧、公刘、刘心武、谌容，往兰州、敦煌旅游，其间参观刘家峡水电站和敦煌莫高窟。24 日，完成创作谈《也是成年人的知己》。

夏　冯钟越因癌症入院治疗。

8 月　20 日，宗璞到西安看望住院的冯钟越。

散文《澳大利亚的红心》刊于《人民日报》8 月 8 日。

童话《贝叶》刊于《当代》第 4 期。《贝叶》取材于民间传说，宗璞说："我写童话除凭自己的编造外，常想尝试从民间传说取得营养。"

9 月　散文《不要忘记》刊于《十月》第 5 期。

10 月　短篇小说《熊掌》刊于《文汇月刊》第 10 期。方克强、费振刚谈道："小说里的'熊掌'不单单是一件实物，一碗佳肴，同时也是抽象的'义'的象征物，即比生命更可宝贵的东西，人世间美好、圆满的事物。生活中，往往主客观矛盾，愿望与事实相悖，给人增添一缕淡淡的惆怅，然而值得赞颂的是人生坚持不懈、百折不挠的追求精神，这就是宗璞探求和表现的主题。当它一旦隐蔽在平淡故事的屏风背后，运用象征手法含蓄地暗示出来，便化平淡为深邃，微尘中见大千，呈现旨深意远的诗的境界。"① 宗璞复信："我以为艺术都应给人想象、思索的天地，应该'言有尽而意无穷'。中国诗特别有此长处。我很注意作品的'余味'。你们讲的美学道理很好。你们对《熊掌》的理解，我很感谢。有些朋友以为这篇小说仅只描写了身边琐事。你们信中所说的，使我得知，我想要传达的，已经传达到了。"②

创作谈《也是成年人的知己》刊于《飞天》第 10 期。又刊于《钟山》1982 年第 3 期。收入中国文艺联合出版公司 1984 年 4 月版《我是怎样走上文学道路的》。

散文《柳信》收入《榕树文学丛刊》（1981 年第 3 辑　散文专辑）（《榕树文学丛刊》编辑部编，福建人民出版社出版）。

11 月　**7 日**，《读书》编辑部董秀玉赠送李子云的评论文章，告知《读书》拟用冯友兰先生为《宗璞小说散文选》所作序文。5—12 日，中宣部召开文学创作座谈会，在京的老、中、

---

① 方克强、费振刚：《迈在探索和创新的路上——宗璞短篇近作漫评》，《钟山》1982 年第 3 期。

② 宗璞：《给克强、振刚同志的信》，《钟山》1982 年第 3 期。

青年作家以及负责同志冯牧、葛洛、袁鹰、韦君宜、徐怀中、臧克家、草明、曲波、宗璞、玛拉沁夫、邵燕祥、李国文、刘绍棠、林斤澜、从维熙、刘心武、陈建功等人参加。座谈会先分组学习胡耀邦同志在纪念鲁迅诞生一百周年大会上的讲话和九月二十五日、十月二日同文艺界、新闻界负责同志的两次谈话，学习了中央批转的胡乔木同志在全国思想战线问题座谈会上的讲话。后用三天半的时间进行集体讨论。

28 日，宗璞、冯珏致信蔡峻德。

是月，完成童话《冰的画》。

12 月 31 日，完成散文《鸣沙山记》。

完成短篇小说《核桃树的悲剧》。

散文《我的澳大利亚文学日》刊于《世界文学》第 6 期（12 月 25 日出版）。

小说《红豆》《弦上的梦》、创作谈《〈红豆〉忆谈》收入《中国女作家小说选（下）》（尤敏、屈毓秀编，江苏人民出版社出版）。

是年 离开《世界文学》编辑部，调至外国文学研究所英美文学研究室。

本年度重要论文：

刘淮：《新颖精巧的五色织锦——读宗璞的〈三生石〉》，《北京师院学报（社会科学版）》1981 年第 2 期。

孙犁：《读作品记（四）》，《新港》1981 年第 4 期。

赵宪章：《梦幻·现实·艺术——〈蜗居〉艺术构思的特点》，《钟山》1981 年第 4 期。

黎安（李子云）：《文如其人的宗璞——读宗璞的小说》，《新民晚报》1981 年 12 月 1 日。

1982年 55岁

　　1 月　10 日，冯友兰为宗璞《宗璞小说散文选》所作序文于《读书》第 1 期刊登。他写道："'十年动乱'的前夕，曾为宗璞撰写过一首龚定庵示儿诗。诗句是这样的：'虽然大器晚年成，卓荦全凭弱冠争。多识前言蓄其德，莫抛心力贸才名。'我写这诗的用意，特别在最后一句。人在名利上要知足，在学问

冯友兰书示儿诗手迹

上要知不足。……知不足就要读书……一种是'无字天书',一种是'有字人书'。"

散文《绿衣人》刊于《人民日报》1月7日。该散文源于宗璞翻译的短篇小说《信》,一位母亲教育孩子到了一定的年龄就不要拆信了,因为信都是别人的痛苦。宗璞不敢苟同:"我喜欢信,喜欢读信,书信越过高山,使分隔两地的离人能互诉衷曲,从互相关心中得到滋养。"

2月 1日,与蔡仲德、冯友兰前往阜外医院,经过交涉,冯友兰得以住进高干病房。3日,王学珍约见宗璞,通知教育部准许冯友兰出国参加会议。

散文《水仙辞》刊于《天津日报·文艺双月刊》第1期。

3月 3日,冯友兰从医院回家。18日,前往武汉代替冯友兰参加出国人员集中学习。22日,冯钟越因为癌细胞扩散,住进空军总医院治疗。

童话《石鞋》刊于《北京文学》第3期。

4月 10日上午,陪同冯友兰前往阜外医院检查,情况较为正常。11日,前往空军总医院看望冯钟越。

童话《冰的画》刊于《少年文艺》第4期。谭旭东谈道:"整个童话给读者一种主客观世界互渗的效果,且童心世界对大自然世界的敏感接通构成了一幅独特的图景。因此,这个短篇童话与其说是一个童话,不如说是一个儿童视角的小说,而且是典型的儿童心理小说。"①

5月　6日，完成散文《紫藤萝瀑布》。7日，冯友兰宴请哥伦比亚大学教授狄百瑞夫妇，席间谈论即将前往哥伦比亚大学接受名誉博士学位相关事宜。张岱年、任继愈、冯钟芸、邓艾民、赵萝蕤、宗璞作陪。15日，陪同冯友兰前往阜外医院看病、取药。

短篇小说《核桃树的悲剧》刊于《钟山》第3期。1992年收入香港勤加缘出版社之《道是无情》；英译本收入美国Ballantine书社出版之 *The Serenity of Whiteness*。《钟山》编辑徐兆淮回忆："几乎紧接着《蜗居》的发表，《钟山》在1982年第3期上又以'作家之窗'专栏，向读者隆重地推出了宗璞的短篇新作《核桃树的悲剧》，并同期发表了华师大青年学子方克强、费振刚的评介宗璞近作的论文《迈在探索和创新的路上》，及宗璞给方、费两位青年评论新秀的信件。……从本质上说，核桃树的悲剧，便是一个社会一个时代的悲剧。看似柔弱的清漪、阿岫母女俩，实则坚强高贵得很。宗璞在《核桃树的悲剧》的创作中，就这样以舒缓洗练的笔调，以沉郁悲痛的氛围，不仅充分显示了80年代的'伤痕''反思'文学的某些思想特色，也较早地表明她在艺术创作上，尤其是在传统小说和现代小说的观念与技巧的融汇上，所作出的成功尝试。"② 陈素琰认为《核桃

---

① 谭旭东：《儿童文学小论》，海豚出版社，2016，第50—51页。
② 徐兆淮：《问候·祝福·回忆——编余琐忆：宗璞印象记》，《扬子江评论》2012年第1期。

树的悲剧》展现了宗璞超脱的境界，"这种倾向在《核桃树的悲剧》中则以'弱者的自卫'，一种决然的超脱来护卫自己人格操守。……'弱者的自卫'表现了主人公在困境中不失操守的遗世独立的人格精神，这仍然体现了中国知识界的传统人格力量对于现代生活的渗透力"①。

《给克强、振刚同志的信》刊于《钟山》第 3 期。部分内容如下：

很为我们七七届大学生的水平高兴，也为你们对作品的了解高兴。你们对我的作品写的是什么和如何写的理解，大体来说是正确的。

我自七八年重新提笔以来，有意识地用两种手法写作，一种是现实主义的（不过我的现实主义也总不大现实。有些浪漫色彩，我珍视这点想象），如《三生石》《弦上的梦》等；一种姑名之为超现实主义的，即透过现实的外壳去写本质，虽然荒诞不成比例，却求神似。不知以后是否会结合，但在相当长的时间内，我想使两者特点各自更加突出。不知你们以为如何？

我所说的现实主义和超现实主义并不同于文学史上在一定时期内的一定流派，只是笼统地借用名词。超现实主义顾名思义，是与现实主义不同的，不拘泥于现实世界的

———————————

① 　陈素琰：《论宗璞》，《文学评论》1984 年第 3 期。

现象，但并非脱离现实，也非与现实相对立。西方超现实主义流派中有些作品的意识脱离现实，非我所取。对于我的这两种写法，也许以后会有更合适的名称。

6月 12日，陪同冯友兰到医院试用助听器。17日晚，教育部相关人员前来向冯友兰、宗璞讲述出国所需注意事项。

译作短篇小说《信》（［澳大利亚］帕·怀特）刊于《世界文学》第3期（6月25日出版），署名"冯钟璞"。

7月 2日上午，陪同冯友兰到美国参加国际朱熹学术研讨会，黄楠森送行。下午抵达东京，在机场时冯友兰作打油诗："早岁读书赖慈母，中年事业有贤妻。晚年又得女儿孝，扶我云天万里飞。"[①] 4日上午，与冯友兰、彭家声及其夫人、张光佩逛东京市区，在书店看到《中国哲学史》《贞元六书》《宗璞小说散文选》。7日，出席国际朱熹学术会议。会上，宗璞代父宣读论文《宋明道学通论》（英文）。9日，罗锦堂[②]夫妇设宴招待冯友兰、宗璞及北京来的学者。10日下午，罗锦堂接冯友兰、宗璞到夏威夷一所小学。宗璞在那儿听到李方桂[③]、徐樱夫妇唱的《长生殿》和昆曲。12日晚，宗璞、冯友兰宴请出席会议之

[①] 宗璞：《向历史诉说——我的父亲冯友兰》，人民文学出版社，2017，第88页。

[②] 罗锦堂（1929— ），男，字云霖，生于甘肃，中国台湾第一位文学博士。元曲专家，著有《中国散曲史》《锦堂论曲》等，曾任夏威夷大学东亚语文系名誉教授、夏威夷华文作家协会名誉主席。

[③] 李方桂（1902—1987），男，祖籍山西，出生于广东广州，语言学家。曾在密歇根大学和芝加哥大学读语言学，是中国在国外专修语言学第一人。

人。13 日，与冯友兰乘飞机抵达旧金山。冯友兰堂侄冯钟睿以及堂侄孙冯镇斌接机。20 日，与冯友兰抵达匹兹堡冯钟辽家。22 日，国际朱熹会议组织花园岛之游，历史研究所的冒怀辛先生代替宗璞照顾冯友兰，宗璞得以前往。她写道："中午在椰林饭店午餐。饭后与澳洲学者柳存仁先生、任继愈兄、邱汉生先生和李泽厚学长一起在椰林中散步。"① 29 日晚，与冯友兰、冯钟辽一家到海鲜馆吃龙虾。是月，在夏威夷期间与加拿大学者秦加懿泛舟，摄有合照。

散文《紫藤萝瀑布》刊于《福建文学》第 7 期。写这篇散文时，宗璞内心正处于极度压抑与悲伤之中："当时我弟弟身患重病，我心里非常压抑，也很痛苦，紫藤萝给了我一种生机，一种在阳光下的生机，所以让我加快了脚步。"吴周文认为宗璞是"从紫藤萝的死而复生和辉煌'紫色'的寓意中，心情由焦虑悲痛走向宁静喜悦，感悟到生命力的奇妙和强大。……升华到关于生命的哲理思考"②。《紫藤萝瀑布》先后被收入人教版、苏教版等初中语文教学课本。

8 月　7 日，与冯友兰、冯岱、冯钟辽一家游华盛顿。午后抵达，冯友兰、冯钟辽先行休息，宗璞等人参观美国国家自然历史博物馆、美国国家艺术画廊。晚上一同参观杰弗逊纪念堂。12 日，到达美加边境。13 日，因宗璞、冯友兰没有签证未能

---

① 宗璞：《羊齿洞记》，《十月》1983 年第 4 期。
② 吴周文：《让祥瑞的紫色流过心灵——宗璞〈紫藤萝瀑布〉的解读》，《七彩语文》（中学语文论坛）2016 年第 6 期。

过境。

9 月 月初，与冯友兰、冯钟辽夫妇拜访冯岱的大学校长。9 日，与冯友兰、冯钟辽夫妇自匹兹堡驱车到纽约，住哥伦比亚大学招待所。10 日，冯友兰被美国哥伦比亚大学授予名誉文学博士。上午，陪同冯友兰接受报纸和电台采访。下午 4 时在哥伦比亚大学图书馆举行授予名誉博士仪式。哥大校长索尔云主持仪式，宗璞代父致答谢词（英文）。30 日下午 4 时，启程归国。宗璞谈到此次出国的动机："据我们的小见识，以为父亲必须出一次国，不然不算解决了政治问题。"①

10 月 1 日晚上 11 点，宗璞、冯友兰抵京。蔡仲德、冯采以及北大社科处夏自强，哲学系黄楠森、朱伯崑接机。2 日，与蔡仲德、冯友兰前往空军总医院探望冯钟越。7 日，与蔡仲德、冯友兰再去医院探望冯钟越。12 日，因冯友兰肠胃炎问题，宗璞陪同其到阜外医院就医。28 日，冯钟越离世，享年 51 岁。宗璞、蔡仲德先去空军总医院，然后到阜外医院告诉冯友兰冯钟越病故的消息。

11 月 4 日，冯钟越遗体告别仪式在八宝山举行。冯友兰书挽联："是好党员，是好干部，壮志未酬，洒泪岂只为家痛；能娴科技，能娴艺术，全才罕遇，招魂也难再归来！"② 9 日，宗璞代替冯友兰前往教育部作出国报告。25 日上午，陪同冯友

---

① 常莉：《宗璞：铁箫声里玉精神》，大象出版社，2007，第 7 页。
② 宗璞：《哭小弟》，载蔡仲德编纂《宗璞文集》（第一卷），华艺出版社，1996，第 12 页。

兰至阜外医院就医。

12 月 19 日，宗璞致信刘心武。原文如下：

心武贤弟：

　　长篇会上匆匆一会，现已过了快一个月，已是青阳逼岁除了。很愿你来谈谈，想来你也是忙极。令堂身体好些否？我过些时一定要来看望的。写得顺手吗？古人云：中国之君子明于知礼仪，而陋于知人心，我觉得这话真中肯，所以我们该知人心，写人心呵。

　　李陀和建功曾来我处，托我约侯仁之①一见。侯先生上星期日开完政协会，星期一又往一处开三天会，然后到广州，今年恐见不成了。李陀说 13 日打电话给我，但我未接到电话，所以无法告诉他们我联系的结果。你便中相告好吗？如需要，过年再联系。如需我做什么，只管来电话。

　　新年吉星高照！

　　全家好！

愚妹　宗璞

82. 12. 19

────────────

　　① 侯仁之（1911—2013），男，祖籍山东恩县，生于河北枣强。1936 年毕业于燕京大学历史系。1940 年于燕京大学毕业获硕士学位，留校任助教。1949 年毕业于利物浦大学，获哲学博士学位，任教于燕京大学。1952 年任北京大学副教务长兼地质地理系主任。1980 年当选中国科学院学部委员。

按：当时刘心武正在构思"北京城市居民生活题材"的长篇小说，曾跟宗璞谈论过自己的初步构思，并且说已经动笔，所以宗璞询问"写得顺手吗？"，这篇小说即刘心武的《钟鼓楼》。刘心武也询问宗璞的长篇构思，"她笑说并非专业作家，毋庸报什么创作计划。她是中国社科院外国文学研究所英语文学室的，她说室主任朱虹十分开明，允许她私下将小说创作当作主业。那时朱虹分配给她的任务是研究澳大利亚获得了诺贝尔文学奖的小说家怀特。她当然也就读了不少怀特的作品"①。

　　散文《哭小弟》刊于《人民日报》12 月 27 日。宗璞为悼念小弟冯钟越而作，"既有家哀之痛，又有国殇之思，是一篇令人长思的悼亡散文"②。

　　是年　加入国际笔会，成为会员。

　　本年度重要论文：

　　冯友兰：《〈宗璞小说散文选〉佚序》，《读书》1982 年第 1 期。

　　李子云：《净化人的心灵——读〈宗璞小说散文选〉》，《读书》1982 年第 1 期。

　　方克强、费振刚：《迈在探索和创新的路上——宗璞短篇近作漫评》，《钟山》1982 年第 3 期。

---

　　①　刘心武：《陋于知人心》，载《人生有信》，东方出版中心，2016，第 66 页。
　　②　朱典淼：《情深意切的悼亡佳作——宗璞及其力作〈哭小弟〉》，载《岁月思絮》，安徽师范大学出版社，2019，第 179 页。

1983 年　56 岁

1 月　1 日，与蔡仲德陪同冯友兰（坐轮椅）到北大观看蔡元培、李大钊铜像，于蔡元培铜像前照相。2 日，梅祖彦、刘自强夫妇到访。

2 月　22 日，冯友兰丹毒发作，在哲学系三位研究生帮助下，宗璞与蔡仲德将其送往友谊医院。

3 月　3 日，冯友兰出院。16 日，刘心武夫妇拜访宗璞。

小说《红豆》收入《中国当代小说选》（一）（内部资料，北京师院中文系现代文学教研室编）。

4 月　21 日，完成《羊齿洞记》。24 日，清华大学校庆之际，宗璞陪同冯友兰参加校庆活动。

5 月　6 日，宗璞陪同冯友兰前往友谊医院检查拍片。12 日，与冯友兰到友谊医院询问检查结果，确诊为恶性浆细胞骨髓瘤。

6 月　24 日，冯友兰因放射治疗需转北京医院，宗璞向北大党委统战部提出转院申请。

完成散文《潘彼得的启示》。

7月 游青岛。26日，因短篇小说《核桃树的悲剧》获钟山文学奖，《钟山》编辑部送来奖品文房四宝。适逢宗璞生日，冯友兰拟寿联："槐树旧街，传下三世文采；钟山新砚，送来六朝风流。"①

按：《三松堂全集（第14卷）》第555页冯友兰自注：璞女生日，适接到《钟山》编辑部所寄石砚一方。海淀区成府槐树街，璞女出生地也。

散文《羊齿洞记》刊于《十月》第4期。

新诗《回家（外三首）》刊于《人民日报》7月14日。

译作《拉帕其尼医生的女儿》（［美］纳·霍桑）收入《霍桑短篇小说集》（外国古今文学名著丛书）（陈冠商编选，山东人民出版社出版）。

8月 2—6日，完成短篇小说《谁是我?》，刊于《北京文学》第8期。11—20日，完成童话《关于琴谱的悬赏》。13日，与冯友兰、蔡仲德到北苑看望陈桂芝、冯采新居。21日，与冯友兰、蔡仲德到灯市口看望冯薇、冯蓓两家新居。

9月 7日，完成童话《紫薇童子》。15日，致信徐迟。

完成童话《总鳍鱼的故事》。

译作《花园茶会》《第一次舞会》收入《曼斯菲尔德短篇小说选》，于上海译文出版社出版，署名"冯钟璞"。

10月 散文《潘彼得的启示》刊于《天津文学》第10期。

---

① 蔡仲德编撰：《冯友兰先生年谱长编》（下），中华书局，2014，第821页。

童话《紫薇童子》刊于《人民文学》第10期。有英译本。谭旭东认为这篇童话的风格与安徒生的《卖火柴的小女孩》较为接近:"故事通过紫薇花在他的爱的感召下,得到开放并和他对话,变成了他的好朋友,展现了人和大自然之间的交往和沟通。这个童话也是主观世界和客观世界的互渗,展现的是人性的魅力……从童话幻想世界的构造来说,宗璞并没有完全成功,但在继承安徒生童话的精神内涵和五四文学的苦难意识方面,她获得了成功。"①

11月 完成童话《邮筒里的火灾》和创作谈《〈风庐童话〉后记》。

12月 19日,完成《〈熊掌〉小序》,后收入《熊掌》(百花青年小文库,百花文艺出版社1984年12月版)。

完成童话《红菱梦迹》。

童话《关于琴谱的悬赏》刊于《儿童文学》第12期。《儿童文学选刊》1984年第3期予以转载。

本年度重要论文:

李又宁、方仁念:《从宗璞看中国当代年轻的女作家》,《文艺理论研究》1983年第3期。

江雁心:《吉光片羽谈宗璞》,《福建文学》1983年第5期。

裴明欣:《她探索新的风格(评宗璞小说)》,《中国日报》(英文)1983年6月9日。

---

① 谭旭东:《儿童文学小论》,海豚出版社,2016,第51页。

1984 年　57 岁

1 月　上旬，完成散文《安波依十日》。是月，河南人民出版社计划出版冯友兰的《三松堂全集》，宗璞代表冯友兰处理相关事宜。

2 月　1 日，农历除夕，全家团聚。月底，经英中文化协会邀请，宗璞出访英国。

散文《鸣沙山记》收入《丹》［万叶散文丛书（第二辑）］（百花文艺出版社出版）。

3 月　中旬，参观济慈旧居。23 日，到诗歌爱好者组织的诗会做客，诗人方敬把卞之琳翻译的《英国诗选》送给诗会成员。诗会前任会长（一位退休中学校长）朗诵济慈《希腊古瓮曲》英文原诗，宗璞朗诵卞译中文诗。

4 月　24—27 日，完成散文《没有名字的墓碑——关于济慈》。

童话《总鳍鱼的故事》刊于《少年文艺》第 4 期。获首届全国优秀儿童文学奖。20 世纪 70 年代末，宗璞就想写关于"总鳍鱼"命运的童话故事，直到 1983 年才动笔。"一九八三初秋，我动笔写这篇童话时，为了避免错误，便去请教沈先生。"① 这部童话给人留有深刻的印象："一是真掌坚持不懈朝陆地上走的情景，让读者感受到了生命的力量。真掌是一个比较鲜明的童话形象。二是故事场所转换很有艺术，从中生代的场景到 1950 年代，时间和空间的跨度都很大，其童话叙述空间的延展是一般童话难以做到的。三是科幻元素和哲学思辨的结合，使童话的内涵加深。"②《总鳍鱼的故事》可视为具有哲理意味的童话代表作，"它通过一个生物进化的传说故事，通过一群远古的生物通过艰难的攀登获得高级生命，来揭示文明进化以及个体生命价值实现的本质。宗璞先生的童话从立意到想象都很大气，有着广阔和深邃的内在空间，有着飘逸的浪漫情怀和浓浓的书卷气，呈现出一种文化的张力。这使宗璞童话在中国当代的儿童文学中显出了一种独特的雍容风采，极大地拓展了童话的表现领域和表达方式"③。

散文《奔落的雪原——北美观瀑记》刊于《散文》第 4 期，后收入《美国的月亮》（汪曾祺、邵燕祥编，中外文化出版公司 1990 年 12 月版）。

5 月　月初，完成散文《在黄水仙的故乡》。上旬，到英格

---

① 宗璞：《〈丛竹间燕园的家书〉读后》，《文汇报》1993 年 9 月 5 日。
② 谭旭东：《儿童文学小论》，海豚出版社，2016，第 52 页。
③ 汤锐：《哲理与童心之间的幻想小径——写在宗璞童话创作五十周年》，载《轮回与救赎》，青岛出版社，2017，第 284 页。

兰约克郡北部哈沃斯参观勃朗特姊妹故居。完成散文《写故事人的故事——访勃朗特姊妹故居》。她写道："几十年来，我一直不喜欢《呼啸山庄》这本书，以为它感情太强烈，结构较松散。经过几十年人事沧桑，又亲眼见到哈渥（沃）斯的自然景色后，回来又读一遍，似乎看出一点它的深厚的悲剧力量。那灰色的云，那暗绿色的田野，她们从小到大就在其间漫游，作者把从周围环境中得到的色彩和故事巧妙地调在一起，极浓重又极匀净，很有些哈代的威塞克斯故事的味道。"[1] 是月，参观英格兰西南部都彻斯特博物馆的托马斯·哈代书房，因是中国作家代表团成员，得以进入书房参观。之后，在英国朋友陪同下前往道塞郡旷野感受哈代笔下的荒原："我们还获准到一个不向外国人开放的高地，一览荒原景色。天上地下只觉得灰濛濛（蒙蒙）的，象（像）里面衬着黯淡，黯淡中又透着宏伟，还显得出这不是个轻松的地方。我毕竟看到有哈代的心在跳动着的艾登荒原了。"宗璞认为"哈代的作品并非完全是悲观的，它有希望"，"是永远向着时代和世界开放的"，而且哈代"有一个更高级的哲学特点，比悲观主义，比社会向善论甚至比批评家们所持的乐观主义更高，那就是真实"。[2] 参观悬日坛，身临其境地感受苔丝被捕之地。宗璞发现在哈代的出生地展有世界各

---

① 宗璞：《写故事人的故事——访勃朗特姊妹故居》，载《宗璞散文》，人民文学出版社，2022，第 275 页。

② 宗璞：《他的心在荒原——关于托马斯·哈代（1840—1928）》，《人民文学》1984 年第 8 期。

国译本，唯独没有中译本。回国后，宗璞托人带去中译本《远离尘嚣》赠予都彻斯特博物馆。24—28日，完成散文《他的心在荒原——关于托马斯·哈代（1840—1928）》。之后，与南开大学读书时的刘荣恩伉俪参观约翰·弥尔顿故居（1608—1674年居住），完成散文《看不见的光——弥尔顿故居及其他》。其中写道："老实说，我只读过《失乐园》的片段，还不是很认真，更不要说他的其他诗作。但是他的革命精神，他的政治活动，他的学识都融汇在他的诗里，发出看不见的光。"

创作谈《小说和我》刊于《文学评论》第3期（5月25日出版）。宗璞认为小说要有好影响，应具有社会性（能反映社会的真实情况）、可读性（能够引人入胜，使人爱不释手）和启示性（具有巨大的思想内容，对人有所启示）。她用"诚"与"雅"概括创作，"诚"即真性情，文章要有真情流露，做到不瞒不骗，"雅"即文章的艺术性，为此要不断地修改臻于完美境界。针对评论界认为的其作品有内观手法和外观手法汇合之势，宗璞回应："我主观上不打算汇合，而想使之各自发挥，使各自特点突出。我的外观写法有不少浪漫色彩。而用内观写法时，我主张在细节上要注意符合现实。就是说前者也有不似处，后者要特别注意其似。长远以后也许会汇合，以后的事，现在难说。"

评论《试论曼斯菲尔德的小说艺术》刊于《国外文学》第2期，署名"冯钟璞"。宗璞谈到曼斯菲尔德的独特之处：其一，独辟蹊径，能看出自己的独特之处，挖掘出别人所没有的经验；其二，在探索追求的过程中积极汲取外国文化的营养，如俄罗斯文学、法国美术；其三，"由博返约"的艺术标准。其缺陷是悲剧故事多有宿命论的味道，人物略有重复之感。

6月 评论《有生命的文学——读〈外国文学——当代澳大利亚文学专号〉》刊于《人民日报》6月25日。

散文《没有名字的墓碑——关于济慈》刊于《北京文学》第6期。

7月 上旬，完成《说节制——介绍〈曼斯菲尔德短篇小说选〉》。10—20日，人民文学出版社在山东烟台举办长篇小说创作笔会，宗璞受邀参加。会上未发言，会后应杨柳邀请写书面发言。宗璞写道："长篇小说要好看又要耐看。必须好看，才能耐看，也必须耐看，好看才有价值。我希望我能写出这样的作品，可是不知能否做到。"① 宗璞坦言，她在外国文学研究所工作时原计划写伍尔夫评传，但是埋藏在心头的"野葫芦引"的种子已然萌芽，决定放弃研究课题开始长篇创作。"我不做研究，还会有别人做，研究的毕竟是别人的东西，而小说是作者灵魂的投入，是把自己搅碎了，给小说以生命。"②

散文《写故事人的故事——访勃朗特姊妹故居》刊于《文汇月刊》第7期。《散文选刊》12月号予以转载。后收入《雾里看伦敦》以及北京师范大学出版社1993年10月出版"海峡

---

① 宗璞：《我与人民文学出版社》，载《宗璞文学回忆录》，广东人民出版社，2020，第228页。

② 宗璞：《我与人民文学出版社》，载《宗璞文学回忆录》，广东人民出版社，2020，第228页。

两岸女性散文精品文库"之《幺妹如歌——风情篇》。

8月 13日，三联书店送来《三松堂自序》，宗璞、蔡仲德开始校阅。24日，校阅完毕，有多处改动。26日，与冯友兰、蔡仲德到北苑看望陈桂芝母女。

童话《邮筒里的火灾》刊于《童话》第8期。

散文《他的心在荒原——关于托马斯·哈代（1840—1928）》刊于《人民文学》第8期。后收入《雾里看伦敦》以及北京师范大学出版社1993年10月出版"海峡两岸女性散文精品文库"之《用想象守候你——美丑篇》。

童话集《风庐童话》于湖南少年儿童出版社出版。

9月 宗璞在协和医院接受手术治疗。18日，余景山送来冯友兰、任载坤60年代游香山的照片，照片系他人偷拍，余景山在香港购得。

童话《红菱梦迹》刊于《作家》第9期。

10月 评论《说节制——介绍〈曼斯菲尔德短篇小说选〉》刊于《读书》第10期。宗璞说："节制是一种美德。英国女小说家曼斯菲尔德在这方面很有功夫。"其节制主要表现在四个方面：内容的取舍熔裁、结尾的处理、细节的选择和文字的简洁透明。

散文《在黄水仙的故乡》刊于《上海文学》第10期。宗璞自伦敦归国后，许多朋友询问旅行中印象深刻之事，遂作此文。宗璞说印象最深的是华兹华斯诗中的黄水仙，而英国的黄水仙"很普通，绝不孤芳自赏，每一棵每一朵都很平淡。但是成为一大片时却那样活泼，那样欢乐，那样夺目，又那样朴素。它们形成群体时才充分显出自己这一种花的美。它们每一朵每一棵都互相依靠，而且紧挨着绿草地的胸怀"。

11 月　7 日，冯钟睿从美国回京举办画展，前来看望冯友兰、宗璞。17 日，冯钟华①为看冯钟睿画展到北京，住在冯家。19 日，下午与蔡仲德前往美术馆看台湾六人画展，其中包括冯钟睿的画展。

新诗《病人和病魔的对话》刊于《丑小鸭》第 11 期。《诗刊》1985 年第 3 期予以转载。

散文《安波依十日》刊于《三月风》创刊号（11 月 28 日出版）。

散文《看不见的光——弥尔顿故居及其他》刊于《花城》第 6 期。

《浅谈雅俗共赏——在人民文学出版社烟台笔会上的发言》刊于《当代》第 6 期。

12 月　29 日，出席中国作家协会第四次会员代表大会。

小说集《熊掌》于百花文艺出版社出版。

是年　张昌华谈与宗璞的交往。"我结识宗璞较早，过从三十多年了。然她致我的信少得可怜，只有八封；她惜墨如金，每封信都像电报。第一封信便给我一盆冷水。那是 1984 年，我帮中国文联出版公司编一本《作家谈范文》，想请她就《西湖漫

---

①　冯钟华，冯友兰堂侄。

160

笔》写点文字。她复信：'此类文字已有多人约稿，一概未应，实不愿写此类文字，窃以为对读者帮助不大。'"① 后来因为《钱锺书传》的出版，涉及冯友兰"文革"时期问题，宗璞曾去信两封。不久，张昌华专程进京拜访宗璞。此后，张昌华为宗璞选编了《宗璞散文选》，还将宗璞的五本散文集介绍给浙江文艺出版社出版。

本年度重要论文：

陈素琰：《论宗璞》，《文学评论》1984 年第 3 期。

晓林、家昌：《论宗璞的小说》，《扬州大学学报（人文社会科学版）》1984 年第 2 期。

程蔷：《她心头火光熠熠，笔下清风习习——评宗璞的小说创作》，《文学评论丛刊》第 20 辑。

---

① 张昌华：《我为他们照过相》，商务印书馆，2017，第 267 页。

1985 年 58 岁

　　1 月　月初，继续出席中国作家协会第四次会员代表大会，宗璞当选中国作家协会理事。7 日，宗璞向北大哲学系提出要一个煤气罐，仍需层层上报。22 日，完成童话《无影松》。下旬，完成童话《星之泪》。

　　童话《无影松》刊于《东方少年》第 1 期。

　　2 月　16 日，教育部派人看望冯友兰，宗璞趁机提出为父亲配备助手的要求。

20 世纪 80 年代，与冰心老人

3月　《女作家》创刊，宗璞被聘为编委。同为编委的还有冰心、杨沫、茹志鹃等。6日，经北京市某副市长批准，购得煤气罐。22日，法国巴黎第八大学教授、中国文学研究中心主持人米歇尔·鲁阿夫人应中国社会科学院邀请抵达北京。在京期间，鲁阿夫人拜访宗璞。

完成小说《青琐窗下》。

新诗《等待（外三首）》刊于《女作家》创刊号。

4月　5日，动笔创作《野葫芦引》第一卷《南渡记》。17日，冯友兰为宗璞书对联："高山流水诗千首，明月清风酒一船。"28日，宗璞出席武汉黄鹤楼笔会，与会者有公木、阮章竞、邹荻帆、李普、严辰、萧乾、荒芜、秦兆阳、黄裳、端木蕻良、苏金伞、绿原、徐迟、碧野、胡国瑞等人。29日下午，宗璞、黄裳、艾芜三人逛汉阳公园。30日，完成旧体诗《黄鹤楼四绝句》。是日，随笔会成员登上"扬子江号"旅游船，游览三峡。

　　按：为庆祝1985年4月黄鹤楼重建落成，武汉作家协会协同《光明日报》《青年论坛》和《长江日报》联合举办了"黄鹤楼征文活动"，随后举行黄鹤楼笔会。

5月　1日，参观荆州博物馆以及新修葺的古城门、万寿塔。2日，游葛洲坝、赏神女峰。2日，端木蕻良作诗赠宗璞，即《扬子号旅游船上赠宗璞同学》："丢三落四寻常事，落四丢三未足奇。试看文思喷涌后，镂云刻月入丝丝。"① 3日，游石

---

① 端木蕻良：《端木蕻良文集　第八卷［上卷］》，北京出版社，2009，第489页。

宝寨。晚上举行联欢会，宗璞与钟耀群（端木蕻良夫人）进行诗朗诵。4日，抵达重庆，参观"周公馆"。宗璞与曾卓、邹荻帆等人乘坐从重庆到江北的缆车。6日，宗璞组织几位作家唱歌。曾卓写道："宗璞组织肖乾、荻帆、绿原、荒芜和我来合唱一支美国歌曲《老黑奴》和一支中国歌曲《洪湖水，浪打浪》。我们一起在肖乾房中练习了几遍。"① 8日下午，举行座谈会。晚上举行联欢会，宗璞等人合唱《老黑奴》和《洪湖水，浪打浪》。萧乾在《从〈老黑奴〉说起》中写道："船航到神女峰脚下时，我们正在甲板上举行着一次联欢会。……我们几个就凑在一起（记得有宗璞、荒芜、绿原和黄裳）用英语唱了一首《老黑奴》。"② 9日，游船返回武汉。笔会期间，宗璞赠诗荒芜："衣衫反结衣袖舒，低壁萧条诗满腹。洒洒何人无拘束，长江水上李荒芜。"荒芜回赠："多才博学冯宗璞，一首新诗十里长。却与赵公争上下，三鹿硬说是三羊。"并有附注：赵公系"指鹿为马"的赵高。③ 该诗后名为《汉阳公园赠冯宗璞同志》。

    按：宗璞在《三首诗及其他》中写到参加黄鹤楼笔会时端木蕻良赠诗之事："端木蕻良曾是清华学生，我的学长，不免多谈几句。过了几天，端木蕻良也送了我一首诗，诗是这样的：丢三落四寻常事，落四丢三未足奇。待到文思汹涌处，镂云刻

---

① 曾卓：《在大江上》，湖南文艺出版社，1992，第 106 页。此处"肖乾"应为"萧乾"。

② 萧乾：《从〈老黑奴〉说起》，载《站在云端看人生——萧乾经典散文》，陕西师范大学出版总社有限公司，2019，第 235 页。

③ 曾卓：《在大江上》，湖南文艺出版社，1992，第 101—102 页。

月入丝丝。可见我的丢三落四使得端木先生印象深刻。我请他将这首诗用毛笔写出，他答应了，回京后也没有忘记寄给我。现在我的书柜里便有了这帧书法，诗前写着'一九八五（年）五月长江船上打水诗'，诗后写着'甲戌年题赠宗璞，端木蕻良'。这首诗现存文学馆。"①

旧体诗《黄鹤楼四绝句》刊于《光明日报》5月12日。

童话《星之泪》刊于《儿童时代》第5期。

6月　担任《小说选刊》编委。

完成散文《三峡散记》。

评论《打开常春藤下的百叶窗——伊丽莎白·波温研究》刊于《世界文学》第3期，署名"冯钟璞"（1984年6—8月断续成之，1985年3月重改。"本文关于《星期日下午》《炎炎日当午》的分析中一部分得之与赵少伟同志的讨论。《炎炎日当午》书中引文也取赵译。不敢掠美，特志此"）。1984年春天，在伦敦街头散步的宗璞，无意间在书肆中看到安东尼·伯吉斯编选的《现代小说：九十九本佳作》，其中有伊丽莎白·波温的《炎炎日当午》。宗璞觉得中国作家对伊丽莎白·波温还比较陌生，于是决定向中国读者介绍这位英国女作家。她写道："我想，这样有才能的作家是值得加以讨论的。若以内容论，波温小说约可分为两类，一类写两代人的隔阂、人和人之间不能了解；一类反映二次大战中的情况，有人因此说她是社会历史学

---

① 宗璞：《三首诗及其他》，《随笔》2020年第2期。

家。若以手法论，她大部分小说是白描的，有小部分以鬼怪出之。"宗璞从"沟、网、人、鬼"四题论述，认为其作品"有相当浓厚的主观色彩，在短篇中表现出抒情诗的情调""想象丰富""贴切与平衡"，但也提出了"人物、主题多有重复，小说包容的世界没有丰富的发展"等缺点。

译作《星期日下午》（〔英〕伊·波温）和《鬼恋人》（〔英〕伊·波温）刊于《世界文学》第3期（6月25日出版），署名"冯钟璞"。

散文《三峡散记》刊于《光明日报》6月30日。

7月 上旬，中国人民对外友好协会举办书画展览，借走"高山流水诗千首，明月清风酒一船"对联。8—29日，完成小说《泥沼中的头颅》。

8月 短篇小说《青琐窗下》刊于《人民文学》第8期。

新诗《长江游短诗三首》刊于《诗刊》第8期。

散文《冷暖自知》刊于《文艺报》8月17日。

9月 12日，完成《有感于鲜花重放》。宗璞感叹："若要让花朵盛开，必须有真正的创作自由，若要有创作自由，我想可能需要一种政治上的大度……政治上的大度来自以平等态度待人，来自从内心里承认人人平等，在真理面前人人平等，在艺术、学术面前人人平等，在国法党纪面前人人平等。"①

译作《书简选》（〔英〕简·奥斯丁），译自奥斯丁《傲慢

---

① 宗璞：《有感于鲜花重放》，载蔡仲德编纂《宗璞文集》（第四卷），华艺出版社，1996，第283—284页。

与偏见》，收入《奥斯丁研究》（朱虹编选，中国文联出版公司出版）。分别为《致姐姐卡珊德拉·奥斯丁》（1813 年 1 月 29 日）、《致卡珊德拉·奥斯丁》（1813 年 2 月 4 日）、《致侄女安娜·奥斯丁》（1814 年 8 月 10 日）、《致安娜·奥斯丁》（1814 年 9 月 9 日）、《致侄女儿爱德华·奥斯丁》（1816 年 12 月 16 日）、《致克拉克先生》（1815 年 12 月 11 日）以及 1816 年 4 月 1 日信。

译作《论小说艺术——〈诺桑觉修道院〉（片断）》（［英］简·奥斯丁），摘译自奥斯丁《诺桑觉修道院》，收入《奥斯丁研究》。

10 月 19 日，完成散文《恨书》。是月，《女作家》副主编刘和芳向宗璞通报《女作家》编辑部的工作，"征求对前三期刊物的意见"[①]。

小说《泥沼中的头颅》刊于《小说导报》第 10 期。英译本刊于美国 *The Antioch Review* 春季刊。

11 月 19 日，完成散文《秋韵》。20 日，收到彭世强的信。

12 月 4 日，冯友兰九十岁寿诞。北京大学中国哲学史教研室汤一介等全体同人，热情地提出要为冯友兰九十寿诞举行庆祝会。上午 10 时，在勺园举行冯友兰先生九十寿辰庆祝会。晚上，宗璞在全聚德烤鸭店海淀分店为冯友兰举行九十寿宴。

---

① 刘和芳：《回眸——刘和芳诗文集》，宁夏人民出版社，2006，第 133 页。

宗璞回忆父亲九十华诞："我们家本来没有庆寿习惯，母亲操劳一生，从未过一次生日……父亲老实地坐在桌前，戴上白饭巾，认真又宽宏地品尝每一样菜肴，一律说好。我高兴而又担心，总不知明年还能不能有这样的聚会。"[1] 6 日，冯钟辽离京返美。冯友兰去信梁漱溟，宗璞代笔录之。11 日，梁漱溟复信，表示愿意面谈。宗璞代为联系两位先生会面之事，商定 20 日拜访梁先生。

17 日，完成《致彭世强》：

世强同志：

收到十一月二十日信。你们备课这样认真，令人生敬。

你对"漫笔"文的讲解完全正确。我写作时间很长，但数量不多，从来不作应景文章。西湖之变确是我的感觉。不知你和同事们年龄如何，象（像）我这样五十年代初参加工作的人，在"文革"前，是常常因为祖国的变化而感动的。那时我们把一切都看得那么美好神圣。没有经过的人也许不易理解。但还是可以从文章中看出真伪的，你就看到了。至于写景文何以结尾来一番议论，只因我到西湖，感到了绿，也感到了变，便照自己所感写下了。

桨声应作欸乃，而非款乃，多谢指出。这是语文课本排错了。所据本《宗璞小说散文选》并没有错，请查对。

---

① 宗璞：《九十华诞会》，载蔡仲德编纂《宗璞文集》（第一卷），华艺出版社，1996，第 21 页。

又课本上写选自宗璞小说散文集，集应作选。

顺颂

教祺

冯宗璞

1985 年 12 月 17 日

18 日，梁漱溟来信："星期五我须去政协开小组会，不克在家候教，希另订日期为便。"遂改时间为 24 日。23 日，完成《九十华诞会》。24 日，陪同冯友兰前往木樨地 22 楼梁漱溟家做客。临走时，梁漱溟赠《人心与人生》，附字："芝生老同学指正，一九八五年著者奉赠。"亲自盖上图章。31 日，完成散文《冬至》。

完成散文《彩虹曲社》《丁香结》和《一九八二年九月十日》。

散文《西湖漫笔》收入《中学语文教材参考资料选编 第 3 分册》（内部资料，淮阴教育学院编）。

是年 创作旧体诗《一九八五年到重庆》，后收入《宗璞文集》（第四卷）。

新诗《野豌豆荚》收入《节日朗诵诗》（湖北人民出版社出版）。

小说《红豆》《桃园女儿嫁窝谷》《后门》《我是谁?》《鲁鲁》收入中国女作家三人集《吹过草原的风》（英文）（澳大利亚红公鸡出版社出版）。

本年度重要论文：

叶文玲：《只要素朴的白——我眼中的宗璞》，《中国作家》
1985 年第 3 期。

吴黛英：《从新时期女作家的创作看"女性文学"的若干特
征》，《文艺评论》1985 年第 4 期。

1986 年　59 岁

春　题词："我爱人类的歌，也爱自然的歌。我知道没有歌声的地方就有了寂寞。"署名："宗璞 1986 年春　丁香花下。"后刊于《中国作家》1986 年第 4 期。

1 月　11 日，宗璞致信编辑家柯玉生：

玉生同志：

元月三日信悉。1985 年我有两篇童话：《无影松》《东方少年》第五期，《星之泪》(《上海儿童时代》第四期)。

这两种杂志你那里一定有，麻烦你就近复印。这几天我这里机器坏了，复印很费事。

简介稍作修改，附上。

顺颂

编安

冯宗璞

86. 1. 11

2 月　散文《送黎遄》刊于《光明日报》2 月 9 日。

散文《冬至》（原为《送黎遄》之"外一篇"）刊于《光明日报》2 月 9 日。

3 月　7 日，陪同冯友兰前往燕南园 66 号朱光潜家中吊唁。21 日，陪同冯友兰前往友谊医院检查取药。

散文《丁香结》刊于《散文》第 3 期。

散文《秋韵》刊于《北京文学》第 3 期。

散文《恨书》刊于《青海湖》第 3 期。《散文选刊》1986 年第 8 期予以转载。

4 月　创作谈《我为什么写作》刊于《文艺报》4 月 12 日。宗璞写道："写小说，不然对不起沸腾过随即凝聚在身边的历史；写散文，不然对不起流淌在胸间的万般感受；写童话，不然对不起眼前光怪陆离的幻象；写短诗，不然对不起耳畔琤琮变化的音符；我写，因为我有；我写，因为我爱。"

春夏之交　宗璞向汪曾祺索画。汪曾祺送上《两只小鸡》和《花卉》两幅画。

5 月　4 日，陪同冯友兰前往燕南园 60 号王力处吊唁（王力 3 日病故）。17 日，李欧梵、刘年玲来访，想约见冯友兰。下旬，写《丢失了的蓝星》（未完）。是月，王蒙拜访宗璞。

7 月　15 日，完成《写给〈作家〉》。19 日，完成散文《领头山人家》。下旬，冯友兰与宗璞讨论其长篇小说，讨论书名，回忆往事。是月，与蔡仲德往上海、绍兴、嵊县（现嵊州市）旅行。

8月 担任《散文世界》编委。

散文《彩虹曲社》刊于《天津文学》第8期。《散文选刊》1987年第3期予以转载。

散文《霞落燕园》刊于《中国作家》第4期。《散文选刊》1987年第1期予以转载。"编者的话"中写道："宗璞的《霞落燕园》以清淡的文字，记述燕园的人世沧桑，读来感人。"宗璞回忆了燕南园的邻居以及与师友们的交往，燕南园先后有十几位先生离世，如汤用彤、饶毓泰、翦伯赞夫妇、郑昕、齐思和、吴素萱、黄子卿、朱光潜、王力等。

9月 11日上午，王恩荣拜访冯友兰，冯友兰由宗璞扶其手，为王恩荣所带书扉页题写格言。22日，冯友兰住进友谊医院，宗璞致函北大党委统战部要求将冯友兰的医疗关系转到北京医院。

小说《泥沼中的头颅》收入《探索小说集》（程德培、吴亮评述，上海文艺出版社编，上海文艺出版社、香港三联书店出版）。

10月 散文《领头山人家》刊于《散文世界》第10期。

《写给〈作家〉》刊于《作家》第10期。

秋末冬初 汪曾祺赠送宗璞《水仙图》画作。画上有一行小字："为纪念陈澂莱而作，寄与宗璞。"

12月 代父寄赠新年贺卡予狄百瑞。29日，狄百瑞致信冯友兰、宗璞，感谢寄赠新年贺卡。

是年　被列入国际名人录、国际作家名人录。

本年度重要论文：

赵晓东：《风庐主人与童话》，《人民日报》1986 年 4 月 22 日。

延梅：《宗璞的散文——读〈丁香结〉有感》，《人民日报》1986 年 7 月 28 日。

高洪波：《迷人的〈风庐童话〉》，《文艺报》1986 年第 6 期。

1987 年　60 岁

1 月　散文《九十华诞会》刊于《东方纪事》第 1—2 卷。

2 月　译作《拉帕其尼医生的女儿》收入《外国爱情描写》（鲍学谦、陈巧燕编，漓江出版社出版）。

3 月　散文《恨书》收入《中国当代女作家文选》（香港新亚洲出版社出版）。

4 月　14 日，完成《未解的结——〈丁香结〉代后记》。15 日，因担心冯友兰中风，宗璞放弃海南之行。蔡仲德着手编纂《冯友兰先生年谱》。21 日，宗璞担心冯友兰身体，遂请北大党委统战部设法将冯友兰转到北京医院，无果。

散文集《丁香结》于百花文艺出版社出版。

散文《霞落燕园》收入《朱光潜纪念集》（胡乔木等著，安徽教育出版社出版）。

5 月　1 日，冯友兰与宗璞、蔡仲德谈论年谱事宜。5 日，宗璞、冯友兰得知冯岱考入卡内基梅隆大学，即将攻读博士学位。

长篇小说《南渡记》第一章《方壶流萤》刊于《人民文学》第5期。小说拟名《双城鸿雪记》，但因为不少朋友不喜欢这个名字，遂又改为构思时的《野葫芦引》。宗璞说："事情常常绕个圈又回来。葫芦里不知装的什么药，何况是野葫芦，更何况不过是'引'。"①

6月 《〈双城鸿雪记〉序曲》刊于《人民日报》6月16日。27日晚饭间，冯友兰与宗璞、蔡仲德、涂又光谈论古典小说。

长篇小说《南渡记》第二章《泪洒方壶》刊于《人民文学》第6期。

7月 宗璞与蔡仲德前往大连金沙滩旅游，同行者有吴组缃、吴泰昌、陈愉庆、韩蔼丽等。下旬，完成散文《三访鳌滩》。26日，为庆贺宗璞生日、迎接冯钟归来，全家四代十八人聚餐。

8月 散文《三访鳌滩》刊于《人民日报》（海外版）8月31日。

9月 9日，曹靖华病逝，宗璞代父致电以示哀悼。14日，完成《收获》创刊30周年题词。23日晚上，宗璞、蔡仲德代父宴请余景山。

10月 5日，余景山设宴邀请北大校长以及哲学、中文、历史、经济、法律各系负责人，宗璞、蔡仲德代父参加。30日，

---

① 宗璞：《野葫芦引》第一卷《南渡记》，人民文学出版社，2014，第289—290页。

代父致电梁漱溟，祝贺梁先生从事教育科研七十周年，并说明父亲因身体原因不能出席会议。

11 月 10 日，完成散文《忆旧添新》，刊于《文艺报》11月 28 日。

完成旧体诗《悼世良二首》，后收入《宗璞文集》（第四卷）。

《收获》创刊 30 周年题词刊于《收获》第 6 期。"行云流水喻其散，松风朗月喻其文。散文贵在自然，与人贵无矫饰一也。"

散文《秋韵》收入《中国游记年选（1986）》（杨羽仪编，广东旅游出版社出版）。

12 月 6 日，设宴庆贺冯友兰九十一岁寿辰。20 日，代父发出致狄百瑞、卜德、陈荣捷、Mackenzie 夫妇贺年卡。26 日，完成《野葫芦引》第一卷《南渡记》以及《〈南渡记〉后记》。书成后，人民文学出版社李曙光安排小说先在《海内外文学》杂志上发表。27 日，何善周来信告知妻子病故消息，嘱咐宗璞勿告知冯友兰先生。

《宗璞代表作》于黄河文艺出版社出版。

《宗璞代表作》于河南人民出版社出版。郎保东评价："宗璞是以塑造知识分子形像（象）而著称的。一般来说，这些人物文化教养高，性格较为内向，思想情感深邃、敏锐、纤细。要生动而深刻地刻画出他们性格特征和精神特质，很不容易。宗璞在塑造这些艺术形像（象）时，能够别开生面，不流于一般化，其中一个重要原因，就是她本人有着相应的知识积累和文化修养。宗璞善于以人物所特有的教养、文化素质和志趣爱好，以他们独特的生活方式和思想方法，来描写他们的心理，表现他们思想感情的复杂微妙变化。……宗璞的语言特色，是适应着表现内容的需要，在丰富多彩的变化中体现出来的。她不仅注意使每篇作品，都有着各自不同的语言格调和韵味，而且即使在同一篇作品中，也很注意根据内容的演变，来精心调整语言节奏的变化，润饰语言的色调。"①

散文《紫藤萝瀑布》收入《写作》（谈彦廷主编，上海教育出版社出版）。

本年度重要论文：

杨鸥：《宁静致远——访女作家宗璞》，《人民日报》（海外版）1987年3月8日。

---

① 郎保东编《宗璞代表作·前言》，河南人民出版社，1987，《前言》第9—13页。

1988年　61岁

　　1月　7日，为父读《人间词话》。10日，再为父读《人间词话》。18日，完成散文《我爱燕园》。27日，完成散文《酒和方便面》。30日，中国文化书院和北京大学比较文学研究所联合举办"海峡两岸文学研讨会"，宗璞与汤一介、乐黛云、陈鼓应、刘再复、谢冕、王守常、王拓、林斤澜、郑万隆、黄子平、刘树钢、邵燕祥、戴晴、沈昌文、金克木、陈建功等以及香港《文汇报》、《大公报》、中新社、《中国文化报》等十多家报社记者参会。会议由陈鼓应主持。

　　2月　为王小平小说写序。3日，代父复信谷风出版社主编金鸿文，其中写道："我女儿钟璞（宗璞）是我的代表，我方一切事宜统由她代理。"① 27日，宗璞致信文洁若。原文如下：

---

　　①　冯友兰：《答金鸿文》，载《三松堂全集（第14卷）》，河南人民出版社，2001，第704页。

洁若：

向萧乾同志和你拜年。

冀世芬又来一信，转上。

88年我已发烧两次，天气冷热，似不很对。

望珍重。

问好

锺璞

88.2.27

按：冀世芬即龚世芬。

长篇小说《野葫芦引》第一卷《南渡记》刊于《海内外文学》第2期。

龙年献辞刊于《人民日报》（海外版）2月17日。"因为属龙，想为戊辰龙年写一句话：愿天下属龙和不属龙的人都能掌握自己的命运，而不为龙所主宰。"

3月 散文《辞行》刊于《青年散文家》第3期。

4月 6日，钟启禄与记者来访，预备采访冯友兰，宗璞拒绝。9日，冯友兰侄子王天立来信，向宗璞、蔡仲德、冯珏问好。13—16日，宗璞到成都出席第四次中美作家会议。中美作家约20人相会在四川乐山大佛旁，其中有美国作家代表团团长索尔兹伯里、副团长里斯，美国作家罗贝滋、诗人艾丽思·福尔顿、诗人萝碧塔·怀特曼、诗人林肯、诗人杰·瑞特、作家玛克辛·洪·金斯顿、作家海内曼，中国作家有流沙河、陈辽、

1988 年 4 月，宗璞（左四）参加第四次中美作家会议期间

邓友梅、何士光、周克芹、陆文夫，诗人孙静轩，评论家李子云，等等。会议结束时，宗璞说："我无法用语言来概括我对会议的感受，我说不清楚。我只想谈一件事情，那个夜晚我和怀特曼女士一起朗诵了她的作品，下来之后，我把它译成了汉文，我现在念一下：*Variations for Two Voices*（二重奏），我们住在哪儿？/在那夕阳西下的土地/有多久了？/从你的祖父死在/那抵挡不住的战争/而心是再不拥有眼泪和胜利/我们站在陌生人的田野上/饶恕已经远离/我们做什么？我们躲藏　我们交易/我们以艰难的愤怒/回答每一个问题/明天是一出骨碎心伤的设计/那时刻何时来？/那是乞丐/住在地下室里/他向我们口授/怎样幻想　何时迁徙/如何逃跑/它会等在十字路口/用针刺你的双眼/向肋骨撞击/谁来拯救我们？/没有人　没有/只是当风吹动的时

候/我听见不止一个声音在呼唤/在风雪里/在那些夜晚/我听见在春天以前/风雪的袭击/永远不要听/永远不要听/不要听/它能带来什么消息!"① 为纪念此次会晤，宗璞作《译文一束》。

21—23 日，中国作协第四届（1985—1986）全国优秀中篇小说评选会在北京召开第四次评委会，宗璞担任北京地区评委。

完成散文《三幅画》。

散文《我爱燕园》收入《精神的魅力》（北京大学校刊编辑部编，北京大学出版社出版）。

小说《红豆》收入《中国女性作家婚恋小说选》（朱卫国编，作家出版社出版）。

5 月　在杭州出席中外文学走向讨论会。8 日，北京师范大学与鲁迅文学院联合举办的"文艺学·文学创作"研究生班举行开学典礼，中国作协领导、北师大研究生院领导以及受聘的创作导师秦兆阳、林斤澜、韶华、宗璞、李国文、从维熙、程树榛、谢冕、张志民、牛汉、崔道怡、吴泰昌、任洪渊等大部分人参加。13 日，冯友兰赠顾毓琇一件马踏飞燕仿制品，宗璞代父书："一樵兄所言 21 世纪中华鼓舞人心，天马行空，其象征也。"② 18 日，完成《吴宗蕙〈中南海之恋〉序》。

《找回你自己——〈燕园拾痕〉代自序》刊于《中国妇女》第 5 期，后收入《燕园拾痕》（中原农民出版社 1994 年版）。

6 月　6 日，代父书丁圣元："人命关天，人才难得。"

---

① 魏志远：《1988：第四次中美作家会议侧记》，《当代文坛》1988 年第 4 期。
② 蔡仲德编撰：《冯友兰先生年谱长编》（下），中华书局，2014，第 911 页。

7月 2日，完成散文《小东城角的井》。7日，完成散文《燕园石寻》。10日，冯友兰为宗璞六十周岁生辰书寿联："百岁继风流，一脉文心传三世；四卷写沧桑，八年鸿雪记双城。"12日，中央工艺美术学院萧惠祥前来为冯友兰、宗璞画像。16日，陪同冯友兰到三里河看望全珺。17日，完成散文《道具》。29—31日，中国文化书院雷音等为冯友兰录像，宗璞、张跃、梅尔亦参加。

夏 王泽群毕业前夕拜访宗璞。"好一个六十岁了的老太太！端庄，文静，慈祥，平和。衬着那古色古香的书柜花架，衬着那几轴功力深厚的条幅，她在沙发上端坐，从镜片后面笑微微地望着你，便有一种静雅的文化氛围浅浅地从四面朝你浸润……难怪李子云称她是足不出燕园却有好作品问世的作家呢！……她善于从自己的故事人物中提纯人生命运中极洁净的魂灵，在一种悲剧氛围里娓娓叙说着人性中的真善美。"[1]

8月 完成童话《锈损了的铁铃铛》。

9月 月初，完成童话《碎片木头陀》。月中，完成童话《遗失了的铜钥匙》。21日，代冯友兰寄赠《中国哲学史新编》第五册给陈荣捷[2]。同日，北京师范大学与鲁迅文学院"文艺

① 王泽群：《又见宗璞》，载《青岛散文选》，青岛出版社，1998，第301—302页。

王泽群（1945—　），男，山东青岛人，出生于贵州毕节，1988年毕业于北大中文系。作家，国家一级编剧（教授），曾任青海省作家协会副主席、《瀚海潮》杂志副主编、青岛市作家协会副主席。

② 陈荣捷（1901—1994），男，学者，哲学史家，曾任教于哥伦比亚大学。

学·文学创作"研究生班（1988—1991）"预备班"开学。本届研究生班共有48名学生，其中名叫冯敬兰的学员指名要宗璞先生指导。鲁迅文学院教研室主任何镇邦写道："我曾陪同学员冯敬兰等到老作家宗璞家进行辅导。"① 宗璞共指导三位学生：冯敬兰、于劲和（来自军队）和白冰（即白玉琢，来自作家出版社）。"她不仅来到鲁迅文学院同学生见面、交谈，指导他们的创作，同时还把他们请到家中交谈辅导。她的眼睛不好，视力较差，但还认真地审读学生交的作为作业的作品，大都是几万字或十几万字的中篇或小长篇，认真地写评语，给成绩。……到了1993年至1995年间，我们又举办了第二届文学创作研究生班，又请了宗璞大姐作为创作导师，这一次同样认真负责，以至于过去几年了，仍然打听她指导过的学生的创作情况和别的情况，关心着他们的成长。"②

长篇小说《野葫芦引》第一卷《南渡记》单行本于人民文学出版社出版。1984年受邀出席人民文学出版社在烟台举办的长篇小说座谈会之后，宗璞认为"一部长篇小说已在我心中逐渐形成，发了芽，长了枝叶，若再不把书中人物落在纸上，他们会窒息、干枯而死"③。"从五十年代起，我就想写一部反映

① 何镇邦：《北师大鲁迅文学院首届文学创作研究生班前前后后》，《芳草》2012年第2期。
② 何镇邦、李方萧编《名家侧影 第2辑》，山东文艺出版社，1999，第244—245页。
③ 宗璞：《我与人民文学出版社》，载《宗璞文学回忆录》，广东人民出版社，2020，第228页。

中国读书人在抗日战争时期的生活的小说。那个时候因为客观条件不成熟，没有时间和精力来写这样大部头的书，主观上也不成熟。……现在想想很庆幸那时没有写，而是放在八十年代。这个时候我可以用自己的眼光来看待事物，做出判断，才有了这几个不算太不像样的'野葫芦'。"① 在与贺桂梅对话中，宗璞表示："抗战这段历史对我在童年和少年时候的印象太深了。另外，我想写父兄辈的历史。"② 在与李扬对话中，宗璞说："我写这部书，是要寻找一种担当的精神，任何事情要有人做，要有人担当，也就是责任感。在担当起责任的时候，是不能只考虑个人得失的，这是很自然而然的事情。"③ 宗璞坦言："我写小说常苦于拘泥于史，历史是哑巴，要靠别人说话。我很同情它。但我写的又是小说，里面有很多错综复杂的不明所以的东西，真是'葫芦里不知卖的什么药'。人本来就不知道历史是怎么回事，只知道写的历史。所以人生真是个'野葫芦'，没法太清楚。那为什么还要'引'呢？因为我不能对历史说三道四，只能说个引子，引你自己去看历史，看人生的世态。"④ 宗璞谈到六段序曲："是因为写这部小说用这种形式比较合适，写什么东西用什么形式，主要看自己是不是能更好地表现所要表现的

---

① 宗璞：《衔一粒沙再衔一粒沙》，《文艺报》2001 年 11 月 6 日。
② 贺桂梅：《历史沧桑和作家本色——宗璞访谈》，《小说评论》2003 年第 5 期。
③ 李扬：《宗璞 希望写的历史向真实靠近》，《文汇报》2011 年 8 月 9 日。
④ 陈洁：《冯友兰：宗璞的青葱记忆》，载《山河判断笔尖头》，生活·读书·新知三联书店，2009，第 256 页。

内容。说到传统的影响比较大，我觉得这很自然。……我很喜欢元曲。我想每一本书前面好像应该有提要（当然可以换一种方式，不一定非用散文的方式），先来把内容大致勾勒一下，这样可能看的人会觉得有趣味。潜意识里不知道是不是受到《红楼梦》里给每个人一段判词的影响？不过我倒不是对每个人的判词，而是对每一卷书的判词。"①

　　《南渡记》以抗战时期的西南联大为历史背景，以中国高等学府的高级知识分子作为主要书写对象，书写他们的抗战经历、生活经验以及历史抉择。韦君宜认为，"《南渡记》写了一部分人的历史的一个侧面"②。冯至肯定小说的艺术成就，"读《南渡记》，首先的印象是，无论写周围的环境，或是内心活动，都像是继承了《红楼梦》的笔法，继而读到第一、三、五、七章后的'附言'或'插曲'，又是别开生面，独出心裁，起画龙点睛作用"③。卞之琳认为"就题材而论，这部小说填补了写民族解放战争即抗日战争小说之中的一个重要空白；就艺术而论，在新时期小说创作的繁荣当中独具特色，开出了一条小说真正创新的康庄大道的起点"④。张德祥承认《南渡记》在 80 年代中后期出现带有必然性。陈涌认为小说"不但对表现抗日战争，

---

① 贺桂梅：《历史沧桑和作家本色——宗璞访谈》，《小说评论》2003 年第 5 期。

② 韦君宜：《〈南渡记〉漫谈》，《文艺报》1988 年第 29 期。

③ 冯至：《〈南渡记〉读后》，《文艺报》1989 年 5 月 6 日。

④ 卞之琳：《读宗璞〈野葫芦引〉第一卷〈南渡记〉》，《当代作家评论》1989 年第 5 期。

提供了一个新的视角，透过她特定的视角，真实地反映出抗日战争初期人民的苦难和抗争，因而丰富了文学反映现实的方面，证实了作家对题材的选择，可能而且应该有广阔的天地，在题材问题上的狭隘的，机械的见解是不可取的。《南渡记》把有关抗日战争的文学提到了一个新的艺术水平"[1]。金克木评论："我觉得仿佛是看了用纤丽羊毫作蝇头小楷写铁马金戈，听了用少年儿女心眼说大时代中最高层知识分子。"[2] 同时指出小说中吕清非老人阅读《昭明文选》和《哀江南赋》略有不妥。陈平原认为宗璞"颇具'史家意识'——其系列长篇立意高远，气魄宏大。能写出一部让一代代大学生百读不厌、伴随其走向成熟、作为其'精神读本'的长篇小说，足以让人心驰神往。我以为，在中国，能写抗战的作家不少，能写好抗战中的大学生活的则寥寥无几。屈指数来，当世作家中，最合适者，莫过于从《红豆》起步、兼具学识与文采的宗璞先生"[3]。戴锦华认为"在《南渡记》中，宗璞投入了全部的热情与库藏，成就着一次全方位的回归，或曰对一个'渐渐被人淡忘的时代'的语言、文化、社会及性别秩序的回归"[4]。

① 陈越：《宗璞〈南渡记〉阅读札记》，载陈越编《陈涌纪念文集》，文化艺术出版社，2018，第 31 页。
② 金克木：《"南渡衣冠思王导"》，载《文化问题断想》，吉林摄影出版社，2003，第 69 页。
③ 陈平原：《花开叶落中文系》，生活·读书·新知三联书店，2013，第 239 页。
④ 戴锦华：《涉渡之舟——新时期中国女性写作与女性文化》，陕西人民教育出版社，2002，第 155 页。

散文《酒和方便面》收入《解忧集》（吴祖光编，中外文化出版公司出版）。

10 月 9 日下午，《文汇报》记者郑重来访，欲合写宗璞、冯友兰。是月，到昆明参加西南联大五十周年校庆纪念活动，往滇西旅行至中缅边境，到云南腾冲国殇墓园。其间，与先燕云①见面，二人重游西南联大旧址、闻一多衣冠冢、滇池、海埂，寻西仓坡、大观楼、龙头村、登华街等旧址。宗璞与先燕云、黄尧在昆明金殿摄有合照。

1988 年，宗璞（右二）参加西南联大五十周年校庆纪念活动期间

完成散文《卖书》和《好一朵木槿花》。

散文《三幅画》刊于《钟山》第 5 期。

小说《泥沼中的头颅》收入《中国意识流小说选（1980—1987）》（宋耀良选编，上海社会科学院出版社出版）。

11 月　20 日，散文《小东城角的井》刊于《女声》第 11 期。

12 月　4 日，设家宴庆贺冯友兰生日。

是年　于中国社会科学院外国文学研究所退休。

本年度重要论文：

施叔青：《又古典又现代——与大陆女作家宗璞对话》，《人民文学》1988 年第 10 期。

高洪波：《"假北平人"宗璞》，《文艺报》1988 年第 6 期。

王小平：《一片爱心在风庐——记宗璞》，《今晚报》1988 年 2 月 22 日。

韦君宜：《〈南渡记〉漫谈》，《文艺报》1988 年 10 月 29 日。

1989 年　62 岁

1 月　散文《卖书》刊于《散文》第 1 期。

童话《童话三题》(《锈损了的铁铃铛》《碎片木头陀》《遗失了的铜钥匙》) 刊于《上海文学》第 1 期。这些童话体现了"也是成人的知己"的创作理念:"通过一个内心纤细、有丰富的情感体验的小主人公勉儿,从大自然中那些微小的事物上感知着生命轮回、人生价值、命运变迁……更多的时候,这类童话其实更适合那种童心犹存的成年人阅读,为他们在物欲横流的当代提供一个少有的纯净角落,任由他们在心底吟着古老的诗意和感悟,给予那些疲惫的心灵一抔温暖隽永的慰藉……非常难得的是,宗璞先生在深刻的人生哲理与纯真的童心之间找到了一条相通的幻想小径,并为自己深邃的思想找到了一种贴切而又美丽的表达形式。"①

散文《行走的人——关于〈关于罗丹——日记摘抄〉》刊

---

① 汤锐:《哲理与童心之间的幻想小径——写在宗璞童话创作五十周年》,载《轮回与救赎》,青岛出版社,2017,第 284 页。

于《人民日报》1月26日。

书信《"我到西湖，感到了绿"》刊于《语文学习》第1期，原题《致彭世强》。

2月 1日，因春节将至，任继愈和冯钟芸来拜早年。19日，致信萧宜：

萧宜同志：

　　承约稿，实在想为《笔会》做点什么。不知译文你们要否？寄上一些，请酌。如不合用，千万不要为难，掷回可也。

　　问好

宗璞

1989. 2. 19

以后还当写散文寄上。

20日，完成散文《"热海"游记》。春节期间，叶廷芳①前来看望宗璞。

小说《泥沼中的头颅》收入《褐色鸟群——荒诞小说选萃》（吕芳选编，北京师范大学出版社出版）。

3月 4日，由中国作家协会举办的新时期全国优秀散文

---

　　① 叶廷芳（1936—2021），男，浙江衢县人。作家、诗人、德语翻译家，曾任中国科学院外国文学研究所《世界文学》编辑、中国社科院外国文学研究所中北欧文学室主任。

（集）杂文（集）评选活动揭晓，宗璞的散文集《丁香结》获奖。与宗璞同时获散文（集）奖的北京作家有杨绛的《干校六记》、姜德明的《相思一片》、袁鹰的《秋水》、严文井的《严文井散文选》、吴泰昌的《文艺轶话》、荒煤的《荒野中的地火》、刘白羽的《荒草集》。8日，致信《上海文学》副主编李子云：

子云：

信收到，上次信来便很惦记你的身体，近来还不好，望好生将息，健康实在是首要的事。

郭枫已来，拿走"宗璞代表作"，但未提及版税等问题，我想许多人都是他的朋友，别人怎么办，吾从众，即可。

（19）89年已过去两个多月，终日纠缠于琐事中，又搬房间，蔡仲德要搬，我只好夫唱妇随，累之极了。

何时能来京？许多可谈之事要写，就懒得了。

望珍重！

宗璞

89. 3. 8

寄上《核桃树的悲剧》复印件

下次来信望告邮政编码，不然不让挂号

《南渡记》书已出，另寄①

按： 宗璞与李子云是多年好友，一个是北方著名女作家，一个是南方著名文艺评论家。李子云评论宗璞作品具有"兰气息、玉精神"特点；宗璞评价李子云"是有卓越见识的人"。

散文《对〈梁漱溟问答录〉中一段记述的订正》刊于《光明日报》3月21日，原题《记冯友兰与梁漱溟的一次会晤》。这是针对汪东林《梁漱溟问答录》（湖南人民出版社1988年4月版）一书对冯、梁两先生关系的错误记叙予以批驳。

散文《好一朵木槿花》刊于《东方纪事》第2期。

散文《墨城红月》收入《大学语文——中国现当代文学作品选》（周振甫主编，高等教育出版社出版）。书中作有评价："宗璞的创作不追求情节的离奇，而注重人物的心理描写，特别是对女性知识分子内心世界的揭示，更具特色。作品结构、意境、语言具有中国传统文学的严谨、深沉、优雅的特色，还借鉴了西方现代派善于揭示人物复杂心境的长处。总的说来，她的作品以感情炽热细腻、文笔流畅自然、语言明快典雅而著称。"②

4月 6日，人民文学出版社当代文学编辑室召开《南渡

---

① 李勇、闫巍：《流淌的人文情怀——近现代名人墨记（三）》，东方出版中心，2014，第191—192页。

② 周振甫：《大学语文——中国现当代文学作品选》，高等教育出版社，1989，第336页。

记》座谈会。12 日，洪汉鼎致冯友兰信中写道："最近我在报上看到冯宗璞同志的文章，感到很好。有些问题是要讲清楚的。"① 29 日，代冯友兰出席梅贻琦诞辰一百周年纪念会暨梅贻琦铜像揭幕仪式，并致辞："清华的历程就是中国学术独立自由的历程，这是中华民族中兴的头等大事，清华是一个典范……这座铜像就是一个象征。"② 30 日，代冯友兰为《晏阳初全集》题词："志在平民，终生不渝。"

按：洪汉鼎信中提及"冯宗璞同志的文章"，指《对〈梁漱溟问答录〉中一段记述的订正》一文。

完成散文《一九六六年夏秋之交的某一天》，未发表，后收入《宗璞散文选集》（百花文艺出版社 1993 年 12 月版）。

散文《霞落燕园》收入《1985—1987 年散文选》（姜德明、季涤尘选编，人民文学出版社出版）。

5 月　17 日，离京赴美出席冯岱接受博士学位仪式。20 日，自匹兹堡打电话询问家中情况。

散文《燕园石寻》刊于《人民文学》第 5 期。台湾《新地》第 1 卷第 1 期予以转载。

《吴宗蕙〈中南海之恋〉序》收入《中南海之恋》（文化艺术出版社出版）。

6 月　宗璞《小传》和创作谈《似与不似之间》收入《当代中国作家百人传》（洁泯主编，求实出版社出版）。

---

① 冯友兰：《三松堂全集（第 14 卷）》，河南人民出版社，2001，第 729 页。
② 蔡仲德编撰：《冯友兰先生年谱长编》（下），中华书局，2014，第 936 页。

译作《译文一束》，分别为《我们的第一所房屋》（〔美〕玛克辛·洪·金斯顿，散文)、《双声变奏》（〔美〕萝碧塔·怀特曼，诗歌)、《一切罩单都应是白色》（〔美〕艾丽思·福尔顿，诗歌)，刊于《文汇报》6月1日。5日晚上，从美国旧金山打电话询问家中情况。20日，卢则文致信宗璞，表明他与冯友兰之间的交往，希望冯先生能赐照片，以慰思念之情。

宗璞同志：

您好！愚拙是令尊大人在重庆时好友，叫卢则文，今年也八十四岁了，乃是冯老之小弟也。不久前曾在《光明日报》见到您的大作，今又在《新观察》上看到刘鄂培写的"早春"，是他的访问冯老教授之作。特别是又看到冯老神采奕奕之玉照，不胜喜欢。"早春"提到冯老以"阐旧邦以辅新命"的精神，阐述了"太平天国"和"文化革命"的历史教训，殊为敬佩。还希冯老能不时有警世之作传来，国家幸甚，人民幸甚！最后寄上我最近照片一张，也希冯老能赐我玉照一张，以慰远念之情。如能如愿，不胜感谢。

专此，致以

敬礼

卢则文

1989 年 6 月 20 日

7 月 15 日，从美返京，带回冯岱的博士学位论文。

9 月　16 日，完成散文《风庐茶事》。

译作《请你记住》（陈澄莱、冯钟璞译）收入《世界爱情诗 200 首》（黎华编，百花文艺出版社出版）。

散文《恨书》收入《散文札记》（郭风编，上海教育出版社出版）。

11 月　11 日，冯友兰突发心绞痛，宗璞与蔡仲德将其送往医院。29 日，完成《独创性作家的魅力》。

12 月　4 日，冯友兰九十四岁寿辰。张岱年、冯缠兰夫妇前来祝寿。

散文《"热海"游记》刊于《散文》第 12 期。

译作《五月之夜》《给一朵花》《请你记住》（陈澄莱、冯钟璞译）收入《世界流派诗选》（黎华编选，青海人民出版社出版）。

译作《请你记住》（陈澄莱、冯钟璞译）收入《世界爱情赠诗集》（陈廓编，长江文艺出版社出版）。

本年度重要论文：

黄秋耘：《"报国心遏云行"——读〈南渡记〉的随想》，《当代作家评论》1989 年第 1 期。

古玉：《一部纯净而精粹的好小说——宗璞〈南渡记〉座谈会纪要》，《海内外文学》1989 年第 3 期。

先燕云：《能不忆江南——宗璞印象》，《女声》1989 年第 4 期。

潘延：《超越后的困惑——论宗璞童话创作》，《探索》1989年第4期。

卞之琳：《读宗璞〈野葫芦引〉第一卷〈南渡记〉》，《当代作家评论》1989年第5期。

孔书玉：《嵋的"启悟"主题》，《文艺研究》1989年第5期。

冯至：《〈南渡记〉读后》，《文艺报》1989年5月6日。

吴方：《〈南渡记〉的情怀》，《人民日报》1989年5月30日。

金克木：《"南渡衣冠思王导"》，《文艺报》1989年7月1日。

1990 年　63 岁

年初　冯友兰因眼睛出现幻象住进医院。

1 月　25 日，病中的冯友兰对宗璞说："庄子说，身为附赘悬疣，死为决疣溃痈。孔子说，朝闻道，夕死可矣。张载说，存，吾顺事；殁，吾宁也。只争取治好这一次的病，写完《新编》，以后就不必治了。"①

2 月　2 日，完成散文《燕园碑寻》。

创作谈《独创性作家的魅力》刊于《外国文学评论》第 1 期。宗璞谈到她青年时代最喜欢的两位外国作家是陀思妥耶夫斯基和哈代，之后是卡夫卡。"60 年代中期，'文革'以前，批判经典著作风行一时，卡夫卡批判是一课题。当时以卞之琳先生为首成立一小组，我是其中一员。卞先生指导我们读作品，并讨论过几次。提纲尚未拟出，'文化大革命'开始了，一切付诸东流。但是卡夫卡的作品在我面前打开文学的另一世界，使

---

① 蔡仲德编撰：《冯友兰先生年谱长编》（下），中华书局，2014，第 948 页。

我大吃一惊！……其作品本身给予文学创作如后来的某些派别的具体影响且不必说，我从他那里得到的是一种抽象的，或说是原则性的影响。我吃惊于小说原来可以这样写，更明白文学是创造。何谓创造？即造出前所未有的世界，文字从你笔下开始。而其荒唐变幻，又是绝对的真实。"宗璞尊重且强调独特。此外，泰戈尔、济慈、狄金森的诗，莎士比亚的《麦克白》、易卜生的《培尔·金特》、安徒生童话等宗璞都很喜欢。

散文《风庐茶事》刊于《光明日报》2月22日。此文系袁鹰约稿，命题为《燕园茶事》。宗璞考虑到无论什么"事"，知其详者还在风庐，遂改为《风庐茶事》。宗璞回忆父亲读书、著书专注，心不在茶，丈夫蔡仲德对茶深感漠然，唯独她对茶情有独钟，"从清晨到晚餐前都离不开茶。以前上班时，经过长途跋涉，好容易到办公室，已经象（像）只打败了的鸡。只要有一盏浓茶，便又抖擞起来。所以我对茶常有从功利出发的感激之情。……饮茶要谛应在那只限一杯的'品'，从咂摸滋味中蔓延出一种气氛。成为'文化'，成为'道'，都少不了气氛，少不了一种捕捉不着的东西，而那捕捉不着，又是从实际中来的。若要捕捉那捕捉不着的东西，需要富裕的时间和悠闲的心境"①。

开始创作短篇小说《朱颜长好》。

3月 25日，致信汤一介，说明原定12月4—6日举办的"冯友兰哲学思想国际研讨会"情况：

---

① 宗璞：《风庐茶事》，载蔡仲德编纂《宗璞文集》（第一卷），华艺出版社，1996，第304页。

一介兄：

开会的题目你事先已和我说过，现我又生花样，真是非常抱歉！

把开会通知在老人耳旁念了一遍，他说知道大家因爱护他故将主题定在三四十年代，但他以为自己的哲学思想到 81 章才完成。如开会最好还是定为冯友兰哲学思想研讨一类的题目为好。如有批判亦无所惧。我觉得可定为研讨冯友兰哲学思想，同时可拟出侧重的范围，提几个讨论题等，尽量离开政治为好。不知可行否？

现在的题目似乎会议分两部分，回执上的论文类别更分四部分了，冯学只占 1/4，这是中国语文的含糊所致。

听说通知已印妥，造成返工麻烦，皆我之过也。

俪安！

钟璞

25 日

信件右上角补叙："昨晚给朱德生打电话，是他改变主意，应给你打电话，他说以为你出国去了。清华文化思想研究所怎样？"信纸左边竖写文字："从昨天打电话，总不通。"①

散文《燕园碑寻》刊于《文汇报》3 月 8 日。

---

① 陈越光：《八十年代的中国文化书院》，生活·读书·新知三联书店，2018，第 247—248 页。

《答〈中学生阅读〉编辑部问》刊于《中学生阅读》第3期。宗璞说很难说青年时期具体哪一本书对她影响最大，"似乎是杜甫诗中忧国忧民的精神和东坡词中旷达阔大的气象传达了我国文化的儒、道两家思想，使我受益。而中国诗词那不可言喻的美，熏陶了我的创作"。

题词"精其选，解其言，知其意，明其理"刊于《中学生阅读》第3期。

小说集《弦上的梦》于台北新地出版社出版。

4月 10日，北京博物馆举行建馆五周年座谈会暨"周扬文库""肖三、叶华文库"开幕典礼，宗璞、林默涵、马烽、骆宾基、周而复、韦韬、樊骏、高莽等出席。15日，完成散文《燕园墓寻》。

完成散文《燕园树寻》。

评论《无尽意趣在"石头"——为王蒙〈红楼梦启示录〉写》刊于《读书》第4期。

5月 6日，完成《〈宗璞〉·后记》。23日，冯友兰堂侄冯钟儒陪同唐河县图书馆馆长申光亚来访，并携唐河县委、县政府邀请函。

申光亚在三松堂呈上邀请函，并向冯友兰先生报告已用所捐款项购置书架等设备，并辟有"友兰书屋"。拟邀请宗璞代表先生出席该图书馆揭幕仪式。其时，宗璞侍奉在侧。24日，申光亚等人受到冯友兰、宗璞宴请。上午，宗璞陪同申光亚到北京大学司务处预定返程车票。下午，宗璞陪同冯友兰晒太阳。

申光亚写道:"下午,宗璞老师看院里斜照的夏阳和煦暖人,请友兰先生乘轮椅到松树旁晒一晒太阳。宗璞老师亲自为先生一汤匙一汤匙喂开水。一边喂一边细心询问着凉热。见先生喝水有点呛,忙用雪白的卫生纸轻轻揩干嘴边的水渍,换用塑料曲管,让先生自己吸着喝。"25日,宗璞代冯友兰为晏阳初国际学术讨论会题词。26日晚,宗璞致电申光亚,说明冯友兰住院她本人不能回唐河参加开馆典礼。27日上午,申光亚等人前往中日友好医院看望冯友兰。对于宗璞不能回南阳,冯友兰深感抱歉,并嘱托宗璞致函表达歉意。

6月 散文《燕园树寻》刊于《文汇月刊》第6期。

7月 16日,宗璞代冯友兰到人民文学出版社交《中国哲学史新编》第七册稿。19日,宗璞生日之际,冯友兰撰寿联:"鲁殿灵光,赖家有守护神,岂独文心传三世;文坛秀气,知手持生花笔,莫让新编代双城。"《南渡记》出版后,宗璞以父亲的《中国哲学史新编》为先,搁置自己的创作。

8月 1日,冯友兰为蔡仲德命字:"环中。""余女宗璞之婿蔡仲德教授研究音乐美学,为国内少数专家之一。余尝述庄子之学之要义曰:'超乎象外,得其环中。'以音乐而论,其乐器之钟鼓琴瑟固象也,其声音之宫商角徵亦象也。至于音乐美学,则超乎象外;超乎象外,则得其环中矣。余因为仲德命字曰'环中'。"[①] 10日,宗璞完成散文《报秋》。14日,北大中

---

① 冯友兰:《为蔡仲德教授命字"环中"说》,载《三松堂全集(第14卷)》,河南人民出版社,2001,第347页。

文系严家炎、谢冕到访，请冯友兰为北大中青年文库丛书写序，说可以由宗璞代笔。22日，完成《序钱晓云〈飘忽的云〉》。29日，代冯友兰写《〈北京大学中青年学术文库〉序》。

散文《读书断想》刊于《中国妇女》第8期。宗璞真挚地发出"要读书，要读好书"的呼喊，认为"好书永远不会欺骗，永远是你可靠的朋友"。

9月 月底，冯友兰因病住院，宗璞全心照顾。

创作谈《从〈西湖漫笔〉说开去》刊于《语文学习》第9期。

10月 散文《报秋》刊于《散文》第10期。20日，金梅致信宗璞，谈及《南渡记》。

11月 8日，复信金梅，完成《致金梅》一文。19日，宗璞、蔡仲德与涂又光讨论《三松堂全集》后几卷编纂原则。宗璞致信会议工作人员小文，即"钟璞致小文同志信"，要求增发几份请柬。26日晚上8点45分，冯友兰在北京友谊医院逝世，宗璞、蔡仲德、冯钺、冯珏在侧。宗璞说她父亲最后说出关于哲学的话是："中国哲学将来要大放光彩!"① 28日，冯岱欲回国奔丧，宗璞劝阻。29日，闻立雕来信吊唁冯先生："伯父去世是我们国家和人民的重大损失。我永远忘不了在我们最困难的时候，伯父、伯母给我们的关怀、帮助和安慰。我们两家两代人之间的友谊，是我脑海中永远不会消失的美好记

---

① 宗璞：《三松堂断忆》，《读书》1991年第12期。

忆与回忆。"①

散文《燕园墓寻》刊于《随笔》第6期。

12月 2日，冯钟辽从美国返京奔丧。3日，唐河县政府副县长于克珍、唐河县图书馆馆长申光亚等同志到达北京吊唁冯友兰。4日上午，中国文化书院原本为冯友兰庆祝九十五寿辰的"冯友兰哲学思想国际研讨会"在北京图书馆举行，宗璞、冯钟辽、蔡仲德及其他亲属参加。下午4时，冯友兰遗体由亲属和学生护送至八宝山火化。5日，于克珍、申光亚等人到三松堂慰问宗璞等人。受宗璞邀请，于克珍、申光亚等人参观北大图书馆所办的冯友兰生平学术成果展览。7日，宗璞等迎回冯友兰骨灰盒，与母亲骨灰盒合放。15日，冯钟辽返回美国。

17—19日，完成散文《心的嘱托》。

散文集《雾里看伦敦》于中外文化出版公司出版（宗璞、李国文编），收入宗璞四篇散文（《看不见的光——弥尔顿故居及其他》《没有名字的墓碑——关于济慈》《他的心在荒原——关于托马斯·哈代》《写故事人的故事——访勃朗特姊妹的故居》）。

是年 《校庆献辞》刊于《云南师范大学学报（哲学社会科学版）》1990年第A1期，署名"冯鍾璞"。

约是年 宗璞与叶文玲探望孙犁。孙晓玲写道："宗璞女士

---

① 宗璞：《星期三的晚餐》，载蔡仲德编纂《宗璞文集》（第一卷），华艺出版社，1996，第58页。

很喜爱父亲的作品，对他的书法也给予称赞，父亲曾为她题写过书名。大约在1990年，宗璞女士与叶文玲女士结伴，前来天津父亲住地探望他，后给他寄来两张照片。"①

本年度重要论文：

张德祥：《不能淡忘的历史存在——读长篇小说〈南渡记〉》，《文论月刊》1990年第2期。

马凤：《论宗璞的"史诗情结"——对〈南渡记〉文体的一点疑义》，《文学评论》1990年第4期。

陈乐民、资中筠：《细哉文心——读宗璞〈南渡记〉》，《读书》1990年第7期。

曾镇南：《论〈南渡记〉》，《文论月刊》1990年第12期。

张抗抗：《为谁风露立中宵》，《文汇报》1990年11月19日。

① 孙晓玲：《逝不去的彩云——我与父亲孙犁》，百花文艺出版社，2013，第229页。

1991 年　64 岁

1 月　7 日，完成《致法国读者——为法译小说集〈心祭〉而作》。9 日，宗璞在肿瘤医院手术治疗。治疗期间，餐食由蔡仲德、冯枚、表弟、表妹以及老友闻立雕夫妇负责。闻立雕夫妇给宗璞带来许多有关抗战时期昆明生活的书。

散文《心的嘱托》刊于《文汇报》1 月 2 日。

书信《致金梅书》刊于《文学自由谈》第 1 期。

3 月　10 日前后，与蔡仲德向海内外亲友寄送冯友兰百日祭卡。

童话《总鳍鱼的故事》收入《中国儿童文学作品选》（浦漫汀主编，山东文艺出版社出版）。

4 月　18 日，出院。

5 月　14 日，与河南人民出版社签订出版冯友兰《三松堂全集》协议书。

6 月　《宗璞》（中国当代作家选集丛书）于人民文学出版社出版。

夏 委托刘鄂培在"中国传统思想文化与 21 世纪"国际研讨会上，代读冯友兰《中国哲学史新编》最后一章《总结》。

8 月 散文《紫藤萝瀑布》收入《大视野初中比较作文》（杨建中、胡中柱主编，中国国际广播出版社出版）。

序言《序钱晓云〈飘忽的云〉》刊于《解放日报》8 月 8 日。

9 月 24 日，完成散文《三松堂断忆》。宗璞写道："我想历史会对每一个人作出公允的、不带任何偏见的评价。历史不会忘记有些微贡献的每一个人，而评价每一个人时，也不要忘记历史。"①

10 月 患喘息性气管炎，住院两周。

12 月 22 日上午 10 时 15 分，宗璞将冯友兰、任载坤、冯钟越骨灰安葬在北京万安公墓，家属以及亲属到场。北大党委副书记郝斌、党委统战部副部长张传玺，哲学系主任朱德生、副主任楼宇烈以及哲学界人士朱伯崑、孙长江、陈克明、李中华、蒙培元、王粤、陈战国、张学智、涂又光等参加。墓前的汉白玉石刻墓志："冯友兰先生，中国哲学家，一八九五年生，一九九〇年卒，河南唐河人。历任清华大学、西南联合大学、北京大学教授。德配任载坤女士，一八九四年生，一九七七年卒，河南新蔡人。与先生同荣辱，共安危，风雨相扶持，殆六十年。有子女四人：锺琏、锺辽、锺璞、锺越。"墓碑阳面正中

---

① 宗璞：《三松堂断忆》，《读书》1991 年第 12 期。

刻"冯友兰先生、夫人之墓",左侧刻"冯锺越,一九三一——一九八二,飞机强度专家"。碑阴正中以甲骨文刻"三史释今古,六书纪贞元"。碑阴左下方镶汉白玉小石板,上刻:"营窀穸之居,愚事也,亦雅事也。此中悲苦,他人怎知。(此八字镌刻时失落)茔联'三史释今古,六书纪贞元',先严自撰。高尔泰君书丹。宗璞,一九九一年十二。"① 此数句为宗璞自书。

散文《三松堂断忆》刊于香港《明报月刊》第 12 期。又刊于《读书》第 12 期;《散文选刊》1992 年第 5 期予以转载。

是年 与清华大学 1951 级同学金凤、梅祖芬、资中筠等 15 人于清华大学摄合照。

本年度重要论文:

曾镇南:《〈南渡记〉的评价与现实主义问题》,《文学评论》1991 年第 1 期。

金梅、宗璞:《一腔浩气吁苍穹》,《文学自由谈》1991 年第 1 期。

---

① 蔡仲德编撰:《冯友兰先生年谱长编》(下),中华书局,2014,第 980 页。

1992 年　65 岁

1 月　3—4 日，完成散文《从"粥疗"说起》。23 日，完成散文《燕园桥寻》。

法文版小说集《心祭》于中国文学出版社出版。

译作《请你记住》（陈澄莱、冯钟璞译）收入《外国诗》（萧涉源选编，湖南文艺出版社出版）。

创作谈《几句话》收入《中国当代儿童文学作家小传》（樊发稼、林焕彰、何紫主编，湖南少年儿童出版社出版）。

2 月　中旬，完成散文《悼张跃》。

3 月　19 日，范用①致信宗璞。22 日，复信范用，该信原文如下：

---

① 范用（1923—2010），男，江苏镇江人，出版家。1949 年起任职于中宣部出版委员会、中央人民政府出版总署机关。1959 年起先后担任人民出版社副社长、副总编辑，三联书店总经理。策划出版斯诺《西行漫记》、巴金《随想录》、《傅雷家书》等图书。著有《我爱穆源》《泥土　脚印》等，编有《存牍辑览》《爱看书的广告》等。

范用先生：

　　三月十九日信悉，关心至谢！

　　新编遇此波折，原先也料到一些，所以有"吾其为王船山矣"的话。香港中华书局钟洁雄曾要求出第七册，现未见行动。

　　我想迟早会有地方出的。人文编辑同志说待第二部《东藏记》写出，再重印《南渡记》。我因身体不好搁笔久矣，对出版事务颇生疏，还望多多帮助。

　　即颂

时安

宗璞

九二年三月廿二日①

　　4 月　散文《燕园桥寻》刊于台湾《联合报》4 月 10 日。又刊于《鸭绿江》1993 年第 9 期（散文专号）。

　　完成散文《星期三的晚餐》。

　　5 月　散文《悼张跃》刊于《文汇报》5 月 10 日。

　　散文《从"粥疗"说起》刊于《收获》第 3 期。

　　6 月　完成小说《一墙之隔》。

　　7 月　6 日、23 日，《鲁鲁》改编为电视脚本。25 日，《光明日报》刊载《冯友兰与宗璞的父女情》（含徐小斌《云在青

---

　　① 范用编《存牍辑览》，生活·读书·新知三联书店，2015，第 388 页。

天水在瓶》、叶稚珊《又见三松》二文)。

散文《星期三的晚餐》刊于台湾《联合报》7月15日。又刊于《随笔》第6期。《作家文摘》1993年第3期予以转载。

31日,完成《自传》一文,后收入《红豆》(中国友谊出版公司1993年8月版)。

8月 4日,完成《〈先燕云散文集〉跋》。21日,完成《真情·洞见·美言——〈女性散文选萃〉序》。是月,《太原日报·双塔副刊》记者燕治国采访宗璞。宗璞表示,"倘有精力,她还想搞些研究工作,再翻译几部书"。

小说《红豆》收入《当代中国文学名作鉴赏辞典》(辽宁人民出版社出版)。

散文《紫藤萝瀑布》收入《古今佳作300篇 第四册》(北京市语文教学研究会编,华夏出版社出版)。

9月 下旬,完成散文《送春》。

宗璞为《太原日报·双塔副刊》题词:"读万卷书,行万里路。题赠太原日报双塔副刊。宗璞 一九九二年九月。"

散文《紫藤萝瀑布》收入《世界文学随笔精品大展》(伍国文等编,上海文化出版社出版)。

10月 10月4日—11月3日,与蔡仲德游开封、南阳、洛阳、郑州、杭州。22日,与蔡仲德在杭州灵隐寺旁的孟庄小住十日。其间,宗璞游西湖,寻得"三生石"。

11月 上旬,完成散文《猫冢》。

小说《一墙之隔》刊于《钟山》第6期。

12 月　12 日，冯友兰学术基金捐赠仪式在北大办公楼举行，宗璞将冯友兰遗嘱中的五万元存款交付北大校委会。基金委员会由王学珍、任继愈、汤一介、陈来、田余庆、袁行霈、冯钟璞组成。

完成散文《三松堂岁暮二三事》。

《〈先燕云散文集〉跋》刊于《文学界》第 12 期。

诗文译作《请你记住（一）》（陈澄莱、冯钟璞译）收入《毋忘我——外国爱情小诗百首》（黎华选编，陕西人民出版社出版）。

是年　宗璞回乡，参观河南省南阳市唐河县祁仪镇的冯友兰故居。

本年度重要论文：

先燕云：《寻踪燕南园》，《女声》1992 年第 1 期。

徐家昌：《形神兼备　意蕴含婉——读宗璞〈紫藤萝瀑布〉》，《名作欣赏》1992 年第 5 期。

徐小斌：《云在青天水在瓶》、叶稚珊：《又见三松》，《光明日报》1992 年 7 月 25 日，编者加总题为《冯友兰与宗璞的父女情》。

燕治国：《风庐望月披云霓——访宗璞》，《太原日报》1992 年 10 月 5 日。

1993 年　66 岁

1 月　创作散文《孟庄小记》。

散文《三松堂岁暮二三事》刊于台湾《联合报》1 月16 日。

散文《猫冢》刊于《美文》第 1 期。

散文《送春》刊于《散文天地》第 1 期。又刊于《散文海外版》第 3 期,台湾《联合报》1994 年 5 月 20 日。

2 月　22 日,完成短篇小说《朱颜长好》。

3 月　18 日,完成《〈世界文学〉和我》。26 日,完成散文《书当快意》。

散文《孟庄小记》刊于香港《大公报》第 38 期（3 月 17日出版）。又刊于《江南》第 3 期、《散文海外版》第 5 期。

4 月　散文《萤火》收入《写作借鉴中外范文》（中级卷自然篇）（姚曼波主编,东南大学出版社出版）。

5 月　2 日,于晨间漫步时创作新诗《二月兰问答》。

完成散文《花朝节的纪念》。

6月　5日，回京西小巷槐树街 10 号，发现原来的 10 号改为了 9 号。完成散文《京西小巷槐树街》，未发表，后收入《宗璞文集》（第一卷）。13 日，完成散文《今日三松堂》。14 日，新诗《二月兰问答》改定，未发表，后收入《宗璞文集》（第四卷）。26 日，宗璞与蔡仲德、冯珏摄合照。

完成短篇小说《勿念我》。

创作谈《〈世界文学〉和我》刊于《世界文学》第 3 期（6 月 25 日出版）。

7月　8日，完成散文《〈丛竹间燕园的家书〉读后》。

小说《鲁鲁》、散文《送春》收入《南阳籍当代作家作品选》（贾兆玉主编，文心出版社出版）。

8月　短篇小说《朱颜长好》刊于美国《世界日报·小说世界》8 月 13、14 日。又刊于《收获》1993 年第 5 期。

散文《教育·文化·人口素质》刊于《人民日报》8 月 18 日，原题《偶感》。

小说《红豆》收入《新编中国当代文学作品选评》（上）（金汉、石明辉、汪木兰主编，新华出版社出版）。

《红豆》（舒婷、宗璞、浩然著）于中国友谊出版公司出版，收入宗璞《自传》《红豆》《心祭》《鲁鲁》《蜗居》《紫藤萝瀑布》《哭小弟》《好一朵木槿花》《童话三题》。

9月　下旬，完成散文《松侣》。25 日，完成散文《客有可人》。

散文《花朝节的纪念》刊于《中华散文》9 月创刊号。又刊于《散文选刊》1994年第2期。此文是一篇"具有鲜明个性的讴歌母爱的佳作","首先，宗璞先生很注重语言在朴素、自然、生动的基础上，吸取典雅的书面语言，能在古今中外的语言宝库中广征博引，自然之中又时时流露出大气雍容。……其次，在写回忆母亲这一类的文章中，笔下的人物，寥寥数语，形神兼备，呼之欲出。……再次，宗璞的散文很注意记叙、抒情与议论的相结合，达到了物我交融、充满诗情画意的境界"。①

短篇小说《勿念我》刊于台湾《联合报·文学》4、5、6日。又刊于《天涯》9月号，《世界日报·小说世界》10月18、19日。

散文《〈丛竹间燕园的家书〉读后》刊于《文汇报》9月5日。

短篇小说《长相思》刊于香港《大公报》9月22、29日。又刊于《作品》1993年第11期，《中华文学选刊》1994年第2期予以转载。

散文《恨书》收入《杂侃集》（李炳银编，时代文艺出版社出版）。

秋 开始创作《野葫芦引》第二卷《东藏记》。

10月 10—31日，与蔡仲德到中国文学基金会深圳创作之家避寒。

完成新诗《依碧山庄小诗六首》（《鸽子》《蝙蝠》《蛤蟆》

---

① 徐宏杰主编《岁月摇曳诗情》，安徽师范大学出版社，2018，第170—171页。

《蛇》《天鹅湖》《麒麟山》）。

散文《今日三松堂》刊于《东方文化》10月创刊号。

11月 完成散文《药杯里的莫扎特》和《风庐乐忆》。

12月 散文《客有可人》刊于《光明日报》12月4日。

27日晚，与蔡仲德观看于魁智主演的京剧《响马传》。宗璞评价道："于魁智扮演主角秦琼。唱念做打都臻妙境。唱得尤其好！声音高而醇厚，又有些苍凉，真可绕梁三日。举手投足，从容潇洒，在英雄豪迈之中有一种儒雅风流，一种秀气。"[①] 28日，参加北京大学芝生奖学金首次发奖会。宗璞讲述《冯友兰先生纪念文集》出版情况。29日，阅读《读书》第12期吴江《为什么要特别看重史学?》一文。30日，参加清华大学人文社会科学学院成立大会并致辞。宗璞欲将冯友兰中西文藏书捐给该院思想文化研究所。31日，友人到访，告知清华校训曾改为"唯物观点、辩证观点、劳动观点"。

散文《松侣》刊于《中国残疾人》第12期。

散文集《宗璞散文选集》（陈素琰编）于百花文艺出版社出版。

是年 英国女作家莱辛拜访宗璞。日本客人访问宗璞。

本年度重要论文：

范昌灼：《新时期宗璞散文的艺术特色》，《当代文坛》1993

---

① 宗璞：《一九九三年岁末五日记》，载蔡仲德编纂《宗璞文集》（第一卷），华艺出版社，1996，第81页。

年第 1 期。

李咏吟：《存在的勇气：杨绛与宗璞的散文精神》，《当代作家评论》1993 年第 6 期。

许恩存：《岁暮访三松堂》，《文化艺术周报》1993 年 2 月 8 日。

1994 年　67 岁

　　1 月　　散文《药杯里的莫扎特》刊于《音乐爱好者》第 1
期。宗璞住院治疗期间，第一要事是烤电，第二要事即听音乐。
她写道："我素好音乐，喜欢听，也喜欢唱，但总未能升堂入
室。唱起来以跑调为能事，常被家人讥笑。……但我却是忠实，
若哪天不听一点音乐，就似乎少了些什么。在病室里，两盘莫
扎特音乐的磁带是我亲密的朋友。使我忘记种种不适，忘记孤
独，甚至觉得斗室中天地很宽，生活很美好。……莫扎特可以
说是超越了人间的痛苦和烦恼，给人的是几乎透明的纯净。充
满了灵气和仙气，用欢乐、快乐的字眼不足以表达，他的音乐
是诉诸心灵的，有着无比的真挚和天真烂漫，是蕴藏着信心和
希望的对生命的讴歌。在死亡的槛边打过来回的人会格外欣赏
莫扎特，膜拜莫扎特。……他的音乐是真正的'上界的语言'。"

　　中旬，完成散文《梦回蒙自》。

　　散文《一九九三年岁末五日记》刊于《光明日报》1 月
31 日。

散文《风庐乐忆》刊于《爱乐》创刊号。

译作《请你记住》（陈澄莱、冯钟璞译）收入《外国爱情诗鉴赏辞典》（李文禄、黄永恒主编，吉林大学出版社出版）。

2月 散文《道具》刊于《散文天地》第2期。

新诗《依碧山庄小诗六首》刊于《深圳作家报》2月8日。

4月 中旬，完成《说虚构》；完成散文《那青草覆盖的地方》，6月初改定，后收入《永远的清华园》（北京出版社2000年4月版）。24日，清华大学建立冯友兰文库并举行揭幕仪式，宗璞、蔡仲德、冯采、张岱年、冯缳兰、任继愈等人出席。会上，牟钟鉴①结识宗璞、蔡仲德，之后成为燕园57号常客。他在《忆宗璞女士》中写道："夫妇二人都同时兼任冯学研究和冯著整理出版的工作，投入情感之深、力度之大，是一般人无法想象的。多年来，各地出版社陆续出版了冯先生的各种文集以及研究纪念他的专集，还有冯著翻译作品，大都经过宗璞大姐的审议和把关，她的工作量是很大的。……蔡仲德先生编撰了《三松堂全集》和《冯友兰先生年谱初编》，已成为名副其实的冯学专家。可惜他去世太早。宗璞大姐失去相依相守的伴侣，这是一大不幸，但这没有击垮她。她带着高龄和病体，继续从事文学创作和参与冯学研究。"②

---

① 牟钟鉴（1939— ），男，山东烟台人，当代著名哲学史家、宗教学家。1957—1962年在北京大学哲学系学习，1965年于北京大学中国哲学系研究生毕业，师从冯友兰、任继愈、朱伯崑等。曾在哲学社会科学部世界宗教研究所、中央民族大学哲学系工作。现为中央民族大学教授。

② 牟钟鉴：《我和我的师友们》，齐鲁书社，2020，第108—109页。

散文集《燕园拾痕》于中原农民出版社出版。后附《文学自传》和杨长春评论文章《平心静气做文章》。

5月 上旬，完成小说《胡子的喜剧》。

中旬，完成小说《甲鱼的"正剧"》。

6月 散文《书当快意》刊于《光明日报》6月17日，又刊于《书摘》第6期。

7月 1日，散文集《铁箫人语》于春风文艺出版社出版，收《〈铁箫人语〉题记》。14—21日，到烟台养马岛出席天津百花文艺出版社主办的笔会，蔡仲德陪同。21日，完成散文《养马岛日出》。是月，女儿冯珏毕业于北京大学，获得国际贸易学士学位。毕业后进入富国公司，不久就成为《科技新时代》负责人。

序文《真情·洞见·美言——〈女性散文选萃〉序》刊于《文汇报》7月14日。又刊于香港《大公报》8月14日。宗璞认为一篇好散文需要"真情、洞见和美言"三个条件。宗璞评价此书："一是新，再是全，还有独属于女性的一种气氛。"

散文《梦回蒙自》刊于《华人文化世界》第3期。

8月 完成散文《促织，促织!》。8月23日—9月3日，由蔡仲德陪同重游昆明，为《东藏记》写作做准备。

9月 小说《胡子的喜剧》刊于《十月》第5期。《作家文摘》第94期（10月14日出版）予以转载。获第五届《十月》文学奖（1991—1994）"九州揽月杯"短篇小说奖。与宗璞同时获奖的有石钟山（《"半截子"老炊》）、铁凝（《砸骨头》）、汪曾祺（《露水》）和洪波（《鱼竿儿》）。

小说《甲鱼的"正剧"》刊于《作品》第 9 期。又刊于香港《大公报》9 月 28 日、《小说月报》第 12 期。《作家文摘》1995 年 1 月 5 日予以转载。

散文《养马岛日出》刊于《胶东文学》第 9 期。

10 月 15 日，为王蒙六十岁生日筹办生日聚会。宗璞作贺联：

智圆行方黄钟大吕世相人间金管立

气豪词锐朗月清风姓名天上碧纱笼

宗璞素日不太张罗事情，也不轻易参加活动，一些朋友为此感到惊奇。宗璞"讲了一段依中国传统说法，朋友是五伦之一，要珍视友谊的话。最让人意外的是她还说了一个类似民间俗语百姓味十足的谜语：大懒支小懒，小懒支门坎，门坎支土地，土地坐着喊"。"她（大懒）给刘心武去了电话，刘心武（小懒）又给李辉（门坎）说此事，最后的具体办理落到了李辉爱人应红（土地）身上。"[①] 19 日，参加北京作家协会举办的葛翠琳儿童文学创作研讨会。26 日，完成散文《三千里地九霄云》。28—29 日，由蔡仲德陪同前往天津出席《华人文化世界》座谈会，游清东陵。30 日，完成《获奖感言》："人民文学出版

---

① 叶稚珊：《下午茶》，山东画报出版社，1999，第 114 页。

社，作为国家出版社，举行长篇小说评奖，有着重大的积极意义。出版社的艰辛劳作，将为大家所铭记。赞助者，我还不知道是哪位，应该得到大家的感谢。对我来说，现在最重要的是，努力写出《南渡记》的第一续篇《东藏记》。"①

创作谈《虚构，实在很难》刊于《读书》第 10 期，原题《说虚构》。宗璞认为虚构是艰难的创造："它需要用一个人毕生的经验、知识、见解把要写的一点东西搅拌、熬煎、锤炼，再团再炼再调和，然后虚构出五千字来。虚构需要基础，要有生活的源泉，有这源泉，才能蒸馏。《红楼梦》里贾宝玉看见一间屋子里挂着这样的对联，'世事洞明皆学问，人情练达即文章'，连说这屋子住不得，以为世事洞明人情练达是俗不可耐的事。我一直以为若写小说，倒是很需要这两句话。这是对社会对人生的了解，对社会对人生有深刻的了解，才有生活的源泉。虚构的第一要义，其来源，恰恰不是虚构，而是现实人生。"

11 月　4 日，完成《〈风庐故事〉自序》。

12 月　《南渡记》获"炎黄杯"人民文学奖。

本年度重要论文：

陈素琰：《论宗璞的散文》，《徐州师范学院学报》1994 年第 3 期。

唐晓丹：《宗璞小说论》，《当代作家评论》1994 年第 4 期。

---

① 宗璞：《获奖感言》，《当代》1995 年第 1 期。

冯亦代：《〈宗璞散文选集〉》，《书城》1994 年第 8 期。

马风：《美的叙述的光彩与生命力——重读〈鲁鲁〉和〈心祭〉》，《小说评论》1994 年第 6 期。

1995 年　68 岁

1月　6 日，完成散文《一点希望》。

《一点希望》刊于《北京日报》副刊《流杯亭》"新年片语"栏目（1 月 19 日出版）。宗璞强调："要读好书，对那些不值得读的书要存有戒心。"

散文《促织，促织!》刊于《散文海外版》1 月号。

散文《三千里地九霄云》刊于《中国作家》第 1 期。

2月　散文《三千里地九霄云》获《中国作家》"我和云南"专题散文奖。冯牧到医院给宗璞送证书。

散文《乙亥年正月初二日偶书》刊于《光明日报》2 月 8 日。

《获奖感言》刊于《当代》第 1 期。

3月　由钱谷融、陈子善主编，宗璞、王蒙、林斤澜、张洁、冯骥才等著的《太阳下的风景》于中国社会科学出版社出版。收入宗璞的《哭小弟》《没有名字的墓碑》《写故事人的故事》《他的心在荒原》《霞落燕园》。15 日，端木蕻良致信宗璞，原文如下：

宗璞同学：

自从你来舍间，我即一刻没有忘记把"打水诗"写成条幅奉上博粲，结果，我就是找不到原书，因为搬家时，都打乱了。如果，你那儿有可告我原文是什么，我即写出奉上，会当击水三千里，不亦平生一大趣话乎？

专此，即问。

近好！

端木蕻良

（1995 年）3 月 15 日

校庆在即，我不想返校了，因为我坐着轮椅在清华园中转悠，也未免太费事。如果可能，我愿明年一定参加，争取同学同乐也。又及。①

4 月 寄赠许淇《宗璞散文选集》一书。扉页题："赠给许淇先生 宗璞 一九九五年四月。"书中附一纸："赠书甚感。因目力太坏，不能细读。以词牌为题写散文诗，以前未见。寄上小书一册。问好。冯宗璞 一九九五年四月三日。"② 此前许淇赠送小说集《疯了的太阳》和散文诗集《词牌散文诗》，宗

---

① 端木蕻良：《端木蕻良文集8》（下卷），北京出版社，2009，第544页。
② 许淇：《送书》，载周北川等主编《笔墨华夏》，生活书店有限公司，2018，第143页。

璞特回赠。

5 月　8 日，完成《宗璞文集》后记。上旬，完成《〈永远的清华园〉序二》。

长篇小说《东藏记》第一、第二章刊于《收获》第 3 期。

6 月　完成散文《祈祷和平》。

7 月　到达美国。

散文《祈祷和平》刊于《人民日报》（海外版）7 月 10 日。宗璞写道："待到记忆之井全部干涸，是追悔无及的。我们有责任把我们的记忆留给后人。每一年七八月间，我都有一个念头，举行一次烛光晚会，继之以游行，以悼念在抗日战争中英勇牺牲的抗日战士，悼念惨遭日本帝国主义杀戮和在苦难中丧生的我无辜同胞，以及全世界为和平献身的人们。"

小说《红豆》收入《20 世纪世界女性小说珍赏》（吴怡、许乃青编，复旦大学出版社出版）。

8 月　5 日，国际中国哲学会第九届年会在美国波士顿举行，宗璞在会上发言（后题为《向历史诉说》）。

散文《〈幽梦影〉情结》刊于《新剧本》第 4 期。

小说《红豆》收入《长长的流水百合花》（阎纯德主编，中国文联出版公司出版）。

短篇小说集《风庐故事——宗璞短篇小说集》于中国对外翻译出版公司出版（收入《〈风庐故事〉自序》）。严家炎写有推荐语："宗璞的短篇小说不算多，却相当精。她的作品有一种高雅的格调，有一种极好的中国传统和西方文化的素养。从字里行间好像可以闻到一股书香。即使是现代派的手法，她也用得很典雅。她的文字功夫又是那么好，写得很洗练，表述得又是那么含蓄温婉。……从宗璞的小说里，我了解了作者那善良、真诚、温厚、大度、优雅、美好的内心世界。这是一种给人温馨的文学，连谴责也是温婉含蓄的。这温馨有时带着感伤，但决不浅薄。随着时间的流逝，宗璞小说的地位是会上升的。"①

散文《紫藤萝瀑布》收入《世界华文第一流女诗人39家》（陈基发编，成都出版社出版）。

9月　写作箴言《美文不在辞藻》刊于《语文学习》第9期，摘自《未解的结——〈丁香结〉代后记》（1987年4月14日）。

下旬，在温哥华接受了丁果②的采访。

10月　《当代女性散文选粹》（宗璞主编，叶稚珊选编）于生活·读书·新知上海三联书店出版，收入宗璞的《恨书》《燕园石寻》。

11月　为于克珍主编的《冯友兰与故乡》（河南人民出版社出版）一书题词。10日，致信丁宁。

12月　9日，致信萧宜。

---

① 严家炎：《我想推荐的几种书》，载《五四的误读——严家炎学术随笔自选集》，福建教育出版社，2000，第148页。
② 丁果（1958—　），男，生于上海，学者，现居温哥华。加拿大国家广播电台时事评论员、加拿大《环球华报》特约评论员，中国《国际先驱导报》《南方人物周刊》特约评论员，专栏作家。

萧宜同志：

　　寄上《向历史诉说》一文，请斟发。如 17 日前来不及，最好在今年内。好吗？多谢。

宗璞

1995 年 12 月 9 日

如觉有不便处可略删。

　　17 日，宗璞、蔡仲德出席由清华大学思想文化研究所、北京大学哲学系、中国社会科学院哲学研究所、中国文化书院、河南省社会科学院、冯友兰学术研究会筹办会联合主办的"中西哲学与文化的融合与创新——纪念冯友兰先生诞辰一百周年国际学术研讨会"。宗璞在开幕式上宣读清华大学文学院 1933—1951 年十几名毕业生和 1949 年入学的肄业生的联合缅怀贺词。

　　散文《向历史诉说》刊于《文汇报》12 月 24 日。

　　《冯友兰先生百年诞辰纪念文集》于清华大学出版社出版（冯锺璞、蔡仲德编）。

　　是年　吴宗蕙出版《女作家笔下的女性世界》。书中写道："宗璞是以描写知识分子，特别是女性知识分子的思想感情见长而蜚声文坛的女作家。女性作家而又着意描写知识分子女性形象，这就使宗璞的创作呈现出独特的艺术个性。""宗璞是一位思想深沉、才华卓具的作家。她笔下的女性形象，总是披着时代风云，透出自强不息的民族精神，而又各具鲜明的个性，是她们所生活着的社会环境中的'这一个'。……宗璞把自己的作品同那些关在闺房或躲进象牙之塔，远离火热的社会生活，一味地咀嚼个人小小的悲欢和离愁别绪的伤感之作，严格地区分了开来，并赋予它们以深广的社会历史内涵，这是难能可贵的。"①

本年度重要论文：

孙郁：《读解宗璞》，《中国图书评论》1995 年第 8 期。

曹正文：《燕南园的故事——记宗璞》，《博览群书》1995年第 12 期。

---

① 吴宗蕙：《女作家笔下的女性世界》，首都师范大学出版社，1995，第102、115 页。

1996年　69岁

1月　访谈《风庐茶话》刊于《作家》第2期，署名"宗璞、卫建民"。

散文《紫藤萝瀑布》收入《中国散文精典·当代卷》（刘锡庆、蔡渝嘉主编，中国工人出版社出版）。

《宗璞文集》（全四卷）于华艺出版社出版（宗璞著，蔡仲德编纂）。

《宗璞文集》（全四卷）书影

2月　11日，完成散文《久病延年》。

3月　18日，牟钟鉴拜访宗璞。宗璞谈到十二生肖："主张把鼠换成猫，把蛇换成鹤。鼠是人类的敌人，子鼠是窃位；猫是人类的朋友，应当其位。"①

散文《久病延年》刊于《文汇报》3月11日。

散文《"辞典"的困惑》刊于《群言》第3期。

4月　中旬，完成散文《夹竹桃知己》。月底，完成《过去的瞬间——〈宗璞影记〉自序》。

散文《比尔建亚》刊于《南方日报》4月21日。

5月　完成散文《下放追记》，收入《宗璞影记》（1998年河北教育出版社出版）。是月，宗璞不慎从台阶上摔下崴了脚，造成跖骨骨折，三个月才得以恢复。

6月　下旬，完成《一封旧信》。

7月　5日，北京人民大会堂举办《宏艺文库》向希望工程赠送第二批精品图书仪式，其中有《宗璞文集》，宗璞坐轮椅参加。6日，北京大学举行"纪念闻一多教授殉难50周年座谈会"，宗璞坐轮椅参会。25日，完成《〈宗璞儿童文学作品精选〉自序》初稿，下旬改定。是月，向南阳卧龙区档案馆捐赠冯友兰遗物。

散文《一封旧信》刊于《文汇读书周报》7月27日。一封旧信引发了宗璞的思索：一是书籍校对错误，让人啼笑皆非；二是文章本身的错误，属于更深层的筋骨问题；三是心灵的错

---

① 牟钟鉴：《我和我的师友们》，齐鲁书社，2020，第110页。

误，为达臆想目的歪曲史实，瞎编乱造更为可怕。

8 月　散文《让老百姓有书读》刊于《光明日报》8 月 21 日。

9 月　散文《夹竹桃知己》刊于《随笔》第 5 期。

10 月　7 日，致信中国工人出版社王建勋：

　　同意将我的作品《紫藤萝瀑布》收入钟敬文主编之《中国散文精典·当代卷》。

冯宗璞

一九九六年十月七日

是月，开启香港之行。

小说《鲁鲁》收入《中国百年文学经典文库·短篇小说卷》（下　1949—1995）（谢冕主编，海天出版社出版）。

11 月　中旬，完成散文《刚毅木讷近仁——记张岱年先生》初稿。

童话《七扇旧窗》刊于《少年文艺》第 11 期。

12 月　散文《人老燕园》刊于《文汇报》12 月 10 日。宗璞记述了继冯友兰之后陆续离世的先生们。还谈到王国维和叔本华："从王国维想到叔本华，年轻时很喜欢叔本华的哲学，现在连为什么也说不清。只模糊记得那'永久的公道'。叔本华说，世界之自身，即世界之判词。他以为：意志肯定自己，乃有苦痛；则应负其责任，受其苦痛。这就是'永久的公道'。人类简直没有逃出苦痛的希望。又记得这位老先生论艺术，说美是最高的善。想查书弄明白些，连书也找不到了。"

散文集《心的嘱托》于河北少年儿童出版社出版（露珠丛书/肖复兴主编）。

冬　与张中行、冯亦代、吴祖光、汪曾祺、黄宗江、黄宗英、董乐山、舒展、邵燕翔、姜德明、张永和等人在北京建国门外永安西里一家四川家乡酒家聚会。饭后，留影以作纪念。

是年　《致丁果先生信》刊于香港《明报月刊》。

本年度重要论文：

邬乾湖：《意蕴丰厚　格调高雅——读宗璞的"燕园系列"散文》，《语文月刊》1996 年第 1 期。

1997 年　70 岁

1 月　散文集《雾里看伦敦》于华夏出版社出版（宗璞、李国文选编），收入宗璞散文四篇（《看不见的光——弥尔顿故居及其他》《没有名字的墓碑——关于济慈》《他的心在荒原——关于托马斯·哈代》《写故事人的故事——访勃朗特姊妹的故居》）。

4 月　清明时节，任均、王一达率其子女以及宗璞敬立任芝铭墓碑。

8 月　完成散文《刚毅木讷近仁——记张岱年先生》（6 月下旬病中改稿，8 月终稿）。

小说《米家山水》收入"名刊文库"《〈收获〉选萃（1957—1997）》（春风文艺出版社出版）。

10 月　18 日，完成致"冯友兰与中国传统文化国际学术研讨会组委会"信，并预祝大会圆满成功。24 日，宗璞致信杨绛，询问有关冯友兰与钱锺书之间嫌隙问题。26—27 日，河南社会科学院、河南大学、大象出版社、中国哲学史学会和国际儒学联合会联合举办"冯友兰与中国传统文化国际学术研讨会",会议在郑州和开封两地举行,宗璞发去贺信。

散文《刚毅木讷近仁——记张岱年先生》刊于香港《大公报》10 月 27 日。

11 月 散文《刚毅木讷近仁——记张岱年先生》刊于香港《大公报》11 月 3 日。又刊于《随笔》第 6 期。

12 月 23 日,完成散文《小议十二生肖》。

《三松堂漫记》于上海远东出版社出版。

小说《红豆》收入《世界短篇小说精华品赏(中国当代部分)》(黄曼君主编,华中师范大学出版社出版)。

是年 女儿冯珏加入卫星电视,主要负责广告销售和节目互换。

河南省南阳市卧龙区档案馆向宗璞提出征集冯友兰先生档案。基于对家乡文化事业做贡献的愿望以及对卧龙区档案馆的信任,宗璞捐赠父亲生前遗物,包括部分家具、生活起居用品、哲学著作、所收藏的纪念品以及 607 页哲学研究手稿等。

本年度重要论文:

侯宇燕:《访宗璞》,《博览群书》1997 年第 1 期。

石杰:《禅意与化境——宗璞散文艺术论》,《齐鲁学刊》1997 年第 2 期。

侯宇燕:《这方园地中的冯家山水——论宗璞的小说艺术》,《文学评论》1997 年第 2 期。

1998 年　71 岁

1 月　10 日，委托蔡仲德致信庄因。

庄因先生：

　　冯友兰先生的女儿冯钟璞（宗璞）是我的妻子。现受她委托写此信。请恕冒昧。

　　此间近出现《记钱锺书先生》一书，收录了阁下一九七九年六月五日、二十六日在台湾《联合报》发表的《钱锺书印象》及《关于〈钱锺书印象〉的补充》（见附件）。两文中记叙了钱锺书一九七九年在斯坦福大学亚洲语文系座谈会上的讲话。其中，对冯友兰先生作了骇人听闻的造谣中伤。因钱卧病在床已数年，不能与之对话。经与其夫人杨绛联系，杨绛矢口否认钱说过这样的话。并说，冯先生是钱的五大恩师之一，钱绝对不可能作此语。若如此，则有那些恶语的作者是谁的问题。我们写此信，想了解您对您的文章有无更正或补充。我们希望维护历史的真相，想来您会给予帮助。

　　舍亲冯钟睿与令弟相识，尊址即由钟睿告知。

　　春节将临，即贺

春禧

蔡仲德叩
一九九八年一月十日①

散文《小议十二生肖》刊于《新民晚报》1月17日。

　　3月　散文《三松堂依旧》刊于《北京大学学报（哲学社会科学版）》第2期。

　　4月　上旬，完成短篇小说《彼岸三则》。下旬，完成散文《悼念陈岱孙先生》（后收入《陈岱孙纪念文集》，康斯复主编，福建人民出版社1998年12月版）。是月，第三次向南阳市卧龙区档案馆捐赠冯友兰手迹、遗物。捐赠物品有：为香港书展所写条幅，88岁生日时自寿自勉诗以及为女儿宗璞所书条幅，台湾出版的《中国哲学史新编》，1960年向中国历史博物馆捐赠明清兵器时由沈雁冰签发的褒奖证，访问印度时尼赫鲁赠送的礼品，1972年尼克松访华时赠送的亲笔签名纪念品，1982年在美国哥伦比亚大学获名誉文学博士学位时穿的博士服以及生前用过的印章、毛笔等近百件物品②。

---

　　①　［美］庄因：《漂流的岁月》，百花文艺出版社，2011，第121—122页。

　　②　胡绍华：《南阳卧龙区档案馆收藏冯友兰手稿、实物》，载河南年鉴社编辑部编辑《河南年鉴（1999）》，河南年鉴社，1999，第61页。

《发挥生命的创造力——冯宗璞致詹克明的信》刊于《人民日报》4月17日。

春 致信江苏文艺出版社副总编张昌华（两封）。宗璞说该社出版的《钱锺书传》一书"有对冯友兰先生在'文革'时期的'不实之词'。宗璞说，这'有损冯先生名誉，也给我和冯先生其他遗属造成精神伤害'。要求社里作'妥善处理'。又云：'我拟派人来宁商量处理此事。你能帮我吗?'还附上相关材料。"① 为此，张昌华以社里名义写信致歉：

宗璞先生：

　　我社出版的孔庆茂著《钱锺书传》一书，第222页第10—14行，引据失当，对令尊冯友兰先生名誉造成了损害，我社深表歉意。决定在再版该书时删去此五行内容，第232页注（3）也一并删去。

　　此致
敬礼

　　　　　　　　　　　　　　　江苏文艺出版社

5月 散文集《我爱燕园》于北京大学出版社出版。

6月 完成散文《不得不说的话》。张昌华说宗璞坚持要写文章说明此事，"在文章未发表之前将稿子寄我过目，问可否就

---

① 张昌华：《我为他们照过相》，商务印书馆，2017，第267—268页。

此发表。我看了，觉得言之有理，措辞也比较平和，无不同意之理。作者已私下向宗璞认错，同时希望她宽容"①。

7月 25日下午，何镇邦拜访宗璞，面谈编辑宗璞散文集事宜。因26日是宗璞七十（周岁）寿辰，他专程到北辰购物中心订购一束浅红色康乃馨以示祝贺。何镇邦写道："宗璞大姐久病初愈，气色不错，也颇健谈。她说现在每天都能坚持写作，五六百字到千把字不等。"②

完成旧体诗《七十感怀》。

小说《彼岸三则》（《电话》《电灯》《电铃》）刊于《小说界》第4期。

散文《不得不说的话》刊于《文学自由谈》第4期，署名"冯锺璞（宗璞）"。

8月 3日，张昌华到三松堂拜访宗璞，代江苏文艺出版社表示歉意。在宗璞寓所，为宗璞、蔡仲德拍摄照片。

《宗璞作品精选》（蔡仲德编）于河北少年儿童出版社出版，收入《〈宗璞作品精选〉自序》。

9月 散文集《宗璞影记》于河北教育出版社出版，《写在前面》作为自序收入。

杨绛散文《答宗璞〈不得不说的话〉》刊于《文学自由谈》第5期（写于8月8日）。

---

① 张昌华：《我为他们照过相》，商务印书馆，2017，第268页。
② 何镇邦：《多保重，宗璞大姐！》，载何镇邦、李广鼐编《当代文坛点将录》，山东文艺出版社，2012，第196页。

10 月　11 日，完成《再说几句话》。

旧体诗《七十感怀》刊于《新民晚报》10 月 17 日。

11 月　散文《再说几句话》刊于《文学自由谈》第 6 期。是月，香港城市大学一位女士来电，说是英国翻译家卜拉德的秘书，因想翻译散文《废墟的召唤》，特征求意见。

12 月　月初，卜拉德受邀到北京，拜访宗璞。30 日，完成《岁暮感怀——〈未解的结〉代序》。

散文集《风庐缀墨》于上海远东出版社出版。

《过去的瞬间——〈宗璞影记〉自序》刊于《文汇报》12 月 4 日。

是年　冯珏加盟搜狐公司。

本年度重要论文：

谢玉珊：《真情　洞见　美言——宗璞散文印象》，《天中学刊》1998 年第 3 期。

王蒙：《兰气息　玉精神》，《人民论坛》1998 年第 10 期。

徐城北：《宗璞有一本〈铁箫人语〉》，《博览群书》1998 年第 12 期。

1999 年　72 岁

1 月　4 日，完成《致人民出版社信》。

童话《海上小舞蹈》刊于《童话王国》第 1 期。

散文《谁是主人翁》刊于《北京日报》1 月 14 日。

评论《痛读〈思痛录〉》刊于《文汇读书周报》1 月 16 日。宗璞写道："君宜同志在'心硬化'的过程中经历较久，但她始终是一个正直的人，真诚的人，她说过假话，但她愧悔，她挣扎着要说真话。……《思痛录》不只记叙了过去的种种坏事，也像照妖镜一般，照出现在一些丑恶面目。作为一个病人，写出这样勇敢、健康的文字，令人起敬。当然全书也有不够准确的地方。一个个人来看整个历史，必然或有所缺，但如果大家都能真诚地说自己所能看到的，那就是一部真实的历史。"

散文《萤火》《猫冢》收入《我的大学》（冰心名誉主席，黑龙江少年儿童出版社出版）。

散文《废墟的召唤》收入《在人间》（冰心名誉主席，黑龙江少年儿童出版社出版）。

2月 童话《总鳍鱼的故事》收入《1979—1989 上海儿童文学选》（少年儿童出版社编，少年儿童出版社出版）。

春 与蔡仲德拜访朱梁卿。朱梁卿记载："1999 年的春节，仲德夫妇从北大燕南园赶到鼓楼附近我的家——宗璞还拖着病弱的身躯；旭东夫妇也特地从天坛那边赶来。中午我们在附近的'竹园宾馆'便宴，饭后还在宾馆院子里散步。……当时大家最关心的是宗璞这位'老病号'。"①

3月 12 日，完成散文《仙踪何处》。宗璞评价冰心："她不只是好作家，也是好女儿，好妻子，好母亲。"宗璞曾在冰心奖发奖会上写："繁星爱之光，春水生之意。"

小说《鲁鲁》收入《中国当代文学作品选读》（钱谷融、吴宏聪主编，华东师范大学出版社出版）。

5月 7—23 日，"熊秉明②的艺术——远行与回归"在北京中国美术馆展览，宗璞参观该展。13 日，宗璞与熊秉明、侯宇燕在三松堂合影。

散文《仙踪何处》刊于《群言》第 5 期。

散文《雕刻盲的话》收入《中国当代艺术选集（6）》［熊秉明著，（高雄）山美术馆出版］。

6月 散文《在曹禺墓前》刊于《中华读书报》6 月 23 日。

---

① 朱梁卿：《怀仲德》，载李起敏主编，中国音乐美学学会、中央音乐学院音乐学系音乐美学教研室编《蔡仲德纪念文集》，中央音乐学院出版社，2008，第 12 页。

② 熊秉明（1922—2002），男，生于南京，著名艺术家、哲学家，中国数学家熊庆来之子。

7月　6日，游览白塔寺。下旬，完成散文《从近视眼到远视眼》。

8月　上旬，完成散文《乐书》。"读书本来就是一件聪明的事，也是一件快乐的事。……我不是一个做学问的读书人，读书缺少严谨的计划，常是兴之所至。我想，读书有一个分—合—分的过程。分就是要把各种书区分开来，也就是要有一个选择的过程。……书经过区分，选好了，读时就要合。……不过要使书真的为自己所用，就要从合中跳出来，再有一次分，把书中的理和自己掌握的理参照而行。……我从小喜欢看书，所以得了一双高度近视眼。小时候家里人形容我一看书就要吃东西，一吃东西就要看书，可见不是个正襟危坐的学者，最多沾染了些书呆气，或美其名曰书卷气。"① 宗璞书房挂有一联：把酒时看剑，焚香夜读书。

夏　因眼疾做白内障手术。

何镇邦与群众出版社文艺编辑室主任张蓉女士到燕南园拜访宗璞。据何镇邦回忆："张蓉此行目的是想动员宗璞大姐把她写人物的散文编成一集加入群众出版社正在策划编辑的'名仕之旅'文丛。宗璞大姐对此先是婉拒，因为她近年来身体不大好，且集中精力于长篇创作，散文新作不多，如再编一集，恐旧作重复者多。但在我一再动员下，她终于答应加入'名仕之

---

①　宗璞：《乐书》，载宗璞著、杨柳编《书当快意》，浙江文艺出版社，2015，第9—11页。

旅'丛书的请求，并把编集子的任务交给了我。"①

9 月　3 日，《大众日报》（总 20 565 期）刊登《冯友兰之女冯宗璞谈冯氏家族一门书香》。9 日，致信顾毓琇②。

散文《烟斗上小人儿的话》收入《回忆纪念闻一多》（赵慧编，武汉出版社出版）。

散文《乐书》刊于《人民日报》（海外版）9 月 13 日。

10 月　散文《从近视眼到远视眼》刊于《人民文学》第 10 期。

评论《广收博采，推陈出新》收入《回读百年——20 世纪中国社会人文论争　第 5 卷》（张岱年、敏泽主编，大象出版社出版）。

小说《红豆》收入《20 世纪中国短篇小说选集》（第 3 卷 1940—1959）（钱乃荣主编、黄乐琴选编，上海大学出版社出版）。

11 月　小说《红豆》收入《中华人民共和国五十年文学名作文库　短篇小说卷》（上）（陆文夫主编，作家出版社出版）。

12 月　小说《红豆》收入《中国现当代文学作品选　下卷（1）　小说　1949—1995》（钱谷融主编，华东师范大学出版社

---

① 何镇邦：《编后小记》，载宗璞《水仙辞》（名仕之旅文丛），群众出版社，2001，第 207 页。

② 顾毓琇（1902—2002），男，字一樵，江苏无锡人。1915 年考入清华，后赴美国麻省理工学院留学。学贯中西，博古通今，是科学家、教育家、诗人、戏剧家、音乐家和佛学家。曾任清华大学、北京大学、南京大学、浙江大学等十多所学校的名誉教授。

出版）。

本年度重要论文：

蔡慧清：《宗璞小说的音乐与女性意识》，《湘潭师范学院学报（社会科学版）》1999 年第 1 期。

金鑫：《自我的抒写与诗意的酿造——从冯沅君、宗璞小说看女性文学散文化的倾向》，《沈阳师范学院学报（社会科学版）》1999 年第 5 期。

2000 年　73 岁

　　1 月　4 日，完成《乘着歌声的翅膀——歌曲集〈记得当时年纪小〉序》。

　　散文集《未解的结》于辽宁人民出版社出版。

　　《中华散文珍藏本　宗璞卷》于人民文学出版社出版。

　　2 月　因身体不适进行手术。宗璞本有喘息性支气管炎，术后咳嗽更加严重。27 日，视网膜再次脱落，遵医嘱打气泡。

　　《乘着歌声的翅膀——歌曲集〈记得当时年纪小〉序》刊于《新民晚报》2 月 5 日。

　　散文《让孩子成为健康快乐的人》刊于《家庭教育》第 2 期。

　　小说《红豆》选入《中国当代文学作品选评》（金汉主编，浙江大学出版社出版）。

　　3 月　20 日，视网膜第三次脱落。宗璞写道："气泡果然不能完成任务。我清楚地看见，视网膜挂在眼前，不再是黑纱，而像是布片。夜晚，我久不能寐，依稀看见窗下的月光，月光淡淡的，我很想去抚摸它。我怕自己再也不能感受光亮。查夜的护士问，为什么不睡，有什么不舒服。我只能说，我很不幸。"第三次手术后视网膜全部脱落。术后虽然重新感到光亮，但失去大部分视力，不能阅读。"视网膜的叛变，扑灭了读书的希望，我不再能享受文字的世界，也不再能从随时随地磕头碰脑的书中汲取营养。我觉得自己好像孤零零地悬在空中，少了许多联系，变得迟钝了，干瘪了，奇怪的是我没有一点烦躁。既然我在健康上是这样贫穷，就只能安心地过一种清贫的生活。"① 在医院时，宗璞深恐不能继续写作，是父亲的话一直激励着她："不要怕，我做完了我要做的事，你也会的。"

译文《作为邪恶象征的植物》（〔美〕纳·霍桑），译自霍桑《拉帕其尼的女儿》，署名"冯钟璞"，收入《英汉对照描写辞典》（贾卫国主编，上海交通大学出版社出版）。

4 月　散文集《永远的清华园——清华子弟眼中的父辈》于北京出版社出版（宗璞、熊秉明主编），收入宗璞《〈永远的清华园〉序二》《那青草覆盖的地方》。

散文《紫藤萝瀑布》收入九年义务教育三年制初级中学教科书修订本《语文》（第 2 册）（人民教育出版社中学语文室编，人民教育出版社出版）。

6 月　北京市第一中级人民法院立案受理了王蒙、宗璞、从维熙、邵燕祥、邓友梅等 29 位作家或其继承人诉吉林摄影出版

---

① 宗璞：《告别阅读》，《中华散文》2000 年第 9 期。

社、北京新华图书有限责任公司侵犯著作权纠纷共29案。吉林摄影出版社于2000年4月出版《二十世纪中国著名作家散文经典》系列丛书，未经上述作家或继承人许可，并未支付报酬出版单行本散文集。

7月 24日，完成《〈东藏记〉·后记》。"我写得很苦，实在很不潇洒。但即使写得泪流满面，内心总有一种创造的快乐。我与病痛和干扰周旋，有时能写，有时不能写，却总没有离开书中人物。一点一滴，一字一句，终于酿成了野葫芦中的一瓢汁液。在写作的过程中，曾和许多抗战时在昆明的亲友谈话，是他们热心地提供了花粉。他们中有些长者已经离去。我对他们深怀感谢。我希望，我所酿造的可以对得起花粉，对得起那段历史。我也参考一些史料，当然我写的不是历史而是小说，虽然人物的命运离不开客观环境，毕竟是'真事隐去'的'假语村言'。我还是那句话，小说只不过是小说。"[1]

长篇小说《南渡记》于人民文学出版社出版，系"百年百种优秀中国文学图书"。

8月 散文《蜡炬成灰泪始干》刊于《人民日报》（海外版）8月29日。

9月 散文《告别阅读》刊于《中华散文》第9期。宗璞写道："文学和音乐，伴随着我的一生。可以说，文学是已完嫁娶的终身伴侣，音乐是永不变心的情人（如果世界上有这种东

---

[1] 宗璞：《〈东藏记〉·后记》，载《南渡记·东藏记·西征记》（全三册），人民文学出版社，2010，第358—359页。

西的话）。文学是土地，是粮食；音乐是泉水，是盐。文学的土地是我耕耘的，它是这样无比宽广，容纳万物。音乐的泉水流动着，洗涤着听者的灵魂，帮助我耕耘。"①

10月 2日，张昌华为蔡仲德照相。蔡仲德应南京艺术学院邀请到南京讲学，宗璞随行。其间，蔡仲德把冯友兰的面模交给南京大学，想让雕塑家吴为山教授为其造像。张昌华记载："他们下榻处恰在我办公室的楼上凤凰台饭店。那几日，我陪同宗璞夫妇鞍前马后提供方便，陪他们参观中山陵、灵谷寺等，又'走马'明孝陵，在成贤街'中研院'旧址遛了一圈。中午请他们到舍下便饭——因为我孙子张理禾是宗璞命名的，她还作了一段文字'为张昌华孙命名说'，说明起名缘由。"②凤凰台饭店经理蔡玉洗与宗璞是旧识，曾是《蜗居》等小说的责编。蔡玉洗请宗璞夫妇参观饭店的文化设施，宗璞受命留墨："读书、读好书"五字。此外，宗璞还在壶坯上分别题"博爱""蜗居""红豆"，蔡仲德在壶的另一侧题"红豆——宗璞——蔡仲德"。

11月 2—5日，由北京大学中文系和香港作家联合会共同主办的"北京金庸小说国际研讨会"在北京大学举行。查良镛、宗璞、陈建功、邓友梅、季羡林、香港作家联合会主席曾敏之等出席开幕式。10日，完成《我与人民文学出版社》。13日，完成创作谈《答〈收获〉王继军问》。

---

① 宗璞：《告别阅读》，《中华散文》2000年第9期。
② 张昌华：《我为他们照过相》，商务印书馆，2017，第270页。

《东藏记》刊于《收获》第 6 期。陈乐民写道："宗璞写《东藏记》写得很不'轻松'。从《南渡记》问世后，她在多病缠身和烦琐的'家务'的重负下断断续续写了十年。那时还要处理冯先生身后留下的各种各样的事务，其中整理冯先生浩如烟海的文稿，是一项责无旁贷的'大工程'。凡此，虽有仲德先生参与操持，毕竟要占去她相当多的写作时间和精力。后来目疾逐渐而迅速地加重，虽未完全失明，实际上已经'告别阅读'（宗璞的一篇散文），《东藏记》只能靠口述终篇，然而字里行间每可见推敲之功。"① 陈平原给予高度评价："长篇小说《野葫芦引》前两卷（《南渡记》，1988 年；《东藏记》，2001 年）的相继面世，让我这样的普通读者大吃一惊，世人对宗璞的衰年变法因而充满好奇。倘若计划中的《西征记》《北归记》顺利完成，并保持前两卷的水准，窃以为，宗璞作为小说家的地位将大为提升，其在文学史上的既定评价也势必改观。"② 董全云从语言出发，认为宗璞小说中"细腻、含蓄、流畅温婉的语言风格，确立了《东藏记》与众不同的艺术魅力，使之达到'言有尽而意无穷'的审美效果。它取材于大学校园，生成于时代大格局，文中浓郁的书卷气息，浸入骨髓的中国文化底蕴，在阅读中让人愈感生动，余香袅袅"③。

---

　　① 陈乐民：《宗璞的〈野葫芦引〉》，载《读书与沉思》，生活·读书·新知三联书店，2014，第 262 页。

　　② 陈平原：《宗璞"过去式"》，《文汇报》2011 年 8 月 9 日。

　　③ 董全云：《秀笔勾绘战争下的流离——读宗璞〈东藏记〉》，《中山日报》2021 年 5 月 4 日。

12 月 9—10 日，为纪念冯友兰先生一百零五岁冥寿暨逝世十周年，北京大学哲学系、清华大学哲学系、中国社科院哲学所、北京市社科院哲学所、国际儒联、北京大学出版社等单位联合主办"传统与创新——第四届冯友兰学术思想研讨会暨冯友兰学术研究会成立大会"在北京大学图书馆举行。丁石孙、张岱年、任继愈、王蒙、宗璞等出席开幕式。

发言稿《一只小蚂蚁的敬礼》刊于《人民日报》12 月 30 日。

岁末，蔡仲德、宗璞给中央音乐学院杨儒怀夫妇寄赠贺卡。

是年 林斤澜在《意外的宗璞》一文中谈到对宗璞的印象：一是意外宗璞爱吃摊头小吃。二是意外宗璞善言辞。因听刘心武说宗璞开会不善发言，但在一次座谈会上，面对外国研究者宗璞娓娓而谈，旁征博引，又感意外。三是意外《我是谁?》这部小说。"宗璞先前作品中，不少激情，也有自省或叫做（作）'灵魂拷问'，但总不离素来的'温柔敦厚'。那么《我是谁?》叫人意外了？偏偏没有，大约是大家经历的'悲剧'太'极端'了，怎么写也不为过。既不意外，放在这里说什么？实际也有一点意外之感，不过拐个弯儿出来，成了'怎么我写不出来'。"①

---

① 林斤澜：《意外的宗璞》，载《流火流年》，大象出版社，2000，第 191 页。

本年度重要论文：

金鑫：《在场的缺席者——冯沅君、宗璞小说的男性形象塑造》，《辽宁大学学报（哲学社会科学版）》2000年第3期。

李斌：《宗璞创作的魅力》，《文艺理论研究》2000年第3期。

马长征：《平淡处见珍贵——读宗璞〈东藏记〉》，《文学报》2000年12月14日。

2001年　74岁

春　开始创作《野葫芦引》第三卷《西征记》。

1月　散文集《水仙辞》于群众出版社出版。

小说《找回你自己（我的女性观）》《心祭》《鲁鲁》《蜗居》收入《花雨　飞天卷——首届中国女性文学奖获奖作品精品卷》（谭湘、荒林主编，花山文艺出版社出版）。

2月　小说《红豆》收入《中国当代文学史参考资料（第一卷）》（张永健主编，华中科技大学出版社出版）。

3月　11日，武汉大学哲学系田文军致信宗璞、蔡仲德。原文如下：

> 宗璞、仲德二先生：
>
> 　　近来好。
>
> 　　去年在北大开会时见到二先生，十分高兴。返校以后不久，我又拿到了新版《三松堂全集》，更是高兴。高兴之余我也常想，今天人们能不断地了解冯友兰先生的道德文

章，真应该感谢您二位，是您把冯友兰先生的学思历程，完整地展现在世人面前了。应当说，在新版《三松堂全集》问世之前，一般人对冯先生的了解都是不够全面的，这也包括我自己。因此，我在读新版全集时，写了一点读后感。《光明日报》对文章作了删减之后到（倒）发了，现寄给您以为纪念。这篇短文大概是第一篇新版《三松堂全集》之后形成的文字。我想以后这类文字会多起来的。因为当今中国学术界，冯友兰先生的著作确有人读。前些时，我们这里华中师范大学的一个青年读书会（成员主要是该校文学院和历史文化学院的青年教师，这些教师基本上都有博士学位，且多数人为教授职称）即专门组织过读冯先生的《中国哲学史》，并邀请我去和大家谈了一次读书体会。青年学者对冯先生著作的兴趣，令我惊奇，也使我感动。看来您辛勤劳作，不断整理出版冯友兰先生的著作，是值得的。因为，冯先生的著作会影响到中国学术文化的建设和发展，也会影响青年学人的成长和进步。

　　我为冯先生写的传，还未完全弄起。待稿成之后，我会和您交换一些意见以求得您的指导和帮助。我也开始招收博士研究生了，故教学任务重一些，不能把主要精力用于写作，故书稿的完成，还需要一些时间。言不尽意，祝您生活愉快。

田文军

2001 年 3 月 11 日

按：田文军所指的文章为《心河之水长流——读第二版冯友兰〈三松堂全集〉》，该文刊于《冯学研究通讯》2002年第1期。

散文《我与人民文学出版社》收入《我与人民文学出版社》一书。

童话《总鳍鱼的故事》收入《百年中国儿童文学精品文丛　童话卷（1~3）》（张美妮、金燕玉主编，新世纪出版社出版）。

评论《痛读〈思痛录〉》收入《回应韦君宜》（邢小群、孙珉编，大众文艺出版社出版）。

4月　28日下午2时，冯友兰铜像揭幕仪式在北京大学图书馆文科阅览室举行，由季羡林、张岱年、任继愈、宗璞、蔡仲德揭幕。29日上午，冯友兰铜像立像仪式在清华大学人文社会科学学院文科信息中心举行，宗璞、蔡仲德、杨振宁、张岱年，南京大学校长蒋树声以及清华大学相关领导、师生等五十余人参加。会上，宗璞发言：“我父亲于1928年到清华来，在这里一共工作了24年。他说：在清华找到了自己的‘安身立命’之地，他认为自己一生中最幸福的日子是在清华度过的。我非常高兴他现在能以艺术品的形式留在这里，留在清华学子当中，和清华的师生们一起度过以后永远的岁月。我感谢塑像的制作者吴为山教授，他是以极大的热情，一种很有想象力的热情来创造这个艺术品的。我感谢清华大学校领导和各方面的朋友们给与（予）的支持，也感谢今天大家来参加这个仪式。谢谢!"①

散文《那祥云缭绕的地方——记清华大学图书馆》收入《不尽书缘——忆清华大学图书馆》（侯竹筠、韦庆缘主编，清华大学出版社出版）。

散文《那青草覆盖的地方》收入《校友文稿资料选编　第7辑》（清华校友总会编，清华大学出版社出版）。

长篇小说《东藏记》（《野葫芦引》第二卷）于人民文学出版社出版。《东藏记》的责编杨柳曾谈到宗璞的创作："她在创作的时候要请人帮她记录，有了电脑，还要录入电脑，然后念给她听，听完了，再用一号字打印出来，即便这样，她还要用一个放大镜，看什么地方需要再做改动，实在是太艰难了。"②

6月　赠陈乐民《东藏记》一书。

7月　小说《她是谁?》刊于《中国作家》第7期。

小说《鲁鲁》收入《中国现当代文学名著导读》（陈其强主编，上海文艺出版社出版）。

9月　14日，宗璞致信蔡莹：

蔡莹同志：

　　惊悉秋耘同志辞世不胜哀悼。在《文艺报》那一段日

---

①　《冯学研究通讯》2002年第1期，第25页。
②　王俊杰主编《回家丛书　作家系列　2》，中国青年出版社，2007，第175—176页。

子里，是让人永远记得的。秋耘同志博学，富诗人气质且热心助人。大家都不会忘记他。

望您和全家一切安好顺遂

冯宗璞

2001. 9. 14①

下旬，蔡仲德患病。

10 月　9 日，中国作协创研部和人民文学出版社联合举办宗璞长篇小说《南渡记》和《东藏记》研讨会，王蒙、陈建功、刘心武、张抗抗、何西来、叶廷芳、曹文轩、谢冕、闻立雕、姚曼华等二十余人参会。陈建功代表中国作协讲话。与会者谈到两部小说的艺术风格、写作特点和人物描写等问题。宗璞说她很幸运："我写的其实是大家的生活，是很多人的生活。是我的许多亲戚朋友和熟人在我的记忆之井里添满了活水，然后我才有丰富的材料来写作。"② 宗璞在会上的发言记为《衔一粒沙再衔一粒沙——在〈南渡记〉〈东藏记〉研讨会上的发言》。

11 月　会议发言《衔一粒沙再衔一粒沙》刊于《文艺报》11 月 6 日。24 日上午，中国哲学史学会"冯友兰研究专业委员会"在北京大学哲学暨文化研究所召开常务理事会，宗璞当选冯友兰研究专业委员会顾问，张岱年、任继愈任名誉主任委员。

---

① 黄秋耘：《黄秋耘书信集》，花城出版社，2004，第 338 页。
② 宗璞：《衔一粒沙再衔一粒沙——在〈南渡记〉〈东藏记〉研讨会上的发言》，载《宗璞文学回忆录》，广东人民出版社，2020，第 233 页。

12 月 18—22 日，中国作家协会第六届代表大会召开，宗璞当选为第六届主席团名誉委员。

散文《拾沙花朝小辑》刊于《书摘》第 12 期（写于 2 月中旬），后收入《风庐散记——宗璞自选精品集》（北京大学出版社 2012 年 5 月版）。

是年 女儿冯珏成为搜狐副总裁。

本年度重要论文：

姜智芹：《生命的叩问：我是谁——宗璞的〈我是谁〉与卡夫卡的〈变形记〉之比较》，《青岛海洋大学学报（社会科学版）》2001 年第 1 期。

杨柳：《〈南渡记〉〈东藏记〉宗璞的心血之作》，《文艺报》2001 年 6 月 19 日。

杨柳：《南迁昆明的知识分子情状》，《中华读书报》2001 年 7 月 11 日。

孙郁：《感性化的奇特历史》，《中国教育报》2001 年 11 月 1 日。

陈建功：《永不沦陷的精神家园——读宗璞长篇小说〈南渡记〉〈东藏记〉》，《文艺报》2001 年 11 月 6 日。

雷达：《〈东藏记〉的文化韵味》，《光明日报》2001 年 11 月 29 日。

2002 年　75 岁

1 月　《风庐散文选》《风庐短篇小说集》于上海社会科学院出版社出版。后者《自序》中写道："说一句敝帚自珍的话，我很钟爱我的短篇小说。写作时似很随意，仔细想想却有三方

《风庐短篇小说集》封面

《风庐散文选》封面

面的追求：一是结构完整，无论怎样的奇峰怪石，花明柳暗，总要是浑然一体；二是语言要达到一篇散文所能达到的，让读者能从语言本身有所获；三是要有一个意境，也许短篇小说不一定有故事，但一定要有意境。我如果说我已经完全做到了，那是大言不惭，如果说完全没有做到，岂非白活了几十年。……风庐是我依恋的地方，27 篇作品中有 24 篇在此出生。这本集子现由上海社会科学院出版社出版，我很高兴。"

26 日黄昏，邵燕祥来电，告知韦君宜同志于中午离世。

连环画《桃园父女》于上海人民美术出版社出版（宗璞著，赵福昌改编，瞿谷寒绘画）。

2 月 27 日，王素蓉陪同父亲到北大看望宗璞，看到宗璞家摆放着"二十四史"书架、冯友兰夫妇旧照、"高山流水诗千首，明月清风酒一船"对联。当被问及眼睛看不清楚何以创作时，宗璞说："口述，由助手整理。这种创作很慢很慢，现在甚至一天几百字都很困难，后面还有两部（指《西征记》《北归记》）要继续。……我是蚂蚁衔沙子似的创作，一点点堆积着自己的沙包。"[1]

译文《信》收入《20 世纪外国小说读本》（宋兆霖主编、草婴等译，浙江文艺出版社出版）。

3 月 21 日，完成《〈野葫芦须〉后记》。

完成散文《大哉韦君宜》。

---

[1] 王素蓉：《心静如水的宗璞》，《中国社会科学报》2012 年 9 月 21 日。

5 月　完成散文《耳读〈朱自清日记〉》。

6 月　小说《红豆》收入《中国当代文学史·作品选（1949—1976）》（洪子诚主编，长江文艺出版社出版）。

7 月　小说《红豆》收入《中国当代文学作品选》（修订版）（陈思和、李平主编，上海学林出版社出版）。

小说《红豆》收入《中国现代文学作品选（1917~2000）第三卷》（朱栋霖主编，吴秀明本卷主编，高等教育出版社出版）。

9 月　《冯友兰：云在青天水在瓶》于大象出版社出版。该书由《人民日报》编审李辉把宗璞所写冯友兰的几篇文章汇总，配以照片成书。之后在韩国出版。

贺词《"精其选"》刊于《书摘》第 9 期。此为宗璞庆贺《书摘》十周年所作："《书摘》曾是我亲切的朋友，九十年代初，它刚创刊时，我就开始读了，并曾不止一次地向人推荐，说读这一本杂志可以浏览许多本好书。不仅增加知识，而且很有趣味……希望《书摘》能更上一层楼，选书时站得更高一些，努力做到'精其选'，不断地提供更好的选目，使人在烟雾重重的书海中稍得指引，使这刊物不同于一般只是看看热闹的刊物。"

10 月　12—15 日，南阳师范学院、北京大学哲学系和河南省社会科学院联合举办的"第五届冯友兰学术思想研讨会"在南阳师范学院召开，宗璞、蔡仲德、张岱年、冯钟芸发去贺信。

11 月　女儿冯珏离开搜狐，出任 TOM 北京讯能之销售及市场推广部副总裁。

12 月 　上旬，吴为山来电告知熊秉明因脑出血昏迷不醒。15 日晚，宗璞致电远在巴黎的熊秉明，得知熊秉明已于 14 日晚离世。

完成散文《耳读〈朱自清日记〉》改稿。

本年度重要论文：

雷达：《宗璞〈东藏记〉》，《当代作家评论》2002 年第 1 期。

王蒙：《读宗璞的两本书》，《当代作家评论》2002 年第 1 期。

2003年　76岁

1月　译作《花园茶会》收入《世界经典短篇小说》（盛宁主编、冯季庆选编，文化艺术出版社出版）。

2月　28日，接受贺桂梅采访。

散文集《野葫芦须——宗璞散文全编（1951—2001）》于北京出版社出版。

散文《二十四番花信》刊于《书摘》第2期。

3月　散文《向前行走》刊于《文汇报》3月3日。

5月　散文《风庐茶事》收入《课堂中的延伸　高中：名家名作百八篇》（卷2）（孙国强编，上海画报出版社出版）。

散文《紫藤萝瀑布》收入《中华百年经典散文诗》（张仁健主编，北岳文艺出版社出版）。

7月　上旬，完成《〈晚年随笔〉序》。

8月　5日，何西来完成《宗璞优雅风格论》一文，将宗璞的创作风格归结为"纯净的道德感和美感""情感的投入与控制""诗意与乐感""童心和童趣"和"民族文化气韵"五个方面。

16 日　宗璞、蔡仲德将冯友兰《新世训》（两册，共 309 页）、《新原道》（216 页）、20 世纪 40 年代毛笔书写原稿捐赠给国家图书馆。

散文《迟到的话》刊于《粤海风》第 4 期。

9 月　《〈晚年随笔〉序》刊于《文汇报》9 月 14 日。

10 月　女儿冯珏任北京长通之董事。

散文《天马行空——耳读王蒙旧体诗》刊于《解放日报》10 月 21 日。

创作谈《答〈收获〉王继军问》、发言《衔一粒沙再衔一粒沙》收入《宗璞文学创作评论集》（人民文学出版社编，人民文学出版社出版）。

11 月　女儿冯珏出任上海讯能及深圳新飞网副总经理。

按：北京大学新闻网"北大人物"栏目刊载的《冯珏：快乐源于不断地追求》一文中写到冯珏的专业选择："小时候的理想的确是当作家，可我青春期那会儿正赶上经商的年代，社会的评价标准影响了我的理想，甚至连我搞了一辈子文化工作的父母，也支持我能选择去学国际贸易，虽然他们打心里是希望我能像他们一样，但父母有时候会为了孩子违背自己的意志。"

12 月　月底，蔡仲德病重，宗璞委托王仁宇①到三松堂帮忙整理、增订《冯友兰先生年谱长编》。

---

①　王仁宇（1965—　），南阳师范学院汉文化中心冯友兰研究所教授。

小说《红豆》收入《中国现当代文学作品选——当代小说·戏剧卷》（陈超、马云主编，河北人民出版社出版）。

本年度重要论文：

徐岱：《史与诗的张力：论宗璞和她的〈野葫芦引〉》，《文艺理论研究》2003 年第 2 期。

贺桂梅：《历史沧桑和作家本色——宗璞访谈》，《小说评论》2003 年第 5 期。

2004 年　77 岁

2 月　13 日，蔡仲德因肺癌去世，享年 67 岁。宗璞为丈夫墓碑刻字："蔡仲德（1937—2004）　人本主义者。"蔡仲德离世后，王仁宇在宗璞的指导下继续整理蔡仲德对《冯友兰先生年谱初编》（河南人民出版社 2000 年版）的增订工作。

小说《鲁鲁》收入《〈中学生阅读〉2003 佳作·初中版》（曹增渝主编，漓江出版社出版）。

4 月　游杭州西湖。

散文《药杯里的莫扎特》收入《音乐与我》（白桦等著，《音乐爱好者》编辑部编，上海音乐出版社出版）。

散文《二十四番花信》又刊于《散文百家》第 4 期。

5 月　长篇小说《南渡记　东藏记》（共两册）于人民文学出版社出版。

小说《红豆》收入《中国当代文学作品选评（第 2 版）》（金汉主编，浙江大学出版社出版）。

译文《请你记住》（陈澄莱、冯宗璞译）收入《世界爱情赠诗集》（陈廓编，长江文艺出版社出版）。

8月 散文《西湖漫笔》收入《人一生要读的 60 篇散文》（陈荣斌主编，中国书籍出版社出版）。

9月 散文《耳读偶记——读〈朱自清日记〉》刊于《人民日报》9 月 9 日。

《宗璞散文选集》于百花文艺出版社出版。该书系百花散文书系，荣获第八届中国图书奖。

12月 31 日，完成散文《扔掉名字》，后收入《每次醒来，你都不在》（《文汇报》编辑部编，上海文汇出版社 2006 年 5 月版）以及《风庐散记——宗璞自选精品集》（北京大学出版社 2012 年 5 月版）。

散文《好一朵木槿花》收入《谁在黑暗里与我对话：生物卷》（张孝文主编，花山文艺出版社出版）。

本年度重要论文：

何西来：《宗璞优雅风格论》，《文学评论》2004 年第 1 期。

柴平：《论〈东藏记〉的误区》，《当代文坛》2004 年第 3 期。

金鑫：《在自由与规范之间——从冯沅君到宗璞》，《社会科学辑刊》2004 年第 4 期。

郑新：《以德为文——试析宗璞小说的内在支撑因素》，《江西社会科学》2004 年第 9 期。

2005 年　78 岁

1 月　长篇小说《野葫芦引：南渡记　东藏记》（全二卷）于人民文学出版社出版。

散文《扔掉名字》刊于《文汇报》1 月 28 日。

2005 年 4 月，《东藏记》获第六届茅盾文学奖

2 月　完成散文《感谢高鹗》初稿。22 日，《人民日报》登载赵金钟《燕园访宗璞》一文。

3 月　《宗璞自述》于大象出版社出版。上旬，完成散文《耳读〈苏东坡传〉》。

4 月　10 日，《东藏记》获得第六届茅盾文学奖。15 日，北大哲学系王炜教授离世，宗璞致电，并嘱托人代送挽联："王炜先生远去了　冯宗璞敬挽。"

5月　12日，"宗璞作品学术研讨会"在上海复旦大学举行。王安忆、陈思和、陈村、郜元宝等作家、评论家、学者与会。复旦大学中文系严锋教授谈道："这里的贵族不是财富或是身份的贵族，而是那一代知识分子高贵的精神传统。阅读宗璞先生的小说，就是对这一精神传统的记忆被唤醒的过程。"郜元宝教授对小说中的历史记忆重于虚构表示质疑，宗璞回应："个人的记忆是会模糊的，但一个民族的记忆我们有责任让它鲜明。想把这一段历史不被歪曲地保留下来是我的创作动机。"① 宗璞的发言记为《在复旦大学宗璞长篇小说研讨会上的发言》，后收入《宗璞文学回忆录》（广东人民出版社 2020 年 5 月版）。在上海，宗璞与李子云见面。

散文《秋韵》收入《时文选粹（五）》（王玉强主编，南方出版社出版）。

7月　8日，完成短篇小说《题未定》之"一点说明"。22日，完成《冯友兰先生与西南联大》，后作为《我与西南联大》（冯友兰著，石油工业出版社 2018 年 9 月出版）"代序"。26日，第六届茅盾文学奖在乌镇颁奖，宗璞因行动不便未能参加。

夏　作家出版社编辑安然来访。安然想重新编一本宗璞散文集，遂约见宗璞，同时邀请何镇邦先生一同前往。宗璞与秘书找出早期出版的散文集及一些报刊新作给安然。

---

① 姜小玲、韩璎：《"宗璞作品学术研讨会"在复旦举行》，《解放日报》2005 年 5 月 13 日。

8 月　散文《耳读〈苏东坡传〉》刊于《文汇报》8 月 21 日。

9 月　中篇小说《四季流光》刊于《十月》第 5 期。

小说《红豆》选入《大学语文阅读文选》（王步高、沈广达、史敏编著，南京大学出版社出版）。

秋　着手写作《西征记》。

10 月　散文集《霞落燕园》由作家出版社出版。

11 月　4—6 日，"冯友兰先生诞辰 110 周年暨冯友兰学术思想国际研讨会"在北京大学召开。

散文《智慧的光辉——忆我的父亲冯友兰》刊于《人民日报》11 月 6 日，原题《他的"迹"和"所以迹"——为冯友兰先生一百一十年冥寿作》。

短篇小说《题未定》刊于《钟山》第 6 期。

是年　李辉请宗璞参加吉林卫视《回家》栏目。节目播出时，名为《病后余生》。

宗璞叙述在蒙自、昆明的经历：

> 我的少年时代是在昆明度过的，我是上联大附中，现在也算联大的校友。那一段时光是一生中很重要的……我觉得那个时候的那种精神还是非常可贵的。虽然生活很艰苦，可是好像没有人说"我要去躲避艰苦"，大家能够很坦然地生活，过得还很快乐。因为有抗战必胜的信心，觉得生活非常有意义。

那时我们到云南最先的一站是蒙自，在蒙自住过两个月，才到昆明。因为最初，西南联大到昆明的时候校舍不够，就把文法学院放在蒙自，以后建立了校舍又搬回昆明。

我回去云南好几次了，每次都要去看自己住过的地方。在乡下，我们起先住在一个猪圈里，后来搬到一个庙里。那个时候生活虽然很苦，可大家精神上还是蓬勃向上的。当时我就是一个少年，一个少年人应该得到的教育、家庭，我并没有失去。大人都非常努力地工作，比如我父亲、闻一多先生、朱自清先生这些老一辈的生活很苦，可是他们一方面教书，一方面写作，从来没有浪费光阴，总是很认真负责地在做事。

我常常记得那时候用的菜油灯，我并没有写到书里去，因为也有电灯、煤油灯。菜油灯就是一个小盘子，点几根《儒林外史》里头那个灯草，出一种很黑的烟。记得小时候，我们有伤风感冒，我母亲就用菜油灯出的烟来揉鼻子，弄得满脸都是黑的。

我父亲写《贞元六书》，常常是在晚上，因为白天他要教书，要工作。在晚上点菜油灯，第二天满脸都是黑的。我母亲有一阵生病，病得比较厉害，常常不能起床。我记得是用松树枝编成一个很长的东西，把它盘在炉子里，底下一点，上面放炭，可是我们就弄不好，总也点不着。那个时候我比较小，记得我和父亲做饭怎么也做不熟，可是也觉得挺好，并不觉得很苦。

张岱年先生是我的堂姑父，他说我母亲特别能干，特别会照顾家。他说冯先生做学问的环境谁也赶不上，还说冯先生一辈子没买过菜。其实我父亲还是买过菜的，就在龙头村，那个躲警报的乡下。我母亲生病的时候，我们一起拿篮子去赶集买菜，这都是很平常的事情。

比如说朱自清先生，因为朱太太在成都，有的时候他就一个人住，他后来得了胃病，吃饭不太合时，遇见好吃的就要多吃。那个时候，他到我们家来吃炸酱面，觉得很好吃，回去就告诉别的先生了。朱先生胃病一直没有好，在战乱的环境里一直没有好吃的，可是大家对这种生活都是幽默看待。最主要的是要把学生教好，这是学校的责任，无论多苦，自己所担负的责任不能放松，这样的精神在老一辈身上表现得很突出。

把学生教好就是把文化传承下去，我们的文化不能断。如果一个民族、一种文化能够传承下去，它就是活的。老一辈的先生们用自己的心血培养学生，就是要传好薪火。

宗璞谈《东藏记》的写作以及父亲、丈夫的病逝：

我没有接着写《东藏记》就是因为照顾我父亲。我父亲去世以后，也是对我很大的打击。调整几年才写《东藏记》。《东藏记》出版以后，我先生又去世了。反正人生就是这样，我觉得也没什么可抱怨的。

写作这个没完的事，必须把它完成。无论是身体有病，还是外界干扰，我从来没有想要放弃它，一有可能就继续写，只是时间拖得实在是很长。不过有时候自己想想也还可以安慰——虽然慢了，总是在尽可能地向前走一点。有时候虽然原地踏步，再过一阵子又可以走一点。

我生病的时候常常想起父亲，他对我给予了很大的鼓励。父亲晚年身体情况很不好，完全不能走了，最后几年都坐在轮椅上，吃一顿饭要一两个小时。就在这种情况下，父亲还是坚持写作。每天上午，父亲一定要进书房，他自己说，一进书房想法就来了，然后就用口述的法子写文章。他写文章不怎么需要改，而我写文章就要反复改。我父亲在西南联大的时候，他们说他是写作机器，讲一段话就是一篇文章，上一次课就是一篇文章。一直到九十五岁去世，父亲一直在完成他的新编巨著，做完了要做的事。我想起父亲的情况就觉得，无论有什么困难，心里都得坚持一个目标，一定要这样。

《东藏记》好像写得还不太好。我现在写《西征记》觉得很困难，因为究竟是没有去过战场，可是我要写的事情和我距离比较远，我在想，自己究竟有没有这个本事把它写出来？

拿《水浒传》来说，施耐庵也是听人家讲故事，怎么能够写出那么好的书？我琢磨，比如《西征记》，我写的不只是写战争，而且要写当时民众对于抗战的支持。比如修路，有老乡修了路又破坏路，借此来阻挡敌人的前进。我想把老百姓的做法都表现出来。

宗璞提到她父亲所书的对联：

我很喜欢这副对联——"高山流水诗千首，明月清风酒一船"。有一个说法，是说对联刻在曹雪芹砚台背后，这当然不一定确切。我父亲知道我喜欢这对联，就写了这个书法，所以它前面有小字——璞女颇喜此联为书之。

对联书法非常秀气，父亲没怎么练字，都是自己兴之所至、书书写写，可自然就有这么一种秀气。他写对联的时候已经八十四岁了，写的字有点歪，所以我就叫它斜联。虽然有一点斜，并不妨碍字的美。这对联也是一种意境吧。这种境界很潇洒，很超脱，我和父亲都喜欢这两句。

本年度重要论文：

王彩萍：《士的精神的现代传承——论宗璞的小说》，《苏州大学学报（哲学社会科学版）》2005 年第 1 期。

黄亚清、吴秀明：《宗璞的佛教文化情结》，《西南民族大学学报（人文社会科学版）》2005 年第 4 期。

资中筠：《高山流水半世谊——宗璞与我》，《钟山》2005年第 6 期。

2006 年　79 岁

1 月　小说、童话《宗璞精选集》于北京燕山出版社出版。

小说集《三生石》于人民文学出版社出版。

散文《秋韵》收入《当代校园文学精选：在黄土地成长》（赵树丽、赵晓霞主编，远方出版社出版）。

小说《红豆》收入《青春小说精品读本：革命时期的爱情》（孟繁华主编，中国青年出版社出版）。

散文《紫藤萝瀑布》收入《人一生要读的 60 篇美文》（泰戈尔、朱自清等著，喻娟主编，中国和平出版社出版）。

3 月　6 日，完成《吴为山的雕塑》。9 日，北京大学校刊刊登宗璞《多管闲事》一文，宗璞对北京大学校园内存在的环境问题提出批评与建议。其中写道："我有一个天真的建议：每学年开始，新生必须上一门爱护校园课，三学时即可。教他们欣赏校园的美，要爱护它、保卫它。"① 10 日，记者赵琬微采访

---

① 宗璞：《多管闲事》，"北京大学新闻网·新闻纵横" 2006 年 3 月 9 日。

宗璞。宗璞说:"作为燕园的'长期居民',我看到这种不文明的现象有好久了,一直希望有机会反映。但文章 2005 年秋天写出来,搁置了好几个月。在今天(年)春节前,偶然碰到了吴志攀副校长,就交给他。因为眼看着春天又要来了,每年这时候开始,户外活动人数增多了,环境就会变得糟糕。"① 临别时,宗璞将《我爱燕园》赠予记者。22 日,完成童话《小沙弥陶陶》初稿。

4 月　5 日,童话《小沙弥陶陶》定稿。

评论《广收博采,推陈出新》收入《中国新时期文学思潮研究资料(上)》(孔范今、施战军主编,路晓冰编选,山东文艺出版社出版)。

5 月　评论《进于道的吴为山雕塑艺术》刊于《文艺报》5 月 27 日。

6 月　评论《吴为山的雕塑》刊于《民族艺术》第 2 期。

7 月　散文《冬的孕育》刊于《新读写》第 7 期。

8 月　26 日下午,《随笔》主编秦颖等到访,请宗璞赐作《随笔》。宗璞表示写得少,精力不够,而且还在创作长篇,如果有,一定给。来者建议写回忆录,宗璞未予回应。此外,还希望宗璞给《随笔》写一个评价、介绍或期望类的文字。宗璞寓所挂有对联:"于书无所不读;万物皆有可观。"

是月,宗璞眼疾治疗后,已看不清楚。

---

① 赵琬微:《访宗璞先生——我缘何"多管闲事"》,"北京大学新闻网·新闻纵横"2006 年 3 月 13 日。

童话《小沙弥陶陶》刊于《上海文学》第 8 期。

9 月　月初，致电作家出版社编辑安然，邀请其于 17 日下午 3 时参加现代文学馆多功能厅举行的宗璞作品朗诵会。17 日，宗璞作品朗诵会在现代文学馆举行。文洁若记载："二〇〇六年九月十七日，我赶到现代文学馆参加'宗璞作品朗诵会'，感受了宗璞的'玉精神，兰气息'。"① 26 日，《随笔》编辑部寄来拍摄的照片。宗璞去信："我给《随笔》写了一句话'《随笔》是我的老朋友'，可以吗？旧稿不多。有一篇讲《红楼梦》的，因不满意搁了下来。现再改改看，改成了就寄上。照片真好，许多年都没有这样好的照片了。……因怕电邮收不到　再寄一信。"②

　　按："有一篇讲《红楼梦》"的稿件即散文《感谢高鹗》。

散文《秋韵》收入《世纪经典散文　梦里依稀慈母泪》（刘辉、尚晓娟、李硕选编，延边人民出版社出版）。

散文《哭小弟》收入《新编大学语文》（吴廷玉主编，同济大学出版社出版）。

10 月　完成散文《感谢高鹗》改稿。10 日，完成散文《给古人少许公平》（刊于《冯学研究通讯》2006 年第 4 辑）。

散文《西湖漫笔》收入《一生必读的 50 篇山水游记》（易磊、李伟主编，内蒙古文化出版社出版）。

---

① 　文洁若：《风雨忆故人》，上海三联书店，2011，第 147 页。
② 　秦颖：《貌相集：影像札记及其他》，生活·读书·新知三联书店，2016，第 136—137 页。

12月　小说《红豆》收入《中国现当代文学精品导读（第三卷）》（蔡翔主编，上海大学出版社出版）。

本年度重要论文：

陈新瑶：《论宗璞笔下"花"的意象》，《理论界》2006年第2期。

王小平：《涵泳大雅——论宗璞短篇小说的叙事艺术》，《当代作家评论》2006年第2期。

孙先科：《话语"夹缝"中造就的叙事——论宗璞"十七年"的小说创作》，《理论与创作》2006年第4期。

王进庄：《"十字路口"情结的执拗和超越——论从〈红豆〉到〈东藏记〉话语系统的融合形态》，《当代文坛》2006年第6期。

2007 年　80 岁

　　1 月　5 日，完成散文《怎得长相依聚——蔡仲德三周年祭》。宗璞表达了对丈夫的哀思之情："仲德和我在一起生活了三十五年，因为有了他，我的生活才这样丰满。我们可以彼此倾诉一切，意见不同可以辩论，但永远互相理解，互相尊重。我觉得，只要有他，实在别无所求。但是他去了。所幸的是他的力量是这样大，可以支持我，一直走上火星。"17 日，《怎得长相依聚——蔡仲德三周年祭》刊于《文汇报》。《散文海外版》2007 年第 4 期予以转载。是月，人民文学出版社编辑杨柳请叶咏梅把《野葫芦引》制成《小说连播》节目，叶咏梅推荐中央人民广播电台文艺之声主持人王勇负责演播。31 日，王勇致信感谢宗璞接受采访。采访结束后，宗璞赠王勇签名书，并称为"小朋友"。叶咏梅写道："临别，宗璞先生悄声地向我提出是否可以加进女声的演播，我心里明白她的意思：她在作品中就是以当年'嵋'（她自己的年龄）的视觉来看世界写这个故事的。"①

散文《感谢高鹗》刊于《随笔》第 1 期。本期"《随笔》影像"上，宗璞自书简介："宗璞，原名冯锺璞，1928 年生于北平。1951 年毕业于清华大学外文系。曾任《文艺报》《世界文学》编辑。后调至中国社会科学院外文所英美文学研究室。1988 年退休，长期从事业余创作。在小说（长、中、短）、散文、童话等方面各有收获。并有短诗、评论、译作多种。作品已译为多种文字。"②

散文集《那青草覆盖的地方》于辽宁人民出版社出版。

童话集《宗璞童话》于湖北少年儿童出版社出版。

散文《汉字简化让我不得不扔掉了本名》收入《文坛风云录》（陶冶编著，陕西人民出版社出版）。

散文《西湖漫笔》收入《凡尘清唱》（易磊主编，内蒙古文化出版社出版）。

2 月　散文《一条围巾和一张 CD》刊于《人民日报》（海外版）2 月 2 日，后收入《文人的另一种交往》（陈建功主编，文化艺术出版社 2008 年 1 月版）。13 日，完成散文《告别小林先生》，后收入《燕园远去的笛声——林焘先生纪念文集》（《林焘先生纪念文集》编委会编，商务印书馆 2007 年 10 月版）。

---

① 叶咏梅编著：《中国长篇连播历史档案（上卷·作家作品卷）》，中国广播电视出版社，2010，第 198 页。

② 秦颖：《貌相集：影像札记及其他》，生活·读书·新知三联书店，2016，第 137 页。

3月　小说《红豆》收入《中国当代文学作品选读》（王万森、吴义勤、房福贤主编，中国海洋大学出版社出版）。

《宗璞散文：插图珍藏版》于人民文学出版社出版。

4月　小说《红豆》收入《中国当代文学作品选》（华南师范大学文学院当代文学教研室等编，广东教育出版社出版）。

5月　月初，作家出版社编辑安然想给宗璞散文集《霞落燕园》改版，希望能再加上几篇新作继而做成十六开的精装本。宗璞拒绝。最终在安然的劝说下，同意改版。

6月　《野葫芦引》第一卷《南渡记》、第二卷《东藏记》节目在中央人民广播电台文艺之声《精彩长篇》栏目播出。

夏　阅读任继愈的《老子绎读》。宗璞每天9点钟进入书房阅读半小时，需用放大镜看一大本书，然后听助手念。每天读一节或两节，反复读两三遍。

7月　7日，与闻立雕夫妇合影。26日，宗璞八十大寿，冯珏邀请数位好友为母亲贺寿。资中筠回忆："我们以柴可夫斯基'CD'为贺（因记得大学时代宗璞于柴翁情有独钟），乐民以'天一阁'信笺题签：'宗璞八十，仁者寿'。"寿宴上，宗璞报告喜讯："第三部《西征记》初稿已结，只待润色、杀青，即可付梓。"资中筠谈到冯珏："宗璞的爱女小玉进入'IT'业，且为业内精英，属于'新人类'，我们戏称她是'成功人士'。这次寿筵的发起和组织者就是她。小玉的职业宗璞已经'不懂'了，只知道她'忙得不得了，一副日理万机的样子。'但是冯家的孝道却在这'新人类'身上继承下来了，在她力所能及的范围内，对双亲克（恪）尽孝道。乃父仲德君病重时，小玉不顾一切，全力以赴'救爸爸'，延医、购药，尽到最大的人事，可惜天命不与。现在对妈妈也是照顾备至。这可算是冯友兰先生'道德抽象继承论'的体现。宗璞晚年有靠，也是一大幸事。"①安然带着所编之书《告别阅读》及封面参加生日宴。

完成散文《漫记西南联大和冯友兰先生》，是为《西南联大建校七十周年纪念文集》而作。

8月 1日，散文集《告别阅读》于作家出版社出版。11日上午11时，南阳理工学院副院长兼冯友兰研究会会长刘振山拜访宗璞，他希望宗璞趁着"2007年冯友兰哲学学术论坛"回南阳看看。宗璞表示身体情况允许的话一定回去。宗璞就办好此次会议提出建议，包括论坛主持人建议人选、会议交流形式等。

9月 散文《漫记西南联大和冯友兰先生》刊于《中华读书报》9月5日。

20日，宗璞出席南阳理工学院举办的"2007年冯友兰哲学学术论坛"。下午，接受《南阳日报》记者专访。22日，回到冯家大院，见到了曾祖父冯玉文亲手所植的已有一百六十余年树龄的银杏树和父亲冯友兰年少时所植的一株蜡梅。宗璞从堂弟冯钟俊处得知冯家大院门前的河水于去年变清。宗璞在河边、树前照相留念。25日，宗璞参观南阳府衙，对府衙楹联尤感兴趣。26日，与作家二月河首次见面。宗璞说："我们是有缘分

---

① 陈乐民、资中筠：《宗璞八十记寿》，《书城》2008年第10期。

的，十几年前就通信，电话联系，互相倾慕已久，今日相见，才终了夙愿。凌先生对冯氏家族是有帮助的。"① 宗璞将签名的《东藏记》赠予二月河，二月河回赠近作《密云不雨》，签名凌解放。下午，南阳市委常委、市委书记申延平专程赶到宗璞住所交谈。二人是南开大学时的校友。此次回乡，宗璞参观南阳卧龙区档案馆，瞻仰冯友兰档案，在档案馆留言簿上留下"管理旧物、发展新史"八字。

按一：冯家大院是宗璞曾祖父所选地址，如今是祁仪镇政府办公所在地。

按二：南阳府衙始建于南宋咸淳七年（1271 年），历经元、明、清共 199 任知府，是我国唯一保存完整、规制完备的知府衙门，也是全国重点文物保护单位。

按三：1999 年冯学研究会准备出版《冯友兰画传》，曾受二月河捐款。

秋　宗璞到河南省平顶山市郏县拜谒"三苏坟"。

10 月　16 日，完成散文《六十年前的题字》，署名"冯钟璞"。后收入《乐山纪念册：1936—1946》（陈小滢、高艳华编著，商务印书馆 2012 年 11 月版）和《散落的珍珠——小滢的纪念册》（陈小滢讲述、高艳华编选，百花文艺出版社 2008 年 1 月版）。是月，到清华大学参加西南联大建校七十周年活动。

11 月　1 日，中国作协党组书记、副主席金炳华探望宗璞。

---

① 　鲁钊：《大家与大家的激情碰撞》，《太原日报》2007 年 10 月 22 日。

2 日，由人民文学出版社和中国社会科学院外国文学研究所主办、中国现代文学馆协办的"冯锺璞先生八十寿辰、宗璞文学创作六十年座谈会"在北京中国现代文学馆举行。中国作家协会副主席、中国现代文学馆馆长陈建功主持座谈会，会议旨在对宗璞创作历程进行回顾并探讨其文学创作成就。人民文学出版社副社长刘会军发表《人民文学出版社贺词》、中国社会科学院外国文学研究所所长陈众议代表主办单位致辞——《贺宗璞先生八十华诞、为文六十周年》，中国作家协会主席铁凝发表题为《祝贺宗璞老师文学生涯六十周年》讲话："读宗璞老师的小说和散文，总是想到以下的词或句子：典雅，雍容，淡泊，真诚，严谨，坚忍，清白的，天性醇厚的，以及些许带有暖意的矜持；还有东西方文化融会贯通的学养，永远的大家闺秀。六十年文学生涯的她或许总想葆有内心静谧的山水，但当风暴雨紧摇她的房门时，却也决不畏惧、决不哀伤。她不躲避现实，是迎面而上的，她以沉郁的对感情有力的控制，创造着厚道的、向善的、宽容的大美的境界。"① 陈平原讲道："看我今天说话的方式，不像是做文学评论的。没错，这是从一个关心'大学精神'以及'大学叙事'的普通读者的角度，而不是文学史家的立场，来祝贺宗璞先生从事文学创作 60 周年。"② 宗璞的好友叶咏梅、王勇等也受邀参会。宗璞在会上发表致谢词，后题为

① 铁凝：《祝贺宗璞老师文学生涯六十周年》，载《冯锺璞先生八十寿辰宗璞文学创作六十年座谈会》，内部资料，第 11 页。
② 陈平原：《宗璞的"过去式"》，《文汇报》2011 年 8 月 9 日。

《宗璞文学创作六十年座谈会答谢词》。宗璞戏称是"四余"居士：在运动之余、工作之余、家务之余，和病魔作斗争之余写了些作品。"我已进入耄耋之年，成为真正的老年人。这一阶段可以说是人生的'余'了。我现在应该称为'五余居士'了。"宗璞谈到"诚"与"雅"："我想，诚，就是说真话，也可以说是思想性。从良知开始到具有思想性，有很长的路。雅，就是艺术性。这个雅并不和俗相对。说真话有好几层，一个是勇气，一个是认识，认识有高下。能认识了，要有勇气说出来。……创作的道路很长，攀登不易，人生的路却常嫌其短，很容易便到了野百合花的尽头。我只能'托破钵，随缘走'。我的破钵常常是满满的，装的是大家的关心和爱护。"① 最后，宗璞朗诵哈代的诗文《路》作为结尾。座谈会上，宗璞将自己多种版本的作品赠给中国现代文学馆。是月，接受《中华读书报》记者陈洁的采访，后题为《宗璞：我的父亲冯友兰》（署名"陈洁"）。冯钟辽从美国回乡，携家人到南阳卧龙区档案馆参观、瞻仰，在留言簿上留下全家人的签名，并写下"大可重来"四字。

散文《散失的墨迹》刊于《人民日报》11月6日。

是年 宗璞童话创作五十周年。汤锐评价："五十年来，宗璞先生的童话，始终是中国当代儿童文学中的一处无可替代的美丽风景。宗璞先生的文字优雅华美，叙述从容细密，用词、

---

① 宗璞：《宗璞文学创作六十年座谈会答谢词》，载《宗璞文学回忆录》，广东人民出版社，2020，第239—240页。

结句都透出女性的优雅和讲究，散发着浓浓的书卷气和飘逸的诗意，为儿童文学带来了高贵的审美享受和一种隽永的回味。随着时间的流逝，我相信，在经过历史长河的冲刷后，那些能够在中国儿童文学史上积淀下来的珍宝中，宗璞先生的童话会是灿烂的一簇。"①

本年度重要论文：

郑新：《灵秀之笔写历史——析宗璞〈野葫芦引〉的叙述话语》，《辽宁师范大学学报（社会科学版）》2007年第1期。

吴晓云：《皈依与疏离：个人话语与集体话语的冲突——谈宗璞1950年代的小说创作》，《重庆师范大学学报（哲学社会科学版）》2007年第3期。

赵慧平：《说宗璞小说的"本色"创作》，《当代作家评论》2007年第6期。

---

① 汤锐：《哲理与童心之间的幻想小径——写在宗璞童话创作五十周年》，载《轮回与救赎》，青岛出版社，2017，第285页。

2008 年　81 岁

1 月　散文《怎得长相依聚》收入《2007 中国最佳散文》（王必胜、潘凯雄选编，辽宁人民出版社出版）。

2 月　9 日，中华社会文化发展基金会副秘书长蒋晔与夫人武京予以及清华大学教授刘鄂培拜访宗璞，与宗璞商议纪念张岱年先生百年诞辰相关事宜。19 日，蒋晔撰写《"中国印"摩崖石刻记》，完成初稿后听取了宗璞的修改意见。

散曲《托钵曲》刊于《歌曲》第 2 期，署名"宗璞词，王健吟诵"。

短篇小说《惚恍小说（四篇）》（《董师傅游湖》《打球人与拾球人》《稻草垛咖啡馆》《画痕》）刊于《中国作家》（半月刊）第 4 期。

短篇小说《熊掌》收入《学生最喜欢的名家小说》（李杰主编，哈尔滨出版社出版）。

3 月　3 日，完成《〈冯友兰集〉序》。

4 月　散文《送春》收入《感动心灵的美文·快乐男孩卷》

（苗秀侠、冯渊主编，安徽少年儿童出版社出版）。

5月 《〈冯友兰集〉序》刊于《随笔》第3期。

童话集《宗璞童话》于上海人民美术出版社出版（宗璞著，跳跳鼠、栗子塔等绘画）。

6月 中旬，与外甥女到国家大剧院听昆曲名家演唱会。

7月 接受《华商报》记者王锋采访。宗璞得知记者从西安而来，便说20世纪80年代也去过西安："很多年了，城墙是那么完好，还有个兴庆宫吧，北京的旧址遗迹很多都没有了，太可惜了，羡慕西安人。我记得，小时经常出入西直门，那时它还有瓮城，那真是雄伟啊，一到傍晚，点点昏鸦，飞绕在城墙之上，会发多少思古之幽情。现在没有了。"①宗璞谈到"无字天书"和"有字人书"的解读，她希望她的书也能成为值得读的"有字人书"。

8月 散文《哭小弟》收入《今文观止鉴赏辞典》（上海辞书出版社文学鉴赏辞典编纂中心编，上海辞书出版社出版）和《高职实用语文》（马兆勤主编，陕西师范大学出版社出版）。

9月 散文《"大乐队"是否多余》刊于《新民晚报》9月17日。

10月 10日，完成散文《人和器——第八届冯友兰学术思想研讨会"旧邦新命：冯友兰与西南联大"书面发言》。

11月 散文《紫藤萝瀑布》收入《改革开放30年散文选》

---

① 王锋：《宗璞：我写，因为我爱》，《华商报》2008年7月19日。

（孙颙主编、吴泰昌编选，上海文艺出版社出版）。

12 月 9 日，参加北大哲学系和《光明日报》国学版在北大燕南园 57 号北京大学美学与美育研究中心召开的"《新理学》七十年"座谈会，会议由北京大学哲学系李中华教授主持。宗璞回忆父亲在云南蒙自写作《新理学》和初版石印本情景："《新理学》是父亲 1938 年在蒙自，他写完了稿子，那个时候没有地方印，他用石印的方式给留下来了。我记得《新理学》快写完的时候，最后几章我的哥哥钟辽在那帮着抄稿子，在蒙自的小县城里，我还跟着去送这个稿子，送到石印馆去。后来我去取，取了之后还有一首诗：'印罢衡山所著书，踌躇四顾对南湖。鲁鱼亥豕君休笑，此是当前国难图。'那是国难图，当时非常艰苦的条件下，他能够三更灯火五更鸡鸣地来写哲学著作，白天要上课、要工作，还有很多繁忙的事情。所以几乎是在很狭窄的时间里头，写出这样一部巨著，有完整的思想体系。我对哲学是外行，不过我还是觉得很了不起。"[①] 12 日，完成《〈新理学〉七十年》。29 日，完成散文《忆朱伯崑》，未发表，后收入《风庐散记——宗璞自选精品集》（北京大学出版社 2012 年 5 月版）。

散文《变迁》刊于《解放日报》12 月 17 日。

散文《〈新理学〉七十年》刊于《光明日报》12 月 29 日，编者略有删节。

---

① 梁枢主编《国学访谈录》，商务印书馆，2011，第 192—193 页。

31 日，完成长篇小说《野葫芦引》第三卷《西征记》以及《〈西征记〉后记》。"后记"写道："二〇〇一年春，《东藏记》出版后，我开始写《西征记》。在心中描画了几个月，总觉得很虚。到秋天一场大祸临头，便把它放下了。……二〇〇五年下半年，我又开始'西征'，在天地之间，踽踽独行。经过了书里书外的大小事件，我没有后退。写这一卷书，最大的困难是写战争。我经历过战争的灾难，但没有亲身打过仗。凭借材料，不会写成报道吗？困惑之余，澹台玮、孟灵己年轻的身影给了我启发。材料是死的，而人是活的。用人物统领材料，将材料化解，再抟再炼再调和，就会产生新东西。掌握炼丹真火的是人物，而不是事件。书中人物的喜怒哀乐烛照全书，一切就会活起来了。我不知道自己能做到什么程度，只有诚心诚意地拜托书中人物。他们已伴我二十余年，是老朋友了。"[①] 2011 年在李扬的采访中，宗璞说："人家很奇怪，我怎么会写战争题材。我是必须要写，不得不写。因为第一，西南联大先后毕业学生共 2000 多人，从军者 800 余人，当时别的大学如重庆中央大学，从军的也很多，从军抗日是他们的爱国行动，如果不写上这一笔，就是不完整的；第二，滇西战役是中华民族抗日战争的一次重要战役，十分辉煌，长时间被埋没，被歪曲。抗日老兵被审查，流离失所，翻译官被怀疑是特务，他们徽章上的号码被说成是特务编号。把这段历史从尘封中磨洗出来，是我的责任；

---

① 宗璞：《西征记·后记》，人民文学出版社，2015，第 327 页。

第三，从全书人物的发展看，走上战场，也是必然的。玮玮在北平沦陷后，就憋足了劲要去打日本；第四，胞兄冯钟辽于1943年志愿参加中国远征军，任翻译官，那年他19岁。随着战事的推移，他用双脚从宝山走到畹町，这段历史对我有一种亲切感。现在用各种方式写这段历史的人已经很多了，但《西征记》是独特的，我是尽心而已。""《西征记》写的人物不只是学生、军人，还写到了普通民众。我要表现的是我们整个民族同仇敌忾的那种精神。"①

本年度重要论文：

牛犁：《论〈红豆〉中"红豆"的象征意象》，《湘潭师范学院学报（社会科学版）》2008年第2期。

张丽：《论宗璞〈红豆〉的修辞叙事》，《西南交通大学学报（社会科学版）》2008年第4期。

---

① 李扬：《宗璞　希望写的历史向真实靠近》，载缪克构主编《近距离——与22位文化名人的亲密接触》，中国青年出版社，2014，第232—233页。

2009 年　82 岁

1 月　散文《三松堂断忆》收入《1978～2008 中国优秀散文》（孙郁主编，现代出版社出版）。

散文《丁香结》收入《高等语文》（第二版）（张成、曾庆元主编，武汉大学出版社出版）。

小说集《四季流光：宗璞作品选》于新加坡青年书局出版。

2 月　散文《哭小弟》收入《江西专升本应试指南　大学语文》（李凯、陈静主编，江西高校出版社出版）。

3 月　19 日，陈平原致信宗璞。原文如下：

宗璞先生：

承蒙信任，邀请为大著撰小引。因近期工作太忙，没能尽快完成，抱歉之至。

现奉上"小引"，为大著，望查收。

我不做当代文学研究，说不出多少道道来，只能如此蜻蜓点水。

若需要文章的电子版，请发个短信给我，当即奉上。

即颂

大安

陈平原

2009 年 3 月 19 日

按：该信原文末附有陈平原电子邮箱地址。陈平原为宗璞撰写的文章为《宗璞的"过去式"》，写于京西圆明园花园 2009 年 3 月 18 日。

散文《乐书》收入《永恒的女性——关于女人的散文精品》（王玉桂编，同济大学出版社出版）。

春 生病住院。

4 月 《西征记》刊于《收获》4 月底增刊。

小说《弦上的梦》收入《中国新文学大系 1976—2000 第十三集 短篇小说卷一》（王蒙、王元化总主编，本卷主编李敬泽，上海文艺出版社出版）。

散文《紫藤萝瀑布》和《霞落燕园》收入《中国新文学大系 1976—2000 第十七集 散文集卷一》（王蒙、王元化总主编，本卷主编吴泰昌，上海文艺出版社出版）。

5 月 长篇小说《西征记》于人民文学出版社出版单行本。宗璞谈到西南联大的记忆："我写这部小说并没有想着重写西南联大，只因为我生活在那个环境中，自然是离不开的。我也写到当时的社会和别的方面，尤其是《西征记》正面写了军旅生活，纵然不一定能写好，我也要写。我希望人们记住这一段历史，记住我们当年把侵略者打出了中国。西南联大一直被人称誉，现在有人指出它的优点，诸如思想自由和学术自由等，这也不是凭空冒出来的，这是在民国时期几所大学的优秀传统。……写完这部书，也是对历史的一个交代。"① 肖鹰认为宗璞的"《西征记》更加彰显了宗璞以'立言'为旨归的高度自觉，这个自觉赋予了该书卓越的文学品格和审美价值——它铭刻了一切伟大文学不朽的徽记"②。

6月 散文集《宗璞散文选集》于百花文艺出版社出版（宗璞著，陈素琰编）。

小说《红豆》收入《中国记忆·小说卷一》（李敬泽主编，百花洲文艺出版社出版）。

7月 小说集《四季流光》于香港明报月刊出版社出版。

散文《西湖漫笔》收入《人一生要读的 60 篇散文》（朱自清等著，陈荣赋主编，华文出版社出版）。

散文《紫藤萝瀑布》收入《人一生要读的 60 篇美文》[（黎巴嫩）纪伯伦等著，李占经等译，喻娟主编，华文出版社出版]。

童话《吊竹兰和蜡笔盒》收入《儿童文学新编》（吴其南、吴翔之编著，浙江大学出版社出版）。

---

① 夏榆：《在时代的痛点，沉默》，上海三联书店，2016，第143页。
② 肖鹰：《宗璞的文心》，《中华读书报》2010年11月24日。

8月　小说《红豆》收入《中国当代文学经典作品选讲（上）》（王泽龙、李遇春主编，华中师范大学出版社出版）和《中国现当代文学作品选读（修订版）（下册）》（颜敏、王嘉良主编，上海教育出版社出版）。

散文《三松堂断忆》收入《新中国六十年文学大系　散文诗精选》（王蒙主编，本册主编王宗仁、邹岳汉，长江文艺出版社出版）。

10月　散文《燕园墓寻》收入《〈随笔〉三十年精选（中）》（《随笔》编辑部编，花城出版社出版）。

11月　散文《哭小弟》收入《一生必读的名家美文（第2版）》（彬彬主编，内蒙古文化出版社出版）。

本年度重要论文：

李建军：《内部伦理与外部规约的冲突——以〈红豆〉为例》，《小说评论》2009年第2期。

李翠芳：《激情时代的宽厚深广——宗璞写作的时代意义》，《文艺评论》2009年第2期。

付艳霞：《兵戈沸处同国忧——评宗璞的〈西征记〉》，《文艺理论与批评》2009年第3期。

王爱侠：《回首向来萧瑟处——谈宗璞创作中对知识分子问题的反思》，《扬子江评论》2009年第4期。

2010 年　83 岁

　　1 月　1 日，散文集《二十四番花信》于江苏文艺出版社出版。

　　小说《红豆》收入《新中国文学精品文库·短篇小说卷（上）》（雷达主编，海天出版社出版）。

　　散文《紫藤萝瀑布》收入《新中国文学精品文库·散文卷（上）》（雷达主编，海天出版社出版）。

　　散文《哭小弟》收入《大学语文》（周文霞主编，首都经济贸易大学出版社出版）。

　　散文《风庐茶事》收入《影响人一生的文章：生活的艺术》（喻娟、陈荣赋主编，光明日报出版社出版）。

　　春　清华大学图书馆征集手稿，宗璞捐赠手稿。"父亲的文章《梨洲〈明夷待访录〉之根本精神》共 30 页，毛笔书写，满纸秀气；我的三篇散文，共 22 页，用钢笔写的，现在再也写不出了。这样，手稿们除了国家图书馆、现代文学馆之外，又有了一处栖身之地。"①

3月　5日，完成散文《考试失利以后》。

回忆父亲之作《旧事与新说：我的父亲冯友兰》于新星出版社出版。

完成《我的六姨》。此文是为任均《我这九十年》所作序文。

散文《哭小弟》收入《大学语文》（袁蕾、王劲松、张翠萍主编，河南大学出版社出版）。

4月　17日，在北大燕南园接受侯宇燕采访。

《我的六姨》（《〈我这九十年〉序》）刊于《文汇报》4月19日。文中谈到与六姨的交往："上世纪40年代末，六姨和六姨父全家从解放区来到北平，住在我家——清华园乙所。……上世纪50年代末，六姨夫妇转到外交部工作，被派往中国驻保加利亚大使馆。表弟、表妹们都还小，上寄宿学校，一到放假都住在我家。那时家里还有我的三个外甥女，一大群孩子，十分热闹。"任均在《我这九十年》中说："三姐的这个女儿，聪明过人，修养很好，真是个才女，多年以后成长为著名的作家，笔名宗璞。她一直对我很好，有事儿常和我商量，到现在还给我订健康杂志。逢年过节，我们总要相聚。她的丈夫蔡仲德是位学者，建立了中国音乐美学史学科，前几年因癌症去世了。现在，她的女儿冯珏很孝顺母亲，有时也陪着她来和我相聚。"②

---

① 宗璞：《新春走笔话创作》，《人民日报》2011年2月4日。
② 任均口述、王克明撰：《我这九十年》，华文出版社，2010，第117页。

散文《考试失利以后》刊于《中华读书报》4 月 23 日。

童话《花的话》收入《学会阅读》（张伯华主编，中国时代经济出版社出版）。

5 月 10 日上午，接受冯长春、罗小平采访，采访内容主要围绕蔡仲德先生。

散文《肩上的石头》刊于《解放日报》5 月 29 日。

散文《二十四番花信》收入《乡居闲情——文化名家修身录》（杨耀文选编，京华出版社出版）。

6 月 接受《新商报》记者采访。

散文《采访史湘云》刊于《新民晚报》6 月 17 日。

长篇小说《南渡记·东藏记·西征记》（全三册）于人民文学出版社出版。

7 月 22 日，致电刘心武，询问阅读《西征记》的印象。刘心武说对哈察明印象深刻，第一："哈察明，大有《红楼梦》角色命名的意趣。《红楼梦》里有叫詹光、单聘仁的清客，有叫卜世人的舅舅。哈察明，似乎此人对人与事考察得很分明，他那判断却像哈哈镜，似是而非，极不靠谱。"第二是"书里的孟灵己，也就是嵋，她在战地医院里，读到一位不治身亡的女兵遗留的日记，感动不已"。第三是写到抗战胜利后的学生反苏游行，"我对宗璞大姐说，你忠于认识忠于感受，在《西征记》里描下一笔，很好"。电话中，宗璞说："1982 年那次跟冯牧一起去兰州，你给我画的像我一直留着。不过那张太小。现在我眼睛只能看大块颜色粗粗线条，你要给我画张大的！"①

小说《红豆》收入《新编大学语文》（张庆民主编，首都师范大学出版社出版）。

散文《领取生活》收入《中国哲理小品》（青少年励志文库）（赵洪恩主编，新疆美术摄影出版社出版）。

8月 21—22日，第九届全国冯友兰学术研讨会在南阳举行，宗璞发祝贺信。

访谈《痴心肠要在葫芦里装宇宙》刊于《上海文学》第8期，署名"宗璞、夏榆"。

散文《父亲的最后几年》刊于《法制资讯》第8期。

9月 访谈《燕园谈红——漫谈〈红楼梦〉》刊于《社会科学论坛》第17期（9月10日版），署名"宗璞、侯宇燕"。

童话集《海上小舞蹈》于湖北美术出版社出版。

散文《紫藤萝瀑布》收入《当代名家游记》（星汉主编，京华出版社出版）。

散文《哭小弟》收入《大学语文》（贵州省普通高等教育"中期选拔"统一考试命题研究组、贵州省普通高等教育"中期选拔"统一考试命题研究中心组编，光明日报出版社出版）。

11月 20—21日，由清华大学人文学院、国学院及人文社会科学院、北京市社科联、北京市哲学会等单位举办的"冯友兰学术思想研讨会暨冯友兰诞辰115周年逝世20周年纪念会"

---

① 刘心武：《宗璞大姐嗷饭图》，《文汇报》2010年8月31日。

在清华大学举行，宗璞应邀出席会议，未能终场，她的发言由国学院院长陈来代读。会后，部分学者拜访宗璞。

《他在这里投入了全部心血——在清华大学纪念冯友兰先生诞辰 115 周年会上的发言》刊于《文汇报》11 月 29 日，原题《在冯友兰先生诞辰一百一十五周年纪念会上的发言》。宗璞说："冯先生特别强调：'大学教育培养出来的应该是有独立头脑的人，而不是供人驱使的器。'他还指出：'培养出的人要能欣赏古往今来一切美好的东西。'要能欣赏美，这点很重要，清华就是这样做的。清华的体育教育和音乐辅导活动都是很成功的。如果能欣赏美，就会站在正义一边，就会继承、吸收精华，扬弃糟粕，就会成为社会的一个健康细胞，不会成为废品。如果逐臭嗜痂、美丑不辨，社会是不能进步的。"

小说集《红豆》于花城出版社出版。

12 月 4 日，为庆贺河南南阳唐河县冯友兰研究院成立，宗璞发去贺电："欣闻贵院盛典，不胜言表，借得片纸以贺。望共同努力，推动文化艺术之运动，为家乡作出更大的贡献。"

散文《李子云的慧悟》刊于《新民晚报》12 月 27 日，原题《祭李子云》。宗璞写道："子云，你是有卓越见识的人。在改革开放初期，你的一批评论文章，给了新时期文学多少力量！你是说真话的人。有见识不容易，能说出来更不容易。在这充满谣言和谎话的时代，说真话需要多么大的魄力！这包括勇气、决断、担当等等条件。"① 宗璞称李子云是"第一流的评论家"。

散文《紫藤萝瀑布》收入《品位人生　经典美文》（王禹翰编著，万卷出版公司出版）。

本年度重要论文：

王春林：《一部感人肺腑、荡气回肠的精神史诗——评宗璞长篇小说〈西征记〉》，《扬子江评论》2010 年第 1 期。

郑新：《论宗璞小说中的生活叙事》，《中州学刊》2010 年第 3 期。

宋如珊：《论宗璞小说〈红豆〉的人物塑造》，《江汉论坛》2010 年第 4 期。

郑新：《时代夹缝中的人性张力——浅析〈红豆〉的爱情话语》，《扬子江评论》2010 年第 4 期。

---

① 宗璞：《祭李子云》，载《宗璞文学回忆录》，广东人民出版社，2020，第 63 页。

2011 年　84 岁

春　完成短篇小说《真假琥珀手串》。

散文集《云在青天水在瓶》于韩国出版。

1 月　童话《冰的画》收入《天空飞过一群鱼》（方卫平选评，浙江少年儿童出版社出版）。

散文《没有名字的墓碑——关于济慈》收入《与名人谈心》（林丹环主编，蓝天出版社出版）。

散文《废墟的召唤》《送春》《好一朵木槿花》收入《晨读美文②》（武汉外国语学校编著，崇文书局出版）。

2 月　散文《新春走笔话创作》刊于《人民日报》2 月 4 日。

散文《湖光塔影》收入《中国当代名家游记散文集萃》（张守贵主编，内蒙古文化出版社出版）。

4 月　20 日，清华大学一百周年校庆之际，清华大学组织学生拜访宗璞，并为校庆录制宗璞讲话视频。

短篇小说《琥珀手串》刊于《上海文学》第 4 期，原题

《真假琥珀手串》。劳燕说："读老作家宗璞的作品，会感到一种温情，明净、沉着，散发出宗璞作品特有的'兰气息'与'玉精神'。她的新作短篇《琥珀手串》，就是这种在沉静中洞察人性的佳作。"①

5月 散文集《紫藤萝瀑布》于海峡文艺出版社出版。

散文《风庐茶事》收入《吃茶去!》（陈赋编著，辽宁教育出版社）。

6月 接受李扬采访。李扬说，宗璞当下生活简单且有规律，起床后先散步，状态好时在燕南园散步，状态不好时在自家院子里散步。上午工作，会有助手来帮忙打字；午睡后会听报纸、音乐，间或会客。采访中途，宗璞感到头晕不适，服用丹参滴丸。一周之后，由助手约隔天下午见面会谈。宗璞谈元好问的"诚乃诗之本，雅为诗之品"："'诚'和'雅'是元好问的诗歌理论，后来郭绍虞先生总结的。我想文章要能感动人，首先要自己感动，感自己之所感，言自己之所言。真诚是第一位的。"②

小说《红豆》收入《中国当代文学作品选（一）（1949—1976）》（王庆生、王又平主编，华中师范大学出版社出版）。

7月 4日，致电许进安③，邀请同去清华大学校史馆。5

---

① 劳燕：《评宗璞短篇小说〈琥珀手串〉》，载《相思杨梅》，上海书店，2016，第87页。

② 李扬：《宗璞 希望写的历史向真实靠近》，《文汇报》2011年8月9日。

③ 许进安，男，河南唐河人，毕业于中国传媒大学电视学院研究生班。中国电视艺术家协会纪录片学术委员会会员，中央电视台纪录片导演。

日，与许进安参观清华大学校史馆。

散文《西湖的"绿"》收入《中国学生素养读本·小学·第3卷》（《中国学生素养读本》编委会主编，华夏出版社出版）。

散文《西湖漫笔》收入《经典散文》（舒晴主编，黄山书社出版）。

9月 1日，完成《任芝铭存稿》一书序言。宗璞曾将外祖父的遗物、遗迹交给六姨任均，任均之子王克明将其整理、注释，定名为《任芝铭存稿》。"20世纪30年代中期，姥爷常到清华园我家，我从小多沐浴他的慈爱。1949年他再到我家时，我已成人，见到姥爷，没有了依偎膝下，却多了层肃然起敬。1960年前后，饿殍遍野时，姥爷的忧民之情、愁叹之容，给我留下了深刻的印象。……书成，需要一篇序。大家商量，由我来写。我虽目不能视、手不能书，却不能推迟。一是因为，这是为姥爷尽一份子孙之孝；二是觉得，每个人的经历，都可以成为历史的印迹，也都可能成为历史的经验。这是一件公共的事。何况还有大家的嘱托呢！"① 上旬，完成《寸草心：清华名师夫人卷》序言。

散文《西湖漫笔》收入《万水千山走遍》（林丹环主编，浙江少年儿童出版社出版）和《走读中国·名水名文卷》（上）（严华银主编，首都师范大学出版社出版）。

---

① 宗璞：《序言》，载王克明整理注释《任芝铭存稿》，河南人民出版社，2013，第2—3页。

散文《湖光塔影》收入《走读中国·名水名文卷》（下）（严华银主编，首都师范大学出版社出版）。

10 月　散文《花朝节的纪念》收入《老照片（第 79 辑）》（冯克力主编，山东画报出版社出版）。

11 月　13 日，冯友兰诞辰 116 周年纪念日之际，唐河县友兰湿地公园暨冯友兰纪念馆落成典礼隆重举行，宗璞发去祝贺信。

12 月　《序两篇》刊于上海《文汇报》12 月 26 日。分别为《〈任芝铭存稿〉·序言》和《〈寸草心：清华名师夫人卷〉序》。

访谈《一个真实的冯友兰》刊于《天津政协》第 12 期，署名"宗璞、刘畅"。

散文《李姐趣事》刊于《新民晚报》以及《新民晚报（美国版）》12 月 30 日。

按：李姐原来是长春第一汽车制造厂的正式会计，夏天时节到宗璞家照顾宗璞的日常起居。

是年　小说节选《这是你的战争》选入江苏省高考语文试卷。童话《锈损了的铁铃铛》选入四川省高考语文试卷。

本年度重要论文：

孙先科：《美学的分身术与隐蔽的身份对位——宗璞小说〈弦上的梦〉再解读》，《汉语言文学研究》2011 年第 1 期。

赵树勤、陈进武：《从"荒原"到"野葫芦"——宗璞与托马斯·哈代小说创作比较》，《理论与创作》2011年第2期。

晋海学：《荒诞境遇中的人学话语与主体建构——以宗璞小说〈我是谁〉、〈蜗居〉为考察对象》，《中州学刊》2011年第3期。

张志忠、李坤、张细珍：《长篇小说〈西征记〉笔谈》，《中国现代文学研究丛刊》2011年第7期。

张志忠：《士林心史　儿女风姿——宗璞小说创作论》，《文学评论》2011年第6期。

2012 年　85 岁

1 月　散文集《敛沙集》于长春出版社出版。

散文《废墟的召唤》收入《新编实用大学语文》（彭怀松、余琍萍主编，北京理工大学出版社出版）。

散文《哭小弟》收入《现代散文鉴赏辞典：学生版》（程帆主编，湖南教育出版社出版）。

3 月　评论《进于道的雕塑艺术》刊于《文艺报》3 月 5 日。6 日，翟志成致宗璞邮件："说来不怕见笑，我现在人生的目标，是赶快熬到退休，……和几个老友谈天说地，读几本平日来不及读的好书，写一些自娱的诗文。像我这种胸中无大志、肩头又无负担的人，退休后可以过得很随兴，但像您这种背负着家族、历史和文化十字架的人，便只有和命运角力和时间赛跑了。希望您能细水长流，更好地善养和保重身体，把小说写完。"[①] 7 日，宗璞复函翟志成："我做不了什么事，心理上却真

[①]　翟志成：《书之岁华，其曰可读——宗璞和她的〈野葫芦引〉》，《上海文学》2020 年第 11 期。

的背负着三个十字架（一个还不够），你的形容极妙。……东坡
有词云：'几时归去，作个闲人。对一张琴、一壶酒、一溪云'，
这是我向往的生活。无奈这辈子无福。"①

小说《弦上的梦》收入《古今中外文学名篇拔萃·中国短
篇小说卷（下）》（柯岩主编，青岛出版社出版）。

《宗璞自述》（第2版）于大象出版社出版（大象人物自述
文丛，李辉主编）。

4月 散文《领取生活》刊于《资源与人居环境》第4期。
散文《西湖漫笔》收入《人一生要读的60篇散文》（朱自清等
著，陈荣赋主编，安徽科学技术出版社出版）。

散文《紫藤萝瀑布》收入《人一生要读的60篇美文》
（［黎巴嫩］纪伯伦等著，李占经等译，喻娟主编，安徽科学技
术出版社出版）。

5月 24日，宗璞托表弟为侯炳辉②送去一套《冯友兰全
集》。

按：侯炳辉与宗璞的交往，主要缘于女儿侯宇燕。侯宇燕
对宗璞的作品产生了极大兴趣，曾写过评论性文章。1997年侯
宇燕毕业后分配到北京出版社文史部，任编辑。宗璞、熊秉明
主编的《永远的清华园》，侯宇燕负责组稿和编辑。

---

① 翟志成：《书之岁华，其曰可读——宗璞和她的〈野葫芦引〉》，《上海
文学》2020年第11期。
② 侯炳辉（1935— ），男，江苏海门常乐镇人，1960年毕业于清华大学
电机系自动化专业，后留清华任教。

散文《铁箫声幽》刊于《随笔》第 3 期。又刊于《散文海外版》第 4 期。

散文集《风庐散记——宗璞自选精品集》于北京大学出版社出版。

《野葫芦引》第一卷《南渡记》、第二卷《东藏记》、第三卷《西征记》于香港中和出版有限公司出版。

6 月 22 日，为河南省冯友兰研究会成立致贺词。

散文《我的大学》刊于《东莞日报》6 月 6 日。

小说《红豆》收入《中国当代文学作品选》（杨晓荣、苏洪主编，中国地质大学出版社出版）。

8 月 小说《红豆》收入《经典阅读》（郑尚泽、秦玉明主编，南开大学出版社出版）。

9 月 9 日，宗璞搬离居住了六十年的燕南园三松堂。宗璞写道："2012 年 9 月 9 日，我离开了北京大学燕南园，迁往北京郊区。我在燕南园居住了六十年。……在这里，在燕南园，我送走了母亲（1977 年）和父亲（1990 年），也送走了夫君蔡仲德（2004 年）。最后八年，陪伴着我的是花草树木。……北大哲学系主任王博和几位朋友来送我，我把房屋的钥匙交给王博，是他最早提出建立故居的想法。我再来时将是一个参观者。"[①]好友许进安前来帮忙，宗璞决定哪些东西搬走，哪些东西留下，哪些家具送给南阳卧龙区冯友兰档案馆。临走时，宗璞带走冯

---

① 宗璞：《云在青天》，载《宗璞文学回忆录》，广东人民出版社，2020，第 130—131 页。

309

友兰二十多年前写的对联（高山流水诗千首，明月清风酒一船）以及一张冯友兰的照片。13 日，侯炳辉前往宗璞新居太阳宫国际老年公寓拜访，请她在其主编的《永远的清华园》修订版合同上签字盖章。此时，宗璞的一只眼睛几乎失明，出行也只能靠轮椅。26 日，完成散文《握手》。"文革"时期，宗璞曾与张光年握手，张光年遂作诗——《握手》，后收入《回忆张光年》（作家出版社 2013 年 10 月版）。

按：世纪之交的某一天，宗璞与蔡仲德前去探望张光年。张光年对宗璞说："'十年内乱'时被打倒，众人都不理我。有一次在灯市口遇见你，你走过来和我握手。后来我写了一首诗，题目就叫《握手》。"①

10 月 16 日，"北京新世纪文艺的走向"文艺论坛在首都师范大学举行，论坛由张志忠教授主持。张志忠率先作了以"老而弥坚的宗璞"为题的讲话："中国文学史上有的作家以一本书名垂后世，如曹雪芹和《红楼梦》、陈忠实和《白鹿原》。还有的作家，新作迭出，争议不断，如莫言及其作品。显然，宗璞并不属于这样的作家，但她是不容忽视的当代重要作家。20 世纪 50 年代以来，宗璞长期耕耘在当代文坛，创作了一大批优秀作品。经过时间的淘洗，宗璞的作品历久弥新，相当有分量。""以《西征记》为代表的'野葫芦引'系列长篇小说在讲述动荡岁月和民族苦难中，赞美了现代知识分子的高尚情操，

---

① 宗璞：《握手》，载《宗璞文学回忆录》，广东人民出版社，2020，第 66 页。

表达了现实知识分子的精神探索和心灵追求，可谓'士林心史，儿女风姿'的写照。我们在阅读莫言等'热闹'的当代重要作家的同时，重读那些像宗璞一样'不温不火'的作家作品，我们必将会受益良多。"①

散文《冯友兰：都云哲人痴，谁解其中味》收入《最爱北京人》（牛文怡编，生活·读书·新知三联书店出版）。

12 月　完成《〈走近冯友兰〉后记》。

小说《红豆》收入《文学照亮人生——中国现当代优秀文学作品选·小说卷（上）》（沈轩主编，安徽文艺出版社出版）。

本年度重要论文：

康玮玮：《散点叙事、多角度呈现以及丰富留白》，《文艺争鸣》2012 年第 1 期。

张志忠：《〈西征记〉笔谈》，《文艺争鸣》2012 年第 1 期。

李杰俊：《结构与战争》，《文艺争鸣》2012 年第 1 期。

徐兆淮：《问候·祝福·回忆——编余琐忆：宗璞印象记》，《扬子江评论》2012 年第 1 期。

孙先科：《从"玻璃瓶"到"野葫芦"——宗璞的第一篇小说和她爱情书写的诗学特征》，《文学评论》2012 年第 4 期。

潘向黎：《〈野葫芦引〉如何还原历史?》，《南方文坛》

---

① 北京市社会科学界联合会、北京师范大学：《北京新世纪文艺的走向——"2012·学术前沿论坛"北京市文艺学会专场综述》，载《中国梦：教育变革与人的素质提升》（下），北京师范大学出版社，2013，第 3 页。

2012 年第 6 期。

曹书文：《〈红豆〉：革命与爱情叙事的另类书写》，《文艺争鸣》2012 年第 12 期。

潘向黎：《宗璞小说论》，南京大学博士学位论文，2012 年。

2013 年　86 岁

　　1 月　散文集《萤火》以及小说集《朱颜长好》于人民文学出版社出版。

　　小说集《琥珀手串》于江苏文艺出版社出版。

　　童话集《花语童话》于湖南少年儿童出版社出版。

　　著作《走近冯友兰》于社会科学文献出版社出版。据牟钟鉴回忆："近几年，宗璞大姐不顾年老体病，亲自主持，编写出一本《走近冯友兰》，在编写过程中她常与我有电话来往，让我帮忙查找和审阅一些论文，其中也收入了我的一篇文章。她的良苦用心，就是想要世人了解一位真实的冯友兰，澄清一些由于无知和偏见而产生的误解。已经八十五岁的她仍然把冯先生放在她心里的很高位置，这是颇为感人的。她在书的'后记'中说，编辑《走近冯友兰》一书的愿望是'让人们多了解一些史实，把真实留在历史的长河中'，'而我自己也对冯友兰有了更深的了解，觉得离父亲更近了'，她认为把理解冯先生的好文章编辑成书，让它们流传下去，'这是除我的写作之外，最大的最有意义的工作。这也是我对中国文化在尽力'。"①

　　散文《花朝节的纪念》收入《感恩故事大全集》（程帆主编，北京教育出版社出版）。

　　春节　中国作家协会主席铁凝看望宗璞。铁凝转达杨绛先生的问候。宗璞致电杨绛，二人互相问安。杨先生说："我还记得你听课时候的样子。我从来没有把你当作学生。我一直把你当作作家。我是上一代女作家里最年轻的，你是这一代女作家最年长的。我们两个联系了两代人。"② 宗璞表达看望杨绛的意愿，铁凝陪同，但因杨绛寓所没有电梯，宗璞无法上楼，未能见面。

　　5月　18日，宗璞托人赠侯炳辉《走近冯友兰》一书。

　　散文《紫藤萝瀑布》收入《春》（人间·名家经典散文书系/陈子善、蔡翔主编，本册项静编，山东文艺出版社出版）。

　　散文《秋韵》收入《秋》（人间·名家经典散文书系/陈子善、蔡翔主编，本册景银辉编，山东文艺出版社出版）。

　　6月　散文《云在青天》刊于《文汇报》6月10日。

　　小说《红豆》收入《文学照亮人生——中国现当代优秀文学作品选·小说卷（上）》（沈轩主编，安徽文艺出版社出版）。

　　散文《丁香结》收入《花》（人间·名家经典散文书系/陈子善、蔡翔主编，黄芳编，山东文艺出版社出版）。

　　7月　散文《我的母亲是春天》刊于《新读写》第7期。

---

　　①　牟钟鉴：《我和我的师友们》，齐鲁书社，2020，第110页。

　　②　宗璞：《应该说的话》，《中华读书报》2021年3月31日。

童话《总鳍鱼的故事》收入《云朵的牧场》（童话卷①）（《少年文艺》编辑部编，少年儿童出版社出版）。

8月　1日，修改完成《〈冯友兰先生年谱长编〉后记》，署名"冯锺璞"。

散文《西湖漫笔》收入《同题异趣（三　四年级）》（我跟名家学写作/金新、朱伯荣主编，本册沈小君、孙继成主编，浙江摄影出版社出版）。

散文《三松堂断忆》收入《父》（人间·名家经典散文书系/陈子善、蔡翔主编，本册廖久明编，山东文艺出版社出版）。

9月　散文集《永远的清华园》于北京大学出版社出版。

散文《西湖漫笔》收入《人一生要读的经典》（桑楚主编，北京联合出版公司出版）。

10月　小说集《米家山水》（"中国短经典丛书"）于上海文艺出版社出版。

小说《鲁鲁》收入《油纸伞》（梅子涵主编，湖南少年儿童出版社出版）。

12月　第十届"《上海文学》奖"在上海揭晓，宗璞的《琥珀手串》获短篇小说奖。

本年度重要论文：

臧晴：《新时期初期女性写作"向内转"的失败——从〈三生石〉到〈北极光〉》，《文学评论丛刊》2013年第1期。

陈进武：《"藏"不住的精神"洁癖"——重审宗璞的〈东

藏记〉》，《新文学评论》2013 年第 3 期。

侯宇燕：《论宗璞的中短篇小说创作》，《中国现代文学研究丛刊》2013 年第 10 期。

2014 年　87 岁

1 月　小说《四季流光》收入《新世纪小说大系：2001—2010（记忆卷）》（陈思和主编，张新颖编选，上海文艺出版社出版）。

3 月　散文《猫冢》又刊于《读者》第 5 期。同期刊载的还有汪曾祺《如意楼和得意楼》、刘心武《三个美男》、池莉《对你生出意思来》、莫言《放松出精品》、冯骥才《贵族首先是精神的》。

4 月　连环画《桃园父女》于上海人民美术出版社出版（宗璞原著，赵福昌编文，瞿谷寒绘）。

童话《总鳍鱼的故事》收入《儿童文学金奖原创经典悦读·放飞梦之翼》（王蕾主编，同心出版社出版）。

散文《紫藤萝瀑布》收入《黎教授教你读中国散文》（黎孟德编著，巴蜀书社出版）。

6 月　小说集《三生石》于人民文学出版社出版。

散文集《告别阅读（大字版）》于中国盲文出版社出版。

应许进安邀请，宗璞参加家乡唐河的宣传片拍摄。其中有一个拿着唐河泗洲塔照片的镜头，宗璞不厌其烦地按照要求拍摄。许进安回忆："拍摄这个镜头的时候宗璞老师面带微笑，把对家乡唐河的热爱表现得淋漓尽致。"①

散文《霞落燕园》收入《园》（人间·名家经典散文书系）（陈子善、蔡翔主编，项静编选，山东文艺出版社出版）。

散文《风庐乐忆》选入《艺》（人间·名家经典散文书系）（陈子善、蔡翔主编，童小玲编选，山东文艺出版社出版）。

长篇小说《东藏记》于云南人民出版社出版。

7 月　散文集《宗璞作品中学生读本》于人民日报出版社出版。

8 月　24 日，牟钟鉴到宗璞新居参加冯友兰研究会理事会座谈会。会议期间，宗璞谈起不久前作协主席铁凝前来看望，并代杨绛先生问好。

散文《药杯里的莫扎特》收入《音乐的精神分析（第 2版）》（邱鸿钟编著，暨南大学出版社出版）。

11 月　7 日，完成《〈中国哲学史〉跋》。后收入《未解的结》（浙江文艺出版社 2015 年 1 月版）。

散文《西湖漫笔》收入《人一生要读的经典（超值白金典藏版）》（陈营编著，北方妇女儿童出版社出版）。

散文《花朝节的纪念》收入《中国最美的散文世界最美的

---

① 　许进安：《我和宗璞的忘年交情》，《南阳日报》2017 年 7 月 28 日。

散文》（疏影编著，北方妇女儿童出版社出版）。

译文《请你记住》（陈澄莱、冯钟璞译）收入《中国最美的诗歌世界最美的诗歌》（疏影编著，北方妇女儿童出版社出版）。

12月 6日，完成《美芹三议》（分别为《关于〈三字经〉》《关于〈二十四孝图〉》和《关于〈打子〉》）。

《美芹三议》刊于《文汇报》12月19日。宗璞认为《二十四孝图》中的"郭巨埋儿""曹娥投江""卧冰求鲤"极不合理。"孝很必要，它是一种爱心，爱心应该是自然存在的，当然也要教育熏陶。但不必宣传二十四孝这些行为，特别是那些乖张的行为。……'郭巨埋儿''曹娥投江'等这几幅必须砍掉。我们可以设想删掉这几幅，剩下十八孝或十六孝。"宗璞认为可替换为"木兰从军"和"班昭续书"。对于宋儒王伯厚所作《三字经训诂》中"君臣义，父子亲，夫妇顺"，也应彻底批判。她谈道："我从翟志成教授的书里知道，在秦以前，儒门的思想其实是双方都有责任的，要求是君仁臣忠，父慈子孝，夫义妇顺。后来，变成了'君为臣纲，父为子纲，夫为妻纲'的一方绝对统治、一方绝对服从。《三字经》里那几句话必须删除扔进垃圾堆。因为小儿读者这样多，更必须早一些改掉。以免在我们可爱的后代小脑袋瓜里又装进一些浆（糨）糊。全书删去'三纲者'那几句话，并不影响文字的连贯。"① 可改为"三求

---

① 宗璞：《美芹三议》，《文汇报》2014年12月19日。

者，真善美，多思考，常在心"。最后两句"上致君，下泽民"亦可改为"为祖国，为人民"。

本年度重要论文：

卢芳：《论宗璞〈红豆〉的知识分子题材》，《理论界》2014 年第 4 期。

李雍、徐放鸣：《海峡两岸女性自传性小说中的"中国形象"之比较——以〈巨流河〉与〈东藏记〉为例》，《世界华文文学论坛》2014 年第 3 期。

2015 年　88 岁

1 月　散文集《未解的结》《客有可人》《心的嘱托》《云在青天——宗璞散文》《书当快意》《二十四番花信》于浙江文艺出版社出版，其中《未解的结》收入《〈中国哲学史〉跋》。

小说集《四季流光》于上海文艺出版社出版。

春　突发脑出血，住进重症监护室。

3 月　散文《冷却香炉》刊于《新民晚报》和《新民晚报（美国版）》3 月 18 日。

4 月　散文《猫冢》收入《猫》（人间·名家经典散文书系）（陈子善、蔡翔主编，单闻编选，山东文艺出版社出版）。

8 月　短篇小说《鲁鲁》收入《黑暗中的猜谜》《语文素养读本初中卷　1》（北京大学语文教育研究所组编，人民教育出版社出版）。

9 月　散文《哭小弟》收入《基础语文·第 3 册》（龚雯主编，西北大学出版社出版）。

10 月　散文《三幅画》收入《今文选（品鉴卷）》（刘斯

奋、刘斯翰主编，梁基永编纂，中国言实出版社出版）。

11 月 19 日，国家博物馆馆长吕章申前来致谢并颁发捐赠收藏证书。此前，宗璞捐赠冯友兰收藏的书法作品。

长篇小说《西征记》（云南文学丛书）于云南人民出版社出版。

《〈东藏记〉创作谈》刊于《芳草：经典阅读》第 11 期。

12 月 4 日，为纪念冯友兰诞辰一百二十周年，唐河县举行"弘扬友兰哲学思想、共筑美好精神家园"主题会议，宗璞发去祝贺信。

本年度重要论文：

晋海学：《在不同的探索之间——以新时期之初王蒙与宗璞的小说创作为观照对象》，《河南社会科学》2015 年第 1 期。

2016 年　89 岁

2 月　散文《乐书》收入《幸福是坚守（第 2 版）》（《开学第一课》编写组编，时代文艺出版社出版）。

3 月　散文集《宗璞经典散文：紫藤萝瀑布》于新世界出版社出版。

童话集《宗璞童话》（百年百部中国儿童文学经典书系）于长江少年儿童出版社出版。

5 月　散文《铁箫声幽》刊于《辽沈晚报》5 月 16 日。

散文《现在还要提倡"二十四孝"吗——兼说国学的经典与糟粕》刊于《祝你幸福》（知心版）第 5 期。

6 月　小说《红豆》收入《中国现当代文学作品精品导读（下册）》（范钦林、靳新来、赵江荣主编，上海教育出版社出版）。

7 月　著作《旧事与新说——我的父亲冯友兰》于新世界出版社出版。

童话集《紫薇童子——宗璞作品选》于长江少年儿童出版社出版。

译作《请你记住》（陈澄莱、冯钟璞译）收入《我爱经典——给孩子优美的诗》（欧阳夏芳编著，黑龙江科学技术出版社出版）。

8 月　散文《哭小弟》收入《大学语文》（冯雪燕、孙洁主编，重庆大学出版社出版）。

9 月　散文集《紫藤萝瀑布》于江苏凤凰文艺出版社出版。

《词五首》刊于《新民晚报》9 月 27 日。分别为《渔家傲》《渔家傲·又一首》《卜算子》《如梦令》和《生查子》。

散文《恨书》收入《义务教育教科书　语文　自读课本七年级　上册：我的四季》（人民教育出版社课程教材研究所中学语文课程教材研究开发中心编著，人民教育出版社出版）。

10 月　完成散文《孙维世二三事——百年祭》初稿。

小说集《鲁鲁》于人民文学出版社出版（宗璞著，阿星绘）。

译作《请你记住——缪塞诗选》（陈澄莱、宗璞译）于人民文学出版社出版。

11 月　中国作家协会第九届全国委员会第一次会议召开，宗璞被选为中国作协名誉委员。

《活着是为了明白哲学道理——回忆我的父亲冯友兰》刊于《文史博览》第 11 期，署名"宗璞；刘畅"。

散文《紫藤萝瀑布》收入《义务教育教科书　语文　七年级　下册》（教育部组织编写，人民教育出版社出版）。

12 月　月底，致电许进安，请他帮忙洗照片。一张是母亲任载坤年轻时的照片，一张是宗璞小时候由母亲抱着的照片，

《紫藤萝瀑布》收入《义务教育教科书　语文　七年级　下册》

还有一张是紫藤萝的照片。按照宗璞的要求，许进安把照片放大成十寸，装上相框送去。宗璞将母亲的两张照片放进卧室。

童话《锈损了的铁铃铛》收入《高中语文现代文经典训练（破解版）》（薛飞豹、殷玉堂、张崇春主编，中国海洋大学出版社出版）。

本年度重要论文：

李松洺：《细啜襟灵爽，微吟齿颊香》，《文艺争鸣》2016年第3期。

资中筠：《我与宗璞，高山流水半世谊》，《各界》2016年第7期。

2017 年　90 岁

1月　散文集《我生命中的那些人物》于东方出版中心出版。

2月　散文《一家子学问人》刊于《爱你》第 2 期（宗璞口述，陈远撰写）。

3月　《三字经节简注本》（王应麟原著，宗璞、李存山编注）于东方出版中心出版。

4月　小说集《四季流光》于江苏凤凰文艺出版社出版。

5月　散文《我的母亲是春天》刊于《文摘报》5 月 18 日。

6月　散文集《紫藤萝瀑布》于济南出版社出版。

作品集《丁香结》于长江文艺出版社出版。

7月　4 日下午，接受金少庚采访。当得知南阳近年来开展的读书月等文化盛事后，宗璞说："我和我的兄妹们在选择学业时，祖父和父亲多次教导我们说，一定要多读书，一定要把中文学好，也要把外文学好，这样你会觉得打开了眼界，开阔了心界，这样的中国年轻人走出去后有种独特的文化精神气头、派头，让人觉得你受过熏陶，有品位有地位，别人就会更加尊重你。"① 访谈结束后，宗璞赠书金少庚。

散文集《紫藤萝瀑布·丁香结》（教育部新编语文教材指定阅读书系）于长江文艺出版社出版。

8月 童话集《紫薇童子》（中国儿童文学传世经典）于济南出版社出版。

宗璞致信《北京青年报》记者崔巍。其中写道："读到7月31日《北京青年报》关于节简注本《三字经》的报道，很是高兴，我愿意看到讨论。""我在节简注本中只删去了'三纲'，对'五常'并未改动。宗教所（中国社会科学院世界宗教研究所——笔者注）牟钟鉴说：'三纲不能留，五常不能丢。'我赞同这一说法。这正是对糟粕和精华的区别处理，我也是这样做的。'三纲'以一方统领另一方，是枷锁。'五常'是先人教给我们的人应该具有的品性，要大力发扬。"②

9月 《向历史诉说——我的父亲冯友兰》于人民文学出版社出版。

11月 童话集《宗璞精品童话选》于江苏凤凰科学技术出版社出版。

译作《花园茶会》收入《外国文学赏析》（袁洪庚主编，

---

① 金少庚：《高山流水诗千首——宗璞先生谈读书》，《南阳日报》2017年7月21日。

② 崔巍：《宗璞：节简版〈三字经〉删的只是"三纲"》，《北京青年报》2017年8月13日。

上海外语教育出版社出版）。

12 月　长篇小说《北归记》（前五章）刊于《人民文学》第 12 期。小说由宗璞口述、助手记录并反复念读修改而成。《人民文学》卷首评论：透过迎春望暖的理想和爱情，美丽如涟漪，激动如波浪，涵养、担当、志趣、慧识与冲动、惊悸、神往、执拗糅合着的青春正道，并不简单地运行，形成了《北归记》心史化为心弦、心事决定心跳的青春叙事的魅力。

散文集《宗璞散文精选》（名家散文典藏：彩插版）于长江文艺出版社出版。

散文《哭小弟》收入《文学欣赏》（杨春、王涛、韩素萍主编，南开大学出版社出版）。

本年度重要论文：

白亮：《宗璞的身份意识与写作姿态》，《文艺争鸣》2017年第 2 期。

2018 年　91 岁

1 月　小说《你是谁?》刊于《上海文学》第 1 期。《微型小说选刊》第 16 期予以选载。

散文集《紫藤萝瀑布》（部编教材指定阅读）于江苏凤凰文艺出版社出版。

2 月　7 日，接受厦门大学台湾研究院吴舒杰采访。

译作《鬼恋人》收入《世界经典悬疑小说》（杨永胜编译，百花洲文艺出版社出版）。

散文集《烟斗上小人儿的话》于人民文学出版社出版。

4 月　童话集《总鳍鱼的故事》于江苏科学技术出版社出版。

5 月　24 日，李辉到访。李辉谈二人交往："我为大象出版社策划'大象人物聚焦书系'时，读她写父亲冯友兰的几篇文章，觉得非常好，我建议不妨做一本画传。我将几篇文章综合，请宗璞提供照片，她为这本画传起了一个很好的书名——《云在青天水在瓶》。画册出版后，我到燕园送给宗璞，她在上面认认真真写了题赠。之后，香港出版繁体版，韩国又出版韩语版。二零一八年五月二十四日，我去探望宗璞，特意带去繁体版请她签名留念。此时，她的眼睛非常不好，却认认真真签下'宗璞'名字，年月日也写得清晰。"① 李辉告诉宗璞他收藏了冯友兰先生20世纪50年代为科学出版社推荐杨伯峻先生《论语今译》一信。

7月 唐河县图书馆举办"宗璞散文朗诵会"。宗璞寄语唐河小学生：学好语文，无论做什么，都要把中文底子打好，文笔好、口才好应该成为唐河人的一个特点。

小说《鲁鲁》收入《情感的咏叹》（胡立根、谢晨主编，海天出版社出版）。

译作《快乐王子》（［英］王尔德）收入《夏天里的苹果梦》（汤素兰等著，万卷出版公司出版）。

散文《花朝节的纪念》收入《岁月摇曳诗情》（徐宏杰主编，安徽师范大学出版社出版）。

8月 3日，翟志成拜访宗璞。宗璞开心地说，《野葫芦引》全书已经完成，到时通知出版社寄赠一本，并请翟志成为其写文章。

童话集《紫薇童子》于江西高校出版社出版。

长篇小说《北归记·接引葫芦》（《野葫芦引》第四卷·末卷）于香港中和出版有限公司出版。

---

① 李辉：《了不起的宗璞》，《贵阳日报》2018年6月19日。

《北归记·接引葫芦》书影

9月 9日，宗璞举行九十（周岁）华诞寿宴。由张抗抗主持，资中筠、陈建功、陈平原、中央音乐学院领导、侄子冯岱、女儿冯珏等数十人参加。席间，陈平原赠送宗璞书法"卷起了一甲子间长画轴，收拾起三十三年短秃笔"。

短篇小说《稻草垛咖啡馆》刊于《爱情·婚姻·家庭（生活纪实版）》第9期。

散文《废墟的召唤》收入《大学语文》（宗佩佩、靳一娜主编，北京理工大学出版社出版）。

小说集《你是谁?》于人民文学出版社出版。

10月 19日，长篇小说《北归记》获得第三届施耐庵文学奖。评委们称这部作品"刻画了在风雨飘摇国将不国时代，知识分子与时代的密切关系"①。《北归记》颁奖词为："作为知识分子的一份历史自叙，《北归记》行文朴素，风格明快，在对知识分子与时代深在关系的书写中，在对孟樾、吕清非、严亮祖、澹台玮等仁人志士的塑造中，在对玹子与卫葑等人爱情的描绘中，我们看到一个年届九旬的老作家艺术上的宝刀不老和思想上的历久弥新。"② 中国作家协会副主席张抗抗说："《北归记》的出版，无论于作者、于读者、于文学，都是一件令人欢喜庆幸的大事。宗璞先生前后耗时历时三十余年寒暑，苦累经年，以九十高龄终成百万字长卷，可谓一个文学奇迹……我惊喜《北归记》的叙事语言，仍然如同前三卷那么精致而洗练，拟人写景叙事抒怀对话，都是干干净净恰到好处，简洁节制，增一分则赘、减一分则损，决不纠缠更不冗余。宗璞自《红豆》始建优雅隽永的文字风格，至《南渡》已炉火纯青，复至《北归》达到极致，今人难以超越。"③ 孟繁华谈道："《北归记》的发表，使我们有机会看到了《野葫芦引》的全貌，有机会看到了一个知识分子书写的大历史和自叙传。应该说，包括《北归记》在内的《野葫芦引》四大卷，是当代文坛的重要收获。"④

---

① 转引自王平：《宗璞，九十梦圆〈北归记〉》，《南阳晚报》2018 年 10 月 22 日。

② 转引自舒晋瑜：《宗璞：是大家的生活让我酿出蜜来》，《中华读书报》2019 年 8 月 7 日。

③ 张抗抗：《万古春归梦不归——宗璞〈北归记〉读后》，《中华读书报》2019 年 1 月 30 日。

④ 孟繁华：《小说现场——新世纪长篇小说编年》，商务印书馆，2018，第 348 页。

评论家贺绍俊认为这四部小说同时也是一个人的成长史。小说虽然采用的是第三人称叙述，但仍隐含着作者的主观视角，借助小说人物嵋的眼睛，宗璞凝视着父辈们的身影，同时也反观自身以及同辈们的言行，带有明显的自省意识。施战军认为，《北归记》中的年轻一代蜕变成时代主角，在活力丰沛的生命韵律中，小说挥洒着青春叙事的魅力。马兵认为"作为整个'野葫芦引'的压卷之作，《北归记》自然也要接续前三部的伏脉，给出历史和人物命运的走向。因此，小说在叙写到老一辈人时，与前三卷的呼应性很强，这也强化了四卷小说作为一个整体的人文意蕴"①。徐岱认为宗璞"以一种大历史的视野，为百年中国的女性小说写作贡献了一份别开生面的成就"②。还有论者谈到小说的笔法，认为《北归记》"这种写法同中国古典小说和五四文学有着细密的渊源，其内里承接的是《红楼梦》和新文学的传统；又像中国的水墨画，很少工笔细描，但在朴素文雅的渲染中，人的形象和魂魄却栩栩如生、立于眼前"③。宗璞则谈到《北归记》结尾和她最初的设想略有不同："在经历了'文革'以后，对世界的总的看法已经定了。不过，经历了更多死别，又经历了一些大事件，对人生的看法更沉重了一些，对小

---

① 马兵：《九旬宗璞，为青春的庄严与绚丽立传——评宗璞新作〈北归记〉》，《文汇报》2017年12月21日。

② 徐岱：《史与诗的张力：论宗璞和她的〈野葫芦引〉》，《文艺理论研究》2003年第2期。

③ 刘汀：《宗璞长篇小说〈北归记〉：古老民族的青春叙事》，《文艺报》2017年11月27日。

说结局的设计也更现实，更富于悲剧色彩。"① 21 日，因身体不适（出发前一天头晕加剧）未能返回家乡唐河。宗璞致电许进安以示歉意。

中篇小说集《四季流光》于人民文学出版社出版。

散文集《三千里地九霄云》于人民日报出版社出版。

11 月　散文《晨课》刊于《中华读书报》11 月 28 日。

散文集《紫藤萝瀑布》于浙江教育出版社出版。

散文集《铁箫人语》于春风文艺出版社出版。

12 月　散文《四姑——你能告诉我吗?》刊于《新民晚报》和《新民晚报（美国版）》12 月 20 日。宗璞回忆四姑冯沅君："许多年来常有人问我，从事创作是不是受了沅君先生的影响，仔细想来，我和四姑的接触较少，很难说有什么影响。……作为五四时代封建家庭出来的女性，四姑争取自由的精神值得钦佩。当时两位兄长都在北平读书，她很羡慕，也要到北平读书。女孩子出门读书，那时是很少见的，可是我的祖母同意了女儿的要求。因为四姑已经订婚，有人说，应该问问夫家是否同意。我的祖母是一位很了不起的女性，她说：'我们既然决定了，就不必问。'于是四姑就到北平来上学，也才有了以后的冯沅君。"宗璞说她和四姑之间都有"四余诗稿"，但并不知晓四姑的"四余"是什么。

---

① 舒晋瑜：《宗璞：即使像蚂蚁在爬，也要继续写下去》，《中华读书报》2016 年 4 月 6 日。

约是年　长篇小说《南渡记》（英文版）于英国查思出版有限公司出版。

本年度重要论文：

姜岚、毕光明：《荒诞变形里的启蒙命题——以宗璞的现代派小说为例》，《南方文坛》2018 年第 6 期。

樊迎春：《书斋内外的小气候——宗璞的家、父亲与小说》，《文艺争鸣》2018 年第 8 期。

2019 年　92 岁

1 月　小说《你是谁?》收入《2018 中国年度小小说》（任晓燕、秦俑、赵建宇选编，漓江出版社出版）和《2018 中国微型小说年选》（中国小说学会主编，卢翎编选，花城出版社出版）。

2 月　长篇小说《〈野葫芦引〉第四卷　北归记》和《野葫

《野葫芦引》（四卷本）书影

芦引》（四卷本）于人民文学出版社出版。陈庆妃认为"《野葫芦引》以西南联大师生的流散聚合为主线，对抗战时期知识界做全景式的展现，……重返大转折时期的伤痕现场，有利于复苏历史记忆，进一步召唤民族身份与文化意识"①，成为"南渡"文学叙事的经典。

4月　1日，散文集《小圃花开，领取而今现在》于北京时代华文书局出版。29日，河南省南阳市唐河文学杂志《石柱山》创刊100期，宗璞发贺词："祝贺《石柱山》出版100期，我很想回去看望大家，还要看看石柱山这座山。"

5月　28日，携冯珏回到南阳。29日下午，参观冯友兰纪念馆、唐河文学馆。在冯友兰纪念馆门口，宗璞在冯友兰雕像前献花。据樊德林记载："宗璞先生坐在轮椅上，用那双会说话的眼睛和它们一一握手，一一问好。她听力不好，便让家人给自己戴上助听器，生怕漏掉讲解员介绍的每一个关于父辈们的文字，每一段关于父辈们的人生。……对于唐河的文友，宗璞先生准备了自己的文集，因为双手颤抖得厉害，无法握笔签名留念，她十分遗憾，一再对文友们说抱歉。她希望唐河的文学事业，能够继承优良传统，开枝散叶，闯出一片新天地。"② 宗璞说："进入河南境时看到一望无际的金黄麦子，自己的心情就激动起来了，回乡的感觉塞满了心胸，几千年来这神奇而伟大

　　① 陈庆妃：《"南渡"文学叙事的三种范式——由〈野葫芦引〉〈巨流河〉〈桑青与桃红〉谈起》，《文学评论》2018年第4期。

　　② 樊德林：《宗璞印象》，《南阳晚报》2019年6月14日。

的土地养育了我们，我们应该感恩大地，感恩它们对我们人类的付出和厚报，我们在大地的培育下不断开拓创新，发展拓宽人类的文明史诗。进入故乡唐河境时，那一刻让我思绪万千，故土的味道是那么的亲切、厚重，让我忆起了很多很多，当然我想的最多的是父亲对我的教诲。"[1] 在祁仪小学听到校园琅琅读书声时，宗璞说："听到孩子们的读书声，仿佛让我回到自己的那些读书岁月。读书多好呀，多读书才能增长知识，才能使我们伟大的民族振兴。"宗璞原计划参观汉画馆和南水北调中线工程渠首，因身体原因未去。30 日上午，到祁仪镇冯友兰文化广场参观。

散文集《宗璞散文精选》于崇文书局出版。

散文集《铁箫斋文萃》于中华书局出版。

6 月 2 日，宗璞先行返回北京。临行前，许多文学爱好者在唐河县城迎宾馆门前送别宗璞。3 日，宗璞委托冯珏前往卧龙区档案馆，参观、瞻仰冯友兰先生档案。冯珏看到外祖父生前用的家具、书柜、皮箱、收音机、钱包、博士服等东西。她在卧龙区档案馆写下："冯学思想 薪火相传"。之后，到梅城公园瞻仰冯友兰先生的塑像，敬献鲜花。

《野葫芦引（全卷本）（印刷签名版）》于香港中和出版公司出版。

7—8 月 《中华读书报》记者舒晋瑜专访宗璞。宗璞谈到

---

[1] 金少庚：《宗璞先生回乡散记》，《河南日报农村版》2019 年 6 月 13 日。

童话写作问题、爱情与小说之间的关系、对"孝"的认识、《野葫芦引》中的原型、小说想表达的思想与内容以及是否达到原本的预设等问题。宗璞谈到创作时最大的困难是眼疾问题："这一章要写的事情，先粗略地大致写，再仔细地写，每一段都要改好几遍，我口授，助手打字出来，再念给我听，再改。改得还不见得到位，有的时候是不懂，有时候有错字，就再改，改好几遍。这是我最大的困难，可是我克服了。还有就是身体不行，精神饱满的时候写出来的东西和精神不好的时候写出来的东西是不一样的。"①

8 月　散文集《紫藤萝瀑布》于中国致公出版社出版。

9 月　长篇小说《东藏记》入选"新中国 70 年 70 部长篇小说典藏"。

散文集《宗璞散文》于浙江文艺出版社出版。

10 月　费祎拜访宗璞。谈到《野葫芦引》中的知识分子是否有其原型，宗璞说："小说写到的人物肯定有作家生活中人的影子，至于主要角色有没有原型，小说家不会回答这个问题，否则就是小说的杀手了。"当被问到是否想过要突破自己的爱情小说时，宗璞回答："我觉得《西厢记》《牡丹亭》写得很美，但是主人公的大胆举止我是不赞成的，发乎情止乎礼是我们的传统。我喜欢这样的爱情。"②

---

① 舒晋瑜：《宗璞：是大家的生活让我酿出蜜来》，《中华读书报》2019 年
8 月 7 日。

② 费祎：《宗璞：什么是小说家的责任》，《现代妇女》2021 年第 1 期。

散文集《人生乐在相知心》于陕西师范大学出版总社出版（宗璞著，王笑东主编）。

11 月 散文《读书断想》《乐书》收入《中小学生读书法》（宗璞等著、宸冰主编，台海出版社出版）。

散文《丁香结》收入《陪孩子读经典散文》（白衣萧郎选编，辽宁少年儿童出版社出版）。

散文集《铁箫人语》于春风文艺出版社出版。

12 月 4 日，冯友兰诞辰一百二十四周年纪念日之际，北京大学举行冯友兰故居（燕南园三松堂）落成仪式。

冯友兰故居

童话集《花的话》于黑龙江美术出版社出版（宗璞著，白鲸绘）。

本年度重要论文：

郭晓斌：《了不起的宗璞，有缺憾的〈北归记〉》，《文学自由谈》2019 年第 3 期。

孙伟：《诗教传统的现代叙事——宗璞小说创作论》，《扬子江评论》2019 年第 5 期。

康宇辰：《作为"诗教"的战争书写——论宗璞〈西征记〉中的诗与史》，《文学评论》2019 年第 5 期。

2020 年　93 岁

2 月　散文集《宗璞散文精选》于北京教育出版社出版。

散文《三幅画》收入《百年曾祺：1920—2020》（梁由之编，天津人民出版社出版）。

3 月　散文《三首诗及其他》刊于《随笔》第 2 期。此文于 2011 年成稿，2020 年发现旧稿后授权《随笔》。该文记录了20 世纪 80 年代汪曾祺、荒芜、端木蕻良为宗璞题诗的往事。

5 月　接受《中华读书报》记者舒晋瑜的采访。宗璞曾想把 1949 年以后的事情再写四卷，称为《野葫芦引》的后四卷。前四卷完成后改变了叙述方法，将后四卷压缩为一个尾声，即《接引葫芦》。宗璞说："当年我是得到人文社老社长韦君宜的鼓励开始写《野葫芦引》的。现在除了人文版以外，幸有香港的出版社出版了包括《北归记》《接引葫芦》的《野葫芦引》全书，我非常感谢。"①

---

① 舒晋瑜：《宗璞　我想表达这个时代》，《新民晚报》2020 年 5 月 10 日。

散文《我的邀请名单》刊于《辽沈晚报》5月21日。宗璞的邀请名单有：苏东坡、李义山、司马迁、蔡文姬、托马斯·哈代、易卜生和安徒生。

《宗璞文学回忆录》于广东人民出版社出版。

8月 15日，深圳市福田区图书馆举行了"穿越世纪的目光·宗璞"大家论坛专题活动。沈阳师范大学教授贺绍俊、北京大学中文系教授李杨、人民文学出版社编审杨柳以及深圳卫视主持人王海东等与现场观众一起解读宗璞及其《野葫芦引》。杨柳认为宗璞的作品像"童话"，用童话折射出社会现实。李杨认为"宗璞不为文学史写作，也不为市场写作，而是想把抗战的这段人生经历、所见所闻保存下来告诉大家"。贺绍俊则用"优雅"一词评价宗璞，称她代表了精英知识分子忧国忧民的立场。[①]

月底，《中华读书报》记者舒晋瑜做有关童话的采访。宗璞说："人生的道路是漫长的，旅途中难免尘沙满面。也许有时需要让想象的灵风吹一吹，在想象的泉水里浸一浸，那就让我们读一读童话吧！"谈到童话的体例时，宗璞表示："写童话也是想表达更多的东西，怎么顺就怎么写。……安徒生的一些童话也来源于民间故事，他和格林兄弟的记录整理显然不同。小说反映的可歌可泣的生活并不只是作者一个人的，只是他一个人画出来而已；童话的幻想也可以集中许多人的想象，只不过是作者一个人唱出来罢了。从民间故事汲取营养，是写作童话的

---

① 程诚：《大家讲坛聊宗璞：她用童话折射社会现实》，《晶报》2020年8月18日。

一个重要方面，当然不是唯一的途径。"①

9 月 散文《紫藤萝瀑布》收入《中学语文感悟式教学法的探索与实践》（朱正茂著，安徽师范大学出版社出版）。

散文《萤火》收入《照见两如初——〈散文〉四十年百人百篇》（上）（《散文》编辑部编，百花文艺出版社出版）。

10 月 散文集《素与简》于古吴轩出版社出版。

12 月 散文集《紫藤萝瀑布·丁香结》于长江文艺出版社出版。

本年度重要论文：

何英：《〈野葫芦引〉的话语时间及与〈火〉的比较》，《小说评论》2020 年第 5 期。

翟志成：《书之岁华，其曰可读——宗璞和她的〈野葫芦引〉》，《上海文学》2020 年第 11 期。

---

① 舒晋瑜：《宗璞：童话就是放飞思想》，《中学时代》2021 年第 3 期。

2021 年　94 岁

　　1 月　散文集《复杂世界，简单活》《雪落燕园》于重庆出版社出版。

　　3 月　散文《应该说的话》刊于《中华读书报》3 月 31 日。又刊于《小品文选刊》2021 年第 6 期。宗璞写道："我和杨先生（杨绛——笔者注）之间的不愉快是时代的颠簸所致。一切关系都撕裂了、扭曲了，极不正常。杨先生走在人生边缘上时，想来是希望一切正常。我现在也到了人生的边缘。我要说一声：'杨先生，我的老师。不久在彼岸，让我再在你的指导下研读英国小说吧。'以上的文字是多年前写的。因为觉得事情已经过去，不必再提起，也就搁下了。转眼间，杨先生去世已将五年。现在看来这些话还是应该说，告诉大家杨先生和我的关系状况。我想这也是杨先生所希望的。"

　　5 月　22 日下午 4 时，新蔡县委、县政府，县文广旅等工作人员看望宗璞，冯珏侍奉在侧。

　　来客向宗璞介绍任芝铭故居、任芝铭墓园、今是中学、辛亥革命烈士纪念祠的保护利用情况，邀请宗璞到新蔡参观，并请宗璞为正在筹建的新蔡任芝铭纪念馆、中原辛亥革命纪念馆提供资料。宗璞赠送新近出版的《中国哲学简史》。

7 月　散文《素与简》刊于《共产党员》第 7 期。

10 月　8 日，宗璞到河南新蔡县欲参加新蔡县纪念辛亥革命一百一十周年座谈会，冯珏陪同。

冯珏接受采访时说，母亲已经九十四岁高龄，但是每天还要工作两个小时，有时是创作，有时是整理爷爷冯友兰先生的文集。8 日下午，参观任芝铭故居、文庙大成殿、今是中学、辛亥革命纪念祠、东湖公园等地。9 日，出席新蔡县纪念辛亥革命一百一十周年座谈会。16 日，散文《孙维世二三事——百年祭》定稿。

11 月　散文集《丁香结》于长江少年儿童出版社出版。

12 月　散文《我的父亲冯友兰》收入《冯友兰人文哲思录》（冯友兰著，贵州人民出版社出版）。

本年度重要论文：

何英：《〈野葫芦引〉的修辞分析》，《中国当代文学研究》2021 年第 1 期。

康宇辰：《危机时刻的抉择——论宗璞〈南渡记〉的诗与史》，《现代中国文化与文学》2021 年第 1 期。

康宇辰：《迎向与游离——诗与史视野中的宗璞〈红豆〉再研究》，《文艺理论与批评》2021 年第 6 期。

何英：《宗璞小说研究》，中国社会科学院研究生院博士学位论文，2021年。

2022 年　95 岁

1 月　《父与女——从宇宙星河到点滴温暖》于古吴轩出版社出版（冯友兰、宗璞著，分为上、中、下卷，其中冯友兰《中国哲学史》两卷为上、中卷，宗璞《素与简》为下卷）。

小说《红豆》收入《明镜台》（百年文学主流小说大系/张清华、翟文铖主编，本册主编刘诗宇，耿龙祥等著，济南出版社出版）。

4 月　散文《爬山》又刊于《亭湖报》4 月 20 日。

5 月　散文集《宗璞散文》分别于人民文学出版社和山西人民出版社出版。

《满天云锦——宗璞经典散文》于山东文艺出版社出版（宗璞著，杨柳编选）。

散文《我的母亲是春天》收入《母爱的学问——名家忆母亲》（朱永新主编，团结出版社出版）。

6 月　散文《猫冢》《燕园桥寻》收入《大地生灵，从容且美》（贾平凹主编，宗璞等著，长江文艺出版社出版）。

7月　童话《总鳍鱼的故事》收入《我爱你》（百年百篇中国儿童文学经典文丛　童话卷/王泉根主编，萧袤等著，长江少年儿童出版社出版）。

8月　《宗璞散文精选（青春珍藏本）》于金城出版社出版。

创作谈《道路》刊于《女作家学刊·第三辑》（阎纯德主编，作家出版社出版）。该刊同期刊出"宗璞专栏"，载阎纯德的《宗璞小传》，并转载陈平原的《宗璞"过去式"》、陈建功的《永不沦陷的精神家园》和孙郁的《解读宗璞》三篇文章。

10月　19日，《中华读书报》刊登宗璞诗作，分别为《七十感怀》二首、《八十初度感怀》二首、《渔家傲》、《渔家傲·又一首》和《如梦令》。

秋　为拍摄《寻找冯友兰》纪录片，河南大学摄制组一行人到北京采访宗璞。

本年度重要论文：

何英：《〈红豆〉：历史逻辑中的审美生产》，《中国当代文学研究》2022年第3期。

何英：《宗璞中期小说：知识分子主体的回归》，《南方文坛》2022年第4期。

徐阿兵：《当下创作如何"发明传统"？——论宗璞"野葫芦引"四部曲》，《文学评论》2022年第5期。

赵小丽：《宗璞与〈红楼梦〉》，《红楼梦学刊》2022年第3期。

2023 年　96 岁

3 月　河南大学文学院一百周年院庆之际，发布采访宗璞的视频。

散文《最是一年春好处》刊于《每日新报》3 月 10 日。

散文集《宗璞散文》于作家出版社出版。

《宗璞散文》书影

4 月　散文《长寿老人》刊于《中华读书报》4 月 5 日。该文是宗璞为纪念姥爷任芝铭而作。她写道："我的外祖父任芝铭公，我称他姥爷。是辛亥革命的参加者。我想到他总有一种自豪感。他是一位长寿老人，生于 1869 年，比列宁大一岁，卒于 1969 年 1 月 23 日'文革'中，享年百岁。若在现在也很平常，那时就是很长寿了。"

8月 小说集《宗璞小说》于作家出版社出版。

《紫藤萝瀑布》于人民邮电出版社出版（名家自然故事/有识文化主编，宗璞文，但夏云图）。

9月 散文集《扔掉名字》于河南文艺出版社出版。

散文集《平芜尽处是春山》于华中科技大学出版社出版。

《紫藤萝瀑布》于阳光出版社出版（大家小绘/刘峰主编，宗璞著，河霜绘）。

本年度重要论文：

唐艳群、金星：《宗璞〈我生平所最值得回味的事〉考释》，《洛阳理工学院学报（社会科学版）》2023年第1期。

秦法跃：《革命叙事语境中的隐性书写——重读宗璞"十七年"小说创作》，《河南大学学报（社会科学版）》2023年第2期。

康宇辰：《歧路与悲歌——论宗璞〈北归记〉的诗与史》，《文艺争鸣》2023年第3期。

王江泽、郭鹏程：《共和国文艺中的"人情"书写——重审〈红豆〉的文学史意义》，《大西南文学论坛》第5辑（2023年7月出版）。

参考资料

一、作品

宗璞：《宗璞小说散文选》，北京出版社，1981年。

宗璞：《风庐童话》，湖南少年儿童出版社，1984年。

宗璞：《熊掌》，百花文艺出版社，1984年。

宗璞：《宗璞代表作》，黄河文艺出版社，1987年。

宗璞：《丁香结》，百花文艺出版社，1987年。

宗璞：《铁箫人语》（布老虎丛书·散文卷），春风文艺出版社，1994年。

宗璞：《宗璞文集》（全四卷），华艺出版社，1996年。

宗璞：《野葫芦须——宗璞散文全编（1951—2001）》，北京出版社，2003年。

宗璞：《宗璞自述》，大象出版社，2005年。

宗璞：《宗璞精选集》，燕山出版社，2006年。

宗璞：《南渡记·东藏记·西征记》（全三册），人民文学出版社，2010 年。

宗璞：《旧事与新说：我的父亲冯友兰》，新世界出版社，2016 年。

宗璞：《向历史诉说——我的父亲冯友兰》，人民文学出版社，2017 年。

宗璞：《我生命中的那些人物》，东方出版中心，2017 年。

宗璞：《烟斗上小人儿的话》，人民文学出版社，2018 年。

宗璞：《北归记·接引葫芦》，香港中和出版有限公司，2018 年。

宗璞：《铁箫人语》（布老虎散文），春风文艺出版社，2019 年。

宗璞：《铁箫斋文萃》，中华书局，2019 年。

宗璞：《宗璞文学回忆录》，广东人民出版社，2020 年。

宗璞：《父与女——从宇宙星河到点滴温暖》，古吴轩出版社，2022 年。

二、学术著作

洪子诚：《当代中国文学的艺术问题》，北京大学出版社，1986 年。

乐铄：《迟到的潮流——新时期妇女创作研究》，河南人民出版社，1989 年。

盛英：《20世纪中国女性文学史》（上下册），天津人民出版社，1995年。

王绯：《睁着眼睛的梦》，作家出版社，1995年。

阎纯德主编《20世纪中国著名女作家传》（上、下），中国文联出版公司，1995年。

冯锺璞、蔡仲德编《冯友兰先生百年诞辰纪念文集》，清华大学出版社，1995年。

于克珍主编：《冯友兰与故乡》，河南人民出版社，1995年。

吴宗蕙：《女作家笔下的女性世界》，首都师范大学出版社，1995年。

涂光群：《中国三代作家纪实》，中国文联出版公司，1995年。

周绍成主编《京城河南人》，河南大学出版社，1996年。

陈思和：《中国当代文学史教程》，复旦大学出版社，1999年。

木斋：《与中国作家对话》，京华出版社，1999年。

郭小川：《郭小川全集　9》，广西师范大学出版社，2000年。

林斤澜：《流火流年》，大象出版社，2000年。

先燕云：《三千里地九霄云——宗璞与云南》，云南教育出版社，2000年。

赵金钟：《霞散成绮——冯友兰家族文化史》，长江文艺出版社，2000年。

姚丹：《西南联大历史情境中的文学活动》，广西师范大学出版社，2000 年。

冯友兰：《三松堂全集》（1—14 卷），河南人民出版社，2001 年。

戴锦华：《涉渡之舟——新时期中国女性写作与女性文化》，陕西人民教育出版社，2002 年。

人民文学出版社编《宗璞文学创作评论集》，人民文学出版社，2003 年。

李法惠、杜青山编著：《南阳文学》，河南大学出版社，2003 年。

王嘉良、金汉、孙玉石等主编《20 世纪中国文学名作典藏》，浙江文艺出版社，2003 年。

吴秀明主编《中国现代文学作品导引（第三卷）：1917—2000》，高等教育出版社，2004 年。

郑春凤编著：《中国当代文学史》，东北师范大学出版社，2005 年。

张永健主编《20 世纪中国儿童文学史》，辽宁少年儿童出版社，2006 年。

常莉：《宗璞：铁箫声里玉精神》，大象出版社，2007 年。

樊青美：《振翅的蝴蝶——二十世纪中国女作家个案研究》，中国文联出版社，2007 年。

李起敏主编，中国音乐美学学会、中央音乐学院音乐学系音乐美学教研室编《蔡仲德纪念文集》，中央音乐学院出版社，2008 年。

李明军主编《中国现当代文学》，陕西师范大学出版总社有限公司，2010 年。

叶咏梅编著：《中国长篇连播历史档案（上卷·作家作品卷）》，中国广播电视出版社，2010 年。

梁枢主编《国学访谈录》，商务印书馆，2011 年。

何镇邦、李广鼐编《当代文坛点将录》，山东文艺出版社，2012 年。

王彩萍：《新时期作家与儒家文化精神》，中国社会科学出版社，2013 年。

赵金钟：《倚树听流泉——唐河冯氏家族文化评传》，郑州大学出版社，2013 年。

陈平原：《花开叶落中文系》，生活·读书·新知三联书店，2013 年。

冯钟璞编《走近冯友兰》，社会科学文献出版社，2013 年。

缪克构主编《近距离——与 22 位文化名人的亲密接触》，中国青年出版社，2014 年。

李勇、闫巍：《流淌的人文情怀——近现代名人墨记（三）》，东方出版中心，2014 年。

蔡仲德编撰：《冯友兰先生年谱长编》（上、下），中华书局，2014 年。

陈乐民：《读书与沉思》，生活·读书·新知三联书店，2014 年。

赵金钟：《院士世家——冯友兰·冯景兰》，河南科学技术出版社，2015 年。

范用编《存牍辑览》，生活·读书·新知三联书店，
2015 年。

谭旭东：《儿童文学小论》，海豚出版社，2016 年。

秦颖：《貌相集：影像札记及其他》，生活·读书·新知三
联书店，2016 年。

夏榆：《在时代的痛点，沉默》，上海三联书店，2016 年。

陈顺馨：《1962：夹缝中的生存》，人民文学出版社，2017 年。

张天翼：《张天翼日记》，中国戏剧出版社，2017 年。

汤锐：《轮回与救赎》，青岛出版社，2017 年。

张昌华：《我为他们照过相》，商务印书馆，2017 年。

徐洪军编著：《宗璞研究》（中原作家群研究资料丛刊），
河南大学出版社，2017 年。

孟繁华：《小说现场——新世纪长篇小说编年》，商务印书
馆，2018 年。

陈越光：《八十年代的中国文化书院》，生活·读书·新知
三联书店，2018 年。

陈越编《陈涌纪念文集》，文化艺术出版社，2018 年。

张炯主编《中国当代文学史》，江苏凤凰文艺出版社，
2018 年。

周北川等主编《笔墨华夏》，生活书店出版有限公司，
2018 年。

邱慧婷：《身体·历史·都市·民族——新时期女作家群

论》，社会科学文献出版社，2019 年。

马振宏编著：《中国当代重要小说分年评介》，中国言实出版社，2019 年。

吴祖光编《欢笑微醺的饮者》，湖南文艺出版社，2019 年。

梁由之编《百年曾祺：1920—2020》，天津人民出版社，2020 年。

牟钟鉴：《我和我的师友们》，齐鲁书社，2020 年。

三、文献史料

唐河县政协文史资料研究委员会编《唐河文史资料（第 1 辑）》，1985 年。

南开大学校史编写组编《南开大学校史（1919—1949）》，南开大学出版社，1989 年。

唐河县地方史志编纂委员会编《唐河县志》，中州古籍出版社，1993 年。

河南年鉴社编辑部编辑《河南年鉴（1999）》，河南年鉴社，1999 年。

朱书林主编《唐河县志》，中州古籍出版社，2010 年。

四、期刊

陈新速记、《人民文学》编辑部整理：《〈红豆〉的问题在哪里？（一个座谈会记录摘要）》，《人民文学》1958年第9期。

宗璞：《也是成年人的知己》，《飞天》1981年第10期。

李子云：《净化人的心灵——读〈宗璞小说散文选〉》，《读书》1982年第1期。

程蕾：《她心头火光熠熠，笔下清风习习——评宗璞的小说创作》，《文学评论丛刊》1984年3月第20辑。

陈素琰：《论宗璞》，《文学评论》1984年第3期。

宗璞：《传统与外来影响》，《当代文坛》1988年第4期。

王蒙：《兰气息　玉精神》，《人民论坛》1998年第10期。

黄秋耘：《"报国心遏云行"——读〈南渡记〉的随想》，《当代作家评论》1989年第1期。

卞之琳：《读宗璞〈野葫芦引〉第一卷〈南渡记〉》，《当代作家评论》1989年第5期。

张德祥：《不能淡忘的历史存在——读长篇小说〈南渡记〉》，《文论月刊》1990年第2期。

曾镇南：《论〈南渡记〉》，《文论月刊》1990年第12期。

徐岱：《史与诗的张力：论宗璞和她的〈野葫芦引〉》，《文艺理论研究》2003年第2期。

贺桂梅：《历史沧桑和作家本色——宗璞访谈》，《小说评论》2003年第5期。

闻黎明：《白米斜街三号与闻一多遗属》，《百年潮》2003年第8期。

赵慧平：《说宗璞小说的"本色"创作》，《当代作家评论》

2007 年第 6 期。

徐兆淮：《问候·祝福·回忆——编余琐忆：宗璞印象记》，《扬子江评论》2012 年第 1 期。

孙先科：《从"玻璃瓶"到"野葫芦"——宗璞的第一篇小说和她爱情书写的诗学特征》，《文学评论》2012 年第 4 期。

资中筠：《我与宗璞，高山流水半世谊》，《各界》2016 年第 7 期。

陈庆妃：《"南渡"文学叙事的三种范式——由〈野葫芦引〉〈巨流河〉〈桑青与桃红〉谈起》，《文学评论》2018 年第 4 期。

翟志成：《书之岁华，其曰可读——宗璞和她的〈野葫芦引〉》，《上海文学》2020 年第 11 期。

费祎：《宗璞：什么是小说家的责任》，《现代妇女》2021 年第 1 期。

五、报纸

孙秉富：《批判〈人民文学〉七月号上的几株毒草》，《中国青年报》1957 年 9 月 6 日。

文美惠：《从〈红豆〉看作家的思想和作品倾向》，《文艺月报》1957 年第 12 期。

韦君宜：《〈南渡记〉漫谈》，《文艺报》1988 年 10 月 29 日。

冯至：《〈南渡记〉读后》，《文艺报》1989 年 5 月 6 日。

吴方：《〈南渡记〉的情怀》，《人民日报》1989 年 5 月 30 日。

金克木：《"南渡衣冠思王导"》，《文艺报》1989 年 7 月 1 日。

行云：《宗璞：十年磨一剑》，《北京日报》2001 年 9 月 2 日。

肖鹰：《野葫芦中一瓢美丽的汁液》，《中国图书商报》2001 年 9 月 6 日。

赵金钟：《燕园访宗璞》，《人民日报》2005 年 2 月 22 日。

胡军：《宗璞文学创作六十年座谈会在京举行》，《文艺报》2007 年 11 月 6 日。

舒晋瑜：《作品散发着汉语和思想的魅力——学界祝贺宗璞 80 寿辰，评述其 60 年创作路》，《中华读书报》2007 年 11 月 7 日。

张抗抗：《宗璞先生的韧性写作》，《中华读书报》2007 年 11 月 14 日。

安然：《玉精神　兰气息——宗璞印象》，《文学报》2007 年 12 月 6 日。

王锋：《宗璞：我写，因为我爱》，《华商报》2008 年 7 月 19 日。

文洁若：《宗璞和她的代表作〈野葫芦引〉》，《中华读书报》2010 年 2 月 3 日。

刘心武：《宗璞大姐嗷饭图》，《文汇报》2010 年 8 月 31 日。

肖鹰：《宗璞的文心》，《中华读书报》2010 年 11 月 24 日。

李扬：《宗璞 希望写的历史向真实靠近》，《文汇报》2011 年 8 月 9 日。

陈平原：《宗璞"过去式"》，《文汇报》2011 年 8 月 9 日。

王素蓉：《心静如水的宗璞》，《中国社会科学报》2012 年 9 月 21 日。

舒晋瑜：《宗璞：即使像蚂蚁在爬，也要继续写下去》，《中华读书报》2016 年 4 月 6 日。

张守仁：《兰心蕙质 品格高雅——记宗璞》，《文艺报》2016 年 6 月 24 日。

刘汀：《宗璞长篇小说〈北归记〉：古老民族的青春叙事》，《文艺报》2017 年 11 月 27 日。

马兵：《九旬宗璞，为青春的庄严与绚丽立传——评宗璞〈北归记〉》，《文汇报》2017 年 12 月 21 日。

张抗抗：《万古春归梦不归——宗璞〈北归记〉读后》，《中华读书报》2019 年 1 月 30 日。

舒晋瑜：《宗璞〈北归记〉出版引起较大反响》，《中华读书报》2019 年 2 月 13 日。

舒晋瑜：《宗璞：是大家的生活让我酿出蜜来》，《中华读书报》2019 年 8 月 7 日。

附录

宗璞创作年表

1943 年

散文

佚题，发表于昆明某刊物。

1946 年

征文

《我生平所最值得回味的事》（第四届征文拔萃之一），《中央周刊》1946 年第 1 期。

1947 年

新诗

《我从没有这样接近过你》，天津《大公报》1947 年 6 月 20 日。

小说

《A. K. C》（短篇小说），天津《大公报》1947 年 8 月 13 日、20 日。

1948 年

新诗

《一个年轻的三轮车夫》，天津《大公报》1948 年 10 月 24 日。

《疯》，天津《大公报》1948 年 10 月 31 日。

1951 年

小说

《诉》（短篇小说），《光明日报》1951 年 1 月 28 日。

1952 年

评论

《评〈十月文艺〉丛书》，《文艺报》1952 年第 13 期。

1954 年

评论

《谈独幕剧〈百年大计〉》，《剧本》1954 年第 6 期。

1956 年

译文

《猫的名字是怎样来的》（［苏］萨米尔·马尔夏克），未发表，后收入《宗璞文集》（第四卷），华艺出版社 1996 年。

《点金术》（［美］纳·霍桑），未发表，后收入《宗璞文集》（第四卷）。

评论

《伟大俄罗斯作家——陀思妥耶夫斯基》，《工人日报》1956年 5 月 26 日。

1957 年

新诗

《山云（外一首）》，《文艺月报》1957 年第 7 期。

小说

《红豆》（短篇小说），《人民文学》1957 年第 7 期。

童话

《寻月记》（冯锺璞著，萧淑芳绘图），中国少年儿童出版社 1957 年 11 月。

评论

《打开通向世界文学的大门》，《文艺报》1957 年第 12 期。

译文

《伟大的十月革命和锡兰文学》（默黑丁），《文艺报》1957年第 29 期。

1958 年

新诗

《小桦树的心事》，《文艺月报》1958 年第 1 期。

《石头人的话》，《北京日报》1958 年 2 月 18 日。

报告文学

《钢炉烧尽冬天雪，催促时光早到春！——亚非及中国作家炼钢小记》，《人民文学》1958 年第 12 期。

评论

《送给小朋友的好礼物——介绍〈为孩子们写的诗〉》，《文艺报》1958 年第 10 期。

《红军阿姆，松柏长青！》，《文艺报》1958 年第 24 期。

1959 年

散文

《山溪——小五台林区即景》，《新观察》1959 年第 16 期。

评论

《阿拉伯人民的声音！》，《世界文学》1959 年第 1 期。

1960 年

小说

《桃园女儿嫁窝谷》（短篇小说），《北京文艺》1960 年第 11 期。

译文/著

《安蒂怎样赛跑?》（［澳大利亚］阿伦·马歇尔），《世界文学》1960 年第 5 期。

《缪塞诗选》（宗璞、陈澄莱等合译），人民文学出版社 1960 年 12 月。

评论

《赞〈公社一家人〉》，《文艺报》1960 年第 2 期。

《精神的鸩酒——从美国十年来的畅销书谈起》，《文艺报》1960 年第 5 期。

《飞翔吧，小溪流的歌!》，《文艺报》1960 年第 10 期。

1961 年

新诗

《黄昏》，《北京文艺》1961 年第 3 期。

散文

《无处不在》，《人民日报》1961 年 3 月 5 日。

《西湖漫笔》，《光明日报》1961 年 8 月 12 日。

《秋色赋》，《北京文艺》1961 年第 12 期。

童话

《湖底山村》，《人民日报》1961 年 6 月 25 日。

1962 年

散文

《针上纪事》，《北京日报》1962 年 4 月 7 日。

《墨城红月》，《光明日报》1962 年 9 月 20 日。

小说

《两场"大战"》（短篇小说），《北京文艺》1962 年第 6 期。

《不沉的湖》（短篇小说），《人民文学》1962 年第 7 期。

1963 年

小说

《林回翠和她的母亲》（短篇小说），《新港》1963 年第 2 期，原题《后门》。

《知音》（短篇小说），《人民日报》1963 年 11 月 26 日。

散文

《一年四季》，《北京日报》1963 年 1 月 8 日。

《暮暮朝朝》，《光明日报》1963 年 10 月 1 日。

《路》，《光明日报》1963 年 12 月 21 日。

童话

《鹿泉》，《山花》1963 年第 2 期。

1964 年

新诗

《这一炉熊熊大火》，《北京日报》1964 年 5 月 13 日。

1971 年

旧体诗

《怀仲四首》，未发表，后收入《宗璞文集》（第四卷）。

1972 年

词

《江城子·定州寻夫》，未发表，后收入《宗璞文集》（第四卷）。

旧体诗

《咏古二首》（其一《读离骚》，其二《读汉书》），未发表，后收入《宗璞文集》（第四卷）。

《读怀素自叙帖二首》，未发表，后收入《宗璞文集》（第四卷）。

1978 年

新诗

《心碑》，收入《世界文学》编辑部《心碑》编辑组所编《心碑》，1978 年 1 月。

小说

《弦上的梦》（短篇小说），《人民文学》1978 年第 12 期。

童话

《花的话》，《人民文学》1978 年第 6 期。

1979 年

新诗

《华山五问》，《怀来文艺》1979 年第 3 期。

小说

《我是谁?》（短篇小说），《长春》1979 年第 12 期。

散文

《热土》，《十月》1979 年第 4 期。

《湖光塔影》，《旅游》1979 年 10 月创刊号。

童话

《吊竹兰和蜡笔盒》，《北京文学》1979 年第 2 期。

《露珠儿和蔷薇花》，《儿童时代》1979 年第 11 期。

译文/著

《拉帕其尼的女儿》（短篇小说），《世界文学》1979 年第 1 期。

《早晨的洪流——毛泽东与中国革命》（韩素音著，1—8 章 宗璞译），北京出版社 1979 年 7 月。

1980 年

小说

《三生石》（中篇小说），《十月》1980 年第 3 期。

《全息摄影》（短篇小说），《北方文学》1980 年第 9 期，原题《全息照相》。

《米家山水》（短篇小说），《收获》1980 年第 5 期。

《心祭》（短篇小说），《新港》1980 年第 11 期。

《鲁鲁》（短篇小说），《十月》1980 年第 6 期。

散文

《废墟的召唤》，《人民文学》1980 年第 1 期。

《萤火》，《散文》1980 年第 6 期。

《柳信》，《福建文艺》1980 年第 9 期。

《爬山》，《光明日报》1980 年 10 月 5 日。

童话

《书魂》，《人民文学》1980 年第 6 期。

评论

《揭开〈飘〉的纱幕》，《光明日报》1980 年 4 月 23 日。

《钢琴诗人——肖邦》，《文汇增刊》1980 年第 7 期。

《广收博采，推陈出新》，《文艺报》1980 年第 9 期。

1981 年

新诗

《归来的短诗》，《滇池》1981 年第 2 期。

小说

《团聚》（短篇小说），《人民文学》1981 年第 2 期。

《蜗居》（短篇小说），《钟山》1981 年第 1 期。

《熊掌》（短篇小说），《文汇月刊》1981 年第 10 期。

散文

《澳大利亚的红心》，《人民日报》1981 年 8 月 8 日。

《不要忘记》，《十月》1981 年第 5 期。

《我的澳大利亚文学日》，《世界文学》1981 年第 6 期。

童话

《贝叶》，《当代》1981 年第 4 期。

创作谈

《也是成年人的知己》，《飞天》1981 年第 10 期。

《〈红豆〉忆谈》，收入《中国女作家小说选（下）》，江苏人民出版社 1981 年 12 月。

著作

《三生石》（小说集），百花文艺出版社 1981 年 4 月。

《宗璞小说散文选》（小说散文集），北京出版社 1981 年 4 月。

1982 年

小说

《核桃树的悲剧》（短篇小说），《钟山》1982 年第 3 期。

散文

《绿衣人》，《人民日报》1982 年 1 月 7 日。

《水仙辞》，《天津日报·文艺双月刊》1982 年第 1 期。

《紫藤萝瀑布》，《福建文学》1982 年第 7 期。

《哭小弟》，《人民日报》1982 年 12 月 27 日。

童话

《石鞋》，《北京文学》1982 年第 3 期。

《冰的画》，《少年文艺》1982 年第 4 期。

书信

《给克强、振刚同志的信》，《钟山》1982 年第 3 期。

译文

《信》（〔澳大利亚〕帕·怀特），《世界文学》1982 年第 3 期。

1983 年

新诗

《回家（外三首）》，《人民日报》1983 年 7 月 14 日。

小说

《谁是我？》（短篇小说），《北京文学》1983 年第 8 期。

散文

《羊齿洞记》，《十月》1983 年第 4 期。

《潘彼得的启示》，《天津文学》1983 年第 10 期。

童话

《紫薇童子》，《人民文学》1983 年第 10 期。

《关于琴谱的悬赏》，《儿童文学》1983 年第 12 期。

译文

《花园茶会》《第一次舞会》，收入《曼斯菲尔德短篇小说选》，上海译文出版社 1983 年 9 月。

序

《〈熊掌〉小序》，后收入《熊掌》，百花文艺出版社 1984 年 12 月。

1984 年

新诗

《病人和病魔的对话》，《丑小鸭》1984 年第 11 期。

散文

《奔落的雪原——北美观瀑记》，《散文》1984 年第 4 期。

《没有名字的墓碑——关于济慈》，《北京文学》1984 年第 6 期。

《写故事人的故事——访勃朗特姊妹故居》，《文汇月刊》1984 年第 7 期。

《他的心在荒原——关于托马斯·哈代（1840—1928）》，《人民文学》1984 年第 8 期。

《在黄水仙的故乡》，《上海文学》1984 年第 10 期。

《安波依十日》，《三月风》1984 年 11 月创刊号。

《看不见的光——弥尔顿故居及其他》，《花城》1984 年第 6 期。

童话

《总鳍鱼的故事》，《少年文艺》1984 年第 4 期。

《邮筒里的火灾》，《童话》1984 年第 8 期。

《红菱梦迹》，《作家》1984 年第 9 期。

评论

《试论曼斯菲尔德的小说艺术》，《国外文学》1984 年第 2 期。

《有生命的文学——读〈外国文学——当代澳大利亚文学专号〉》，《人民日报》1984 年 6 月 25 日。

《说节制——介绍〈曼斯菲尔德短篇小说选〉》，《读书》1984 年第 10 期。

创作谈

《小说和我》，《文学评论》1984 年第 3 期。

发言

《浅谈雅俗共赏——在人民文学出版社烟台笔会上的发言》，《当代》1984 年第 6 期。

著作

《风庐童话》（童话集），湖南少年儿童出版社 1984 年 8 月。

《熊掌》（小说集），百花文艺出版社 1984 年 12 月。

1985 年

新诗

《等待（外三首）》，《女作家》1985 年 3 月创刊号。

《长江游短诗三首》，《诗刊》1985 年第 8 期。

《野豌豆荚》，收入《节日朗诵诗》，湖北人民出版社 1985 年出版，又收入《宗璞文集》（第四卷）。

旧体诗

《黄鹤楼四绝句》，《光明日报》1985 年 5 月 12 日。

《一九八五年到重庆》，未发表，后收入《宗璞文集》（第四卷）。

小说

《青琐窗下》（短篇小说），《人民文学》1985 年第 8 期。

《泥沼中的头颅》（短篇小说），《小说导报》1985 年第 10 期。

散文

《三峡散记》，《光明日报》1985 年 6 月 30 日。

《冷暖自知》，《文艺报》1985 年 8 月 17 日。

童话

《无影松》，《东方少年》1985 年第 1 期。

《星之泪》，《儿童时代》1985 年第 5 期。

译文

《星期日下午》（［英］伊·波温）、《鬼恋人》（［英］伊·波温），《世界文学》1985 年第 3 期。

《论小说艺术——〈诺桑觉修道院〉（片断）》（［英］简·奥斯丁），收入《奥斯丁研究》，中国文联出版公司 1985 年 9 月。

《书简选》（［英］简·奥斯丁），收入《奥斯丁研究》，中国文联出版公司 1985 年 9 月。

评论

《打开常春藤下的百叶窗——伊丽莎白·波温研究》,《世界文学》1985 年第 3 期。

1986 年

散文

《送黎遄》,《光明日报》1986 年 2 月 9 日。

《冬至》（原为《送黎遄》之"外一篇"）,《光明日报》1986 年 2 月 9 日。

《丁香结》,《散文》1986 年第 3 期。

《秋韵》,《北京文学》1986 年第 3 期。

《恨书》,《青海湖》1986 年第 3 期。

《霞落燕园》,《中国作家》1986 年第 4 期。

《彩虹曲社》,《天津文学》1986 年第 8 期。

《领头山人家》,《散文世界》1986 年第 10 期。

童话

《丢失了的蓝星》,1986 年 5 月下旬写,未完。

题词

"我爱人类的歌,也爱自然的歌。我知道没有歌声的地方就有了寂寞",《中国作家》1986 年第 4 期。

创作谈

《我为什么写作》,《文艺报》1986 年 4 月 12 日。

《写给〈作家〉》,《作家》1986 年第 10 期。

1987 年

小说

《南渡记》第一章《方壶流萤》（长篇小说），《人民文学》
1987 年第 5 期。

《南渡记》第二章《泪洒方壶》（长篇小说），《人民文学》
1987 年第 6 期。

散文

《九十华诞会》，《东方纪事》1987 年第 1—2 卷。

《三访鳌滩》，《人民日报》（海外版）1987 年 8 月 31 日。

《忆旧添新》，《文艺报》1987 年 11 月 28 日。

序

《〈双城鸿雪记〉序曲》，《人民日报》1987 年 6 月 16 日。

后记

《〈南渡记〉后记》，写于 1987 年 12 月 26 日。

题词

"行云流水喻其散，松风朗月喻其文。散文贵在自然，与人
贵无矫饰一也"，《收获》创刊 30 周年题词，《收获》1987 年第
6 期。

《未解的结——〈丁香结〉代后记》，写于 1987 年 4 月
14 日。

著作

《丁香结》（散文集），百花文艺出版社 1987 年 4 月。

《宗璞代表作》，河南人民出版社 1987 年 12 月。

《宗璞代表作》，黄河文艺出版社 1987 年 12 月。

1988 年

小说

《南渡记》（长篇小说《野葫芦引》第一卷），《海内外文学》1988 年第 2 期。

散文

《辞行》，《青年散文家》1988 年第 3 期。

《三幅画》，《钟山》1988 年第 5 期。

《小东城角的井》，《女声》1988 年第 11 期。

《我爱燕园》，收入《精神的魅力》，北京大学出版社 1988 年 4 月版。

序

《找回你自己——〈燕园拾痕〉代自序》，《中国妇女》1988 年第 5 期。

《吴宗蕙〈中南海之恋〉序》，写于 5 月 18 日，收入《中南海之恋》，文化艺术出版社 1989 年 5 月。

献辞

"因为属龙，想为戊辰龙年写一句话：愿天下属龙和不属龙的人都能掌握自己的命运，而不为龙所主宰"，《人民日报》（海外版）1988 年 2 月 17 日。

著作

《南渡记》（《野葫芦引》第一卷），人民文学出版社 1988年 9 月。

1989 年

散文

《卖书》，《散文》1989 年第 1 期。

《行走的人——关于〈关于罗丹——日记摘抄〉》，《人民日报》1989 年 1 月 26 日。

《对〈梁漱溟问答录〉中一段记述的订正》，《光明日报》1989 年 3 月 21 日，原题《记冯友兰与梁漱溟的一次会晤》。

《好一朵木槿花》，《东方纪事》1989 年第 2 期。

《燕园石寻》，《人民文学》1989 年第 5 期。

《"热海"游记》，《散文》1989 年第 12 期。

童话

《童话三题》（《锈损了的铁铃铛》《碎片木头陀》《遗失了的铜钥匙》），《上海文学》1989 年第 1 期。

译文

《译文一束》，分别为《我们的第一所房屋》（［美］玛克辛·洪·金斯顿，散文）、《双声变奏》（［美］萝碧塔·怀特曼，诗歌）、《一切罩单都应是白色》（［美］艾丽思·福尔顿，诗歌），《文汇报》1989 年 6 月 1 日。

书信

《"我到西湖，感到了绿"》，《语文学习》1989 年第 1 期，原题《致彭世强》。

创作谈

《似与不似之间》，收入《当代中国作家百人传》，求实出版社 1989 年 6 月。

小传

《小传》，收入《当代中国作家百人传》，求实出版社 1989 年 6 月。

1990 年

散文

《风庐茶事》，《光明日报》1990 年 2 月 22 日。

《燕园碑寻》，《文汇报》1990 年 3 月 8 日。

《无尽意趣在"石头"——为王蒙〈红楼梦启示录〉写》，《读书》1990 年第 4 期。

《燕园树寻》，《文汇月刊》1990 年第 6 期。

《读书断想》，《中国妇女》1990 年第 8 期。

《报秋》，《散文》1990 年第 10 期。

《燕园墓寻》，《随笔》1990 年第 6 期。

创作谈

《从〈西湖漫笔〉说开去》，《语文学习》1990 年第 9 期。

《独创性作家的魅力》，《外国文学评论》1990 年第 1 期。

书信

《答〈中学生阅读〉编辑部问》，《中学生阅读》1990 年第 3 期。

题词

"精其选，解其言，知其意，明其理"，《中学生阅读》1990 年第 3 期。

发言

《校庆献辞》，《云南师范大学学报（哲学社会科学版）》1990 年第 A1 期。

后记

《〈宗璞〉·后记》，1990 年 5 月 6 日写于风庐。

著作

《雾里看伦敦》（散文集）（宗璞、李国文主编），中外文化出版社 1990 年 12 月。

《弦上的梦》（小说集），台北新地出版社 1990 年。

1991 年

散文

《心的嘱托》，《文汇报》1991 年 1 月 2 日。

《三松堂断忆》，香港《明报月刊》1991 年第 12 期；《读书》第 12 期。

书信

《致金梅书》，《文学自由谈》1991 年第 1 期。

序

《序钱晓云〈飘忽的云〉》，《解放日报》1991 年 8 月 8 日。

著作

《宗璞》（中国当代作家选集丛书）（小说、散文、童话集），人民文学出版社 1991 年 6 月。

1992 年

小说

《一墙之隔》（短篇小说），《钟山》1992 年第 6 期。

散文

《燕园桥寻》，台湾《联合报》1992 年 4 月 10 日。

《悼张跃》，《文汇报》1992 年 5 月 10 日。

《从"粥疗"说起》，《收获》1992 年第 3 期。

《星期三的晚餐》，台湾《联合报》1992 年 7 月 15 日。

创作谈

《几句话》，收入《中国当代儿童文学作家小传》，湖南少年儿童出版社 1992 年 1 月。

跋

《〈先燕云散文集〉跋》，《文学界》1992 年第 12 期。

著作

法文版《心祭》（小说集），中国文学出版社 1992 年 1 月。

1993 年

新诗

《二月兰问答》，未发表，后收入《宗璞文集》（第四卷）。

《答卷》，未发表，收入《红豆》（舒婷、宗璞、浩然著），中国友谊出版公司 1993 年 8 月。

小说

《朱颜长好》（短篇小说），《世界日报·小说世界》1993 年 8 月 13、14 日；《收获》1993 年第 5 期。

《勿念我》（短篇小说），台湾《联合报·文学》1993 年 9 月 4、5、6 日；《天涯》1993 年 9 月号；《世界日报·小说世界》1993 年 10 月 18、19 日。

《长相思》（短篇小说），香港《大公报》1993 年 9 月 22、29 日；《作品》1993 年第 11 期。

散文

《三松堂岁暮二三事》，台湾《联合报》1993 年 1 月 16 日。

《猫冢》，《美文》1993 年第 1 期。

《送春》，《散文天地》1993 年第 1 期。

《孟庄小记》，香港《大公报》1993 年第 38 期。

《京西小巷槐树街》，写于 1993 年 6 月 5 日，后收入《宗璞文集》（第一卷）。

《教育·文化·人口素质》，《人民日报》1993 年 8 月 18 日，原题《偶感》。

《花朝节的纪念》，《中华散文》1993 年 9 月创刊号。

《〈丛竹间燕园的家书〉读后》，《文汇报》1993年9月5日。

《今日三松堂》，《东方文化》1993年10月创刊号。

《客有可人》，《光明日报》1993年12月4日。

《松侣》，《中国残疾人》1993年第12期。

创作谈

《〈世界文学〉和我》，《世界文学》1993年第3期。

著作

《红豆》《舒婷、宗璞、浩然著），中国友谊出版公司1993年8月。

《宗璞散文选集》 （散文集），百花文艺出版社1993年12月。

1994年

新诗

《依碧山庄小诗六首》，《深圳作家报》1994年2月8日。

小说

《胡子的喜剧》（短篇小说），《十月》1994年第5期。

《甲鱼的"正剧"》（短篇小说），《作品》1994年第9期；香港《大公报》1994年9月28日；《小说月报》1994年第12期。

散文

《药杯里的莫扎特》，《音乐爱好者》1994年第1期。

《一九九三年岁末五日记》，《光明日报》1994年1月31日。

《风庐乐忆》，《爱乐》1994年创刊号。

《道具》，《散文天地》1994年第2期。

《书当快意》，《光明日报》1994年6月17日；《书摘》1994年第6期。

《梦回蒙自》，《华人文化世界》1994年第3期。

《养马岛日出》，《胶东文学》1994年第9期。

《那青草覆盖的地方》，写于1994年4月中旬，6月初改定，收入《永远的清华园》（北京出版社2000年4月）。

创作谈

《虚构，实在很难》，《读书》1994年第10期，原题《说虚构》。

序

《真情·洞见·美言——〈女性散文选粹〉序》，《文汇报》1994年7月14日；香港《大公报》1994年8月14日。

著作

《燕园拾痕》（散文集），中原农民出版社1994年4月。

《宗璞代表作》（小说集），河南人民出版社1994年1月。

《铁箫人语》（散文集），春风文艺出版社1994年7月。

1995年

小说

《东藏记》第一、第二章（长篇小说），《收获》1995年第

3 期。

散文

《促织，促织!》，《散文海外版》1995 年 1 月号。

《三千里地九霄云》，《中国作家》1995 年第 1 期。

《一点希望》，《北京日报》副刊《流杯亭》1995 年 1 月
19 日。

《乙亥年正月初二日偶书》，《光明日报》1995 年 2 月 8 日。

《祈祷和平》，《人民日报》（海外版）1995 年 7 月 10 日。

《〈幽梦影〉情结》，《新剧本》1995 年第 4 期。

《美文不在辞藻》，《语文学习》1995 年第 9 期。

《向历史诉说》，《文汇报》1995 年 12 月 24 日。

发言

《获奖感言》，《当代》1995 年第 1 期。

著作

《风庐故事——宗璞短篇小说集》（短篇小说集），中国对
外翻译出版公司 1995 年 8 月。

《当代女性散文选粹》（散文集）（宗璞主编，叶稚珊选
编），上海三联书店 1995 年 10 月，收入《恨书》《燕园石寻》。

《冯友兰先生百年诞辰纪念文集》（冯锺璞、蔡仲德编），
清华大学出版社 1995 年 12 月。

1996 年

散文

《久病延年》,《文汇报》1996 年 3 月 11 日。

《"辞典"的困惑》,《群言》1996 年第 3 期。

《比尔建亚》,《南方日报》1996 年 4 月 21 日。

《一封旧信》,《文汇读书周报》1996 年 7 月 27 日。

《让老百姓有书读》,《光明日报》1996 年 8 月 21 日。

《下放追记》,收入《宗璞影记》,河北教育出版社 1998 年 9 月。

《夹竹桃知己》,《随笔》1996 年第 5 期。

《人老燕园》,《文汇报》1996 年 12 月 10 日。

童话

《七扇旧窗》,《少年文艺》1996 年第 11 期。

序

《〈宗璞儿童文学作品精选〉自序》,1996 年 7 月 25 日初稿,下旬改定。

书信

《致丁果先生信》,香港《明报月刊》1996 年。

访谈

《风庐茶话》(宗璞、卫建民),《作家》1996 年第 2 期。

著作

《宗璞文集》(全四卷),华艺出版社 1996 年 1 月。

《心的嘱托》(散文集),河北少年儿童出版社 1996 年 12 月。

1997 年

散文

《刚毅木讷近仁——记张岱年先生》，香港《大公报》1997年 10 月 27 日、11 月 3 日；《随笔》1997 年第 6 期。

著作

《雾里看伦敦》（散文集）（宗璞、李国文选编），华夏出版社 1997 年 1 月，收入宗璞四篇散文。

《米家山水》（小说集），春风文艺出版社 1997 年 8 月。

《三松堂漫记》，上海远东出版社 1997 年 12 月。

1998 年

旧体诗

《七十感怀》，《新民晚报》1998 年 10 月 17 日。

小说

《彼岸三则》（《电话》《电灯》《电铃》），《小说界》1998年第 4 期。

散文

《小议十二生肖》，《新民晚报》1998 年 1 月 17 日。

《三松堂依旧》，《北京大学学报（哲学社会科学版）》1998 年第 2 期。

《悼念陈岱孙先生》，收入《陈岱孙纪念文集》，福建人民出版社 1998 年 12 月。

《不得不说的话》，《文学自由谈》1998 年第 4 期。

《再说几句话》，《文学自由谈》1998 年第 6 期。

书信

《发挥生命的创造力——冯宗璞致詹克明的信》，《人民日报》1998 年 4 月 17 日。

序

《过去的瞬间——〈宗璞影记〉自序》，《文汇报》1998 年 12 月 4 日。

《岁暮感怀——〈未解的结〉代序》，写于 1998 年 12 月 30 日，收入散文集《未解的结》（辽宁人民出版社 2000 年 1 月）。

著作

《我爱燕园》（散文集），北京大学出版社 1998 年 5 月。

《宗璞作品精选》（蔡仲德编），河北少年儿童出版社 1998 年 8 月。

《宗璞影记》（散文集），河北教育出版社 1998 年 9 月。

《风庐缀墨》（散文集），上海远东出版社 1998 年 12 月。

1999 年

散文

《谁是主人翁》，《北京日报》1999 年 1 月 14 日。

《仙踪何处》，《群言》1999 年第 5 期。

《雕刻盲的话》，收入熊秉明《中国当代艺术选集（6）》，（高雄）山美术馆 1999 年 5 月。

《在曹禺墓前》，《中华读书报》1999年6月23日。

《烟斗上小人儿的话》，收入《回忆纪念闻一多》，武汉出版社1999年9月。

《乐书》，《人民日报》（海外版）1999年9月13日。

《从近视眼到远视眼》，《人民文学》1999年第10期。

评论

《痛读〈思痛录〉》，《文汇读书周报》1999年1月16日。

童话

《海上小舞蹈》，《童话王国》1999年第1期。

书信

《致人民出版社信》，写于1999年1月4日，收入《野葫芦须——宗璞散文全编（1951—2001）》（北京出版社2003年2月）。

2000年

小说

《东藏记》（长篇小说），《收获》2000年第6期。

散文

《让孩子成为健康快乐的人》，《家庭教育》2000年第2期。

《蜡炬成灰泪始干》，《人民日报》（海外版）2000年8月29日。

《告别阅读》，《中华散文》2000年第9期。

译文

《作为邪恶象征的植物》，收入《英汉对照描写辞典》，上海交通大学出版社 2000 年 3 月。

序

《乘着歌声的翅膀——歌曲集〈记得当时年纪小〉序》，《新民晚报》2000 年 2 月 5 日。

后记

《〈东藏记〉后记》，写于 7 月 24 日。

发言

《一只小蚂蚁的敬礼》，《人民日报》2000 年 12 月 30 日。

著作

《未解的结》（散文集），辽宁人民出版社 2000 年 1 月。

《中华散文珍藏本 宗璞卷》（散文集），人民文学出版社 2000 年 1 月。

《永远的清华园——清华子弟眼中的父辈》（宗璞、熊秉明主编）（散文集），北京出版社 2000 年 4 月，收入《〈永远的清华园〉序二》《那青草覆盖的地方》。

《南渡记》（长篇小说），人民文学出版社 2000 年 7 月。

2001 年

散文

《我与人民文学出版社》，收入《我与人民文学出版社》，人民文学出版社 2001 年 3 月。

《那祥云缭绕的地方——记清华大学图书馆》，收入《不尽书缘——忆清华大学图书馆》，清华大学出版社2001年4月。

《拾沙花朝小辑》，《书摘》2001年第12期。

小说

《她是谁?》（短篇小说），《中国作家》2001年第7期。

发言

《衔一粒沙再衔一粒沙》，《文艺报》2001年11月6日。

著作

《水仙辞》（散文集），群众出版社2001年1月。

《东藏记》（《野葫芦引》第二卷）（长篇小说），人民文学出版社2001年4月。

2002年

贺词

《"精其选"》，《书摘》2002年第9期。

著作

《风庐短篇小说集》（小说集），上海社会科学院出版社2002年1月。

《风庐散文选》（散文集），上海社会科学院出版社2002年1月。

《冯友兰：云在青天水在瓶》，大象出版社2002年9月。

连环画改编

《桃园父女》（宗璞原著，赵福昌改编，瞿谷寒绘画），上海人民美术出版社 2002 年 1 月。

2003 年

散文

《二十四番花信》，《书摘》2003 年第 2 期。

《向前行走》，《文汇报》2003 年 3 月 3 日。

《迟到的话》，《粤海风》2003 年第 4 期。

《天马行空——耳读王蒙旧体诗》，《解放日报》2003 年 10
月 21 日。

创作谈

《答〈收获〉王继军问》，写于 2000 年 11 月 13 日，收入
《宗璞文学创作评论集》，人民文学出版社 2003 年 10 月。

序

《〈晚年随笔〉序》，《文汇报》2003 年 9 月 14 日。

著作

《野葫芦须——宗璞散文全编（1951—2001）》（散文集），
北京出版社 2003 年 2 月。

2004 年

散文

《耳读偶记——读〈朱自清日记〉》，《人民日报》2004 年
9 月 9 日。

著作

《南渡记　东藏记》（共两册）（长篇小说），人民文学出版社2004年5月。

《宗璞散文选集》（散文集），百花文艺出版社2004年9月。

2005 年

小说

《四季流光》（中篇小说），《十月》2005年第5期。

《题未定》（短篇小说），《钟山》2005年第6期。

散文

《扔掉名字》，《文汇报》2005年1月28日。

《耳读〈苏东坡传〉》，《文汇报》2005年8月21日。

《智慧的光辉——忆我的父亲冯友兰》，《人民日报》2005年11月6日，原题《他的"迹"和"所以迹"——为冯友兰先生一百一十年冥寿作》。

发言

《在复旦大学宗璞长篇小说研讨会上的发言》，收入《宗璞文学回忆录》，广东人民出版社2020年5月。

著作

《野葫芦引：南渡记　东藏记》（全二卷）（长篇小说），人民文学出版社2005年1月。

《宗璞自述》（散文集），大象出版社2005年3月。

《霞落燕园》（散文集），作家出版社2005年10月。

2006 年

散文

《冬的孕育》，《新读写》2006 年第 7 期。

《给古人少许公平》，《冯学研究通讯》2006 年第 4 辑。

童话

《小沙弥陶陶》，《上海文学》2006 年第 8 期。

评论

《进于道的吴为山雕塑艺术》，《文艺报》2006 年 5 月 27 日。

《吴为山的雕塑》，《民族艺术》2006 年第 2 期。

著作

《宗璞精选集》（小说、童话集），燕山出版社 2006 年 1 月。

《三生石》（小说集），人民文学出版社 2006 年 1 月。

2007 年

散文

《感谢高鹗》，《随笔》2007 年第 1 期。

《怎得长相依聚——蔡仲德三周年祭》，《文汇报》2007 年 1 月 17 日；《散文海外版》2007 年第 4 期予以转载。

《一条围巾和一张 CD》，《人民日报》（海外版）2007 年 2 月 2 日。

《漫记西南联大和冯友兰先生》，《中华读书报》2007 年 9

月 5 日。

《散失的墨迹》，《人民日报》2007 年 11 月 6 日。

《六十年前的题字》，写于 2007 年 10 月 16 日，收入《散落的珍珠——小滢的纪念册》，百花文艺出版社 2008 年 1 月。

《告别小林先生》，写于 2007 年 2 月 13 日，收入《燕园远去的笛声——林焘先生纪念文集》，商务印书馆 2007 年 10 月。

著作

《那青草覆盖的地方》（散文集），辽宁人民出版社 2007 年 1 月。

《宗璞童话》（童话集），湖北少儿出版社 2007 年 1 月。

《宗璞散文：插图珍藏版》（散文集），人民文学出版社 2007 年 3 月。

《告别阅读》（散文集），作家出版社 2007 年 8 月。

2008 年

小说

《恍惚小说（四篇）》（短篇小说）（《董师傅游湖》《打球人与拾球人》《稻草垛咖啡馆》《画痕》），《中国作家》（半月刊）2008 年第 4 期。

散文

《"大乐队"是否多余》，《新民晚报》2008 年 9 月 17 日。

《变迁》，《解放日报》2008 年 12 月 17 日。

《〈新理学〉七十年》，《光明日报》2008 年 12 月 29 日，略有删节。

《忆朱伯崑》，写于 2008 年 12 月 29 日，未发表，后收入《风庐散记——宗璞自选精品集》（北京大学出版社 2012 年 5 月版）。

序

《〈冯友兰集〉序》，《随笔》2008 年第 3 期。

词作

《托钵曲》（宗璞词，王健吟诵），《歌曲》2008 年第 2 期。

后记

《〈西征记〉后记》，写于 2008 年 12 月 31 日。

著作

《宗璞童话》（童话集）（宗璞著，跳跳鼠、栗子塔等绘画），上海人民美术出版社 2008 年 5 月。

2009 年

小说

《西征记》（长篇小说），《收获》2009 年 4 月底杂志增刊。

著作

《四季流光：宗璞作品选》，新加坡青年书局 2009 年 1 月。

《西征记》（长篇小说），人民文学出版社 2009 年 5 月。

《宗璞散文选集》（散文集）（陈素琰编），百花文艺出版社 2009 年 6 月。

《四季流光》（小说集），香港明报月刊出版社 2009 年 7 月。

2010 年

散文

《考试失利以后》，《中华读书报》2010 年 4 月 23 日。

《肩上的石头》，《解放日报》2010 年 5 月 29 日。

《采访史湘云》，《新民晚报》2010 年 6 月 17 日。

《父亲的最后几年》，《法制资讯》2010 年第 8 期。

《李子云的慧悟》，《新民晚报》2010 年 12 月 27 日，原题《祭李子云》。

发言

《他在这里投入了全部心血——在清华大学纪念冯友兰先生诞辰 115 周年会上的发言》，《文汇报》2010 年 11 月 29 日，原题《在冯友兰先生诞辰一百一十五周年纪念会上的发言》。

序

《我的六姨》，《文汇报》2010 年 4 月 19 日。

访谈

《痴心肠要在葫芦里装宇宙》（宗璞、夏榆），《上海文学》2010 年第 8 期。

《燕园谈红——漫谈〈红楼梦〉》（宗璞、侯宇燕），《社会科学论坛》2010 年第 17 期。

著作

《二十四番花信》（散文集），江苏文艺出版社 2010 年 1 月。

《旧事与新说：我的父亲冯友兰》，新星出版社 2010 年 3 月。

《南渡记·东藏记·西征记》（全三册）（长篇小说），人民文学出版社 2010 年 6 月。

《海上小舞蹈》（童话集），湖北美术出版社 2010 年 9 月。

《红豆》（小说集），花城出版社 2010 年 11 月。

2011 年

小说

《琥珀手串》（短篇小说），《上海文学》2011 年第 4 期，原题《真假琥珀手串》。

散文

《新春走笔话创作》，《人民日报》2011 年 2 月 4 日。

《李姐趣事》，《新民晚报》和《新民晚报（美国版）》2011 年 12 月 30 日。

序

《序两篇》（《〈任芝铭存稿〉序》和《〈寸草心：清华名师夫人卷〉序》），《文汇报》2011 年 12 月 26 日。

访谈

《一个真实的冯友兰》（宗璞、刘畅），《天津政协》2011 年第 12 期。

著作

《紫藤萝瀑布》（散文集），海峡文艺出版社 2011 年 5 月出版。

2012 年

散文

《领取生活》，《资源与人居环境》2012 年第 4 期。

《铁箫声幽》，《随笔》2012 年第 3 期；《散文海外版》2012 年第 4 期。

《我的大学》，《东莞日报》2012 年 6 月 6 日。

《握手》，收入《回忆张光年》，作家出版社 2013 年 10 月。

评论

《进于道的雕塑艺术》，《文艺报》2012 年 3 月 5 日。

著作

《敛沙集》（散文集），长春出版社 2012 年 1 月。

《宗璞自述》（第 2 版），大象出版社 2012 年 3 月。

《风庐散记——宗璞自选精品集》（散文集），北京大学出版社 2012 年 5 月。

《野葫芦引》第一卷《南渡记》、第二卷《东藏记》、第三卷《西征记》，香港中和出版有限公司 2012 年 5 月。

2013 年

散文

《云在青天》，《文汇报》2013 年 6 月 10 日。

《我的母亲是春天》，《新读写》2013 年第 7 期。

后记

《〈冯友兰先生年谱长编〉后记》略有修改，2013 年 8 月

1 日。

著作

《萤火》（散文集），人民文学出版社 2013 年 1 月。

《朱颜长好》（小说集），人民文学出版社 2013 年 1 月。

《走近冯友兰》，社会科学文献出版社 2013 年 1 月。

《琥珀手串》（小说集），江苏文艺出版社 2013 年 1 月。

《花语童话》（童话集），湖南少年儿童出版社 2013 年 1 月。

《永远的清华园》（散文集）（宗璞、熊秉明主编），北京大学出版社 2013 年 9 月。

《米家山水》（小说集），上海文艺出版社 2013 年 10 月。

2014 年

散文

《美芹三议》（《关于〈三字经〉》《关于〈二十四孝图〉》《关于〈打子〉》），《文汇报》2014 年 12 月 19 日。

著作

《桃园父女》（小说集）（宗璞原著，赵福昌编文，瞿谷寒绘画），上海人民美术出版社 2014 年 4 月。

《三生石》（小说集），人民文学出版社 2014 年 6 月。

《东藏记》（长篇小说），云南人民出版社 2014 年 6 月。

《告别阅读〈大字版〉》（散文集），中国盲文出版社 2014 年 6 月。

《宗璞作品中学生读本》，人民日报出版社 2014 年 7 月。

2015 年

散文

《冷却香炉》，《新民晚报》和《新民晚报（美国版）》
2015 年 3 月 18 日。

著作

《未解的结》《客有可人》《心的嘱托》《云在青天——宗璞
散文》《书当快意》《二十四番花信》（散文集），浙江文艺出版
社 2015 年 1 月。

《四季流光》（小说集），上海文艺出版社 2015 年 1 月。

《西征记》（长篇小说），云南人民出版社 2015 年 11 月。

跋

《〈中国哲学史〉跋》，收入《未解的结》，浙江文艺出版社
2015 年 1 月。

创作谈

《〈东藏记〉创作谈》，《芳草：经典阅读》2015 年第 11 期。

2016 年

词

《词五首》（《渔家傲》《渔家傲·又一首》《卜算子》《如
梦令》《生查子》），《新民晚报》2016 年 9 月 27 日。

散文

《铁箫声幽》，《辽沈晚报》2016 年 5 月 16 日。

《现在还要提倡"二十四孝"吗——兼说国学的经典与糟粕》,《祝你幸福》(知心版)2016 年第 5 期。

《活着是为了明白哲学道理——回忆我的父亲冯友兰》,《文史博览》2016 年第 11 期。

著作

《宗璞经典散文:紫藤萝瀑布》(散文集),新世界出版社 2016 年 3 月。

《宗璞童话》(百年百部中国儿童文学经典书系)(童话集),长江少年儿童出版社 2016 年 4 月。

《旧事与新说——我的父亲冯友兰》,新世界出版社 2016 年 7 月。

《紫薇童子——宗璞作品选》(童话集),长江少年儿童出版社 2016 年 7 月。

《紫藤萝瀑布》(散文集),江苏凤凰文艺出版社 2016 年 9 月。

《鲁鲁》(小说集)(宗璞著,阿星绘),人民文学出版社 2016 年 10 月。

《请你记住——缪塞诗选》,人民文学出版社 2016 年 10 月。

2017 年

小说

《北归记》前五章(长篇小说),《人民文学》2017 年第 12 期。

散文

《一家子学问人》，《爱你》2017年第2期。

著作

《我生命中的那些人物》（散文集），东方出版中心2017年1月。

《三字经节简注本》（王应麟原著，宗璞、李存山编注），东方出版中心2017年3月。

《四季流光》（小说集），江苏凤凰文艺出版社2017年4月。

《紫藤萝瀑布》（散文集）（宗璞著，舒晋瑜主编），济南出版社2017年6月。

《丁香结》（作品集），长江文艺出版社2017年6月。

《紫藤萝瀑布·丁香结》（散文集），长江文艺出版社2017年7月。

《紫薇童子》（童话集），济南出版社2017年8月。

《向历史诉说——我的父亲冯友兰》，人民文学出版社2017年9月。

《宗璞精品童话选》（童话集），江苏凤凰科学技术出版社2017年11月。

《宗璞散文精选》（名家散文典藏：彩插版）（散文集），长江文艺出版社2017年12月。

2018 年

小说

《你是谁?》（短篇小说），《上海文学》2018 年第 1 期。

《稻草垛咖啡馆》（短篇小说），《爱情·婚姻·家庭（生活纪实版）》2018 年第 9 期。

散文

《晨课》，《中华读书报》2018 年 11 月 28 日。

《四姑——你能告诉我吗?》，《新民晚报》和《新民晚报（美国版）》2018 年 12 月 20 日。

译文

《快乐王子》（短篇童话）（［英］王尔德），收入《夏天里的苹果梦》，万卷出版公司 2018 年 7 月。

后记

《〈野葫芦引〉全书后记》，写于 2018 年 5 月 14 日。

著作

《紫藤萝瀑布》（散文集）（部编教材指定阅读），江苏凤凰文艺出版社 2018 年 1 月。

《烟斗上小人儿的话》（散文集），人民文学出版社 2018 年 2 月。

《总鳍鱼的故事》（童话集），江苏科学技术出版社 2018 年 4 月。

《紫薇童子》（童话集），江西高校出版社 2018 年 8 月。

《北归记·接引葫芦》（《野葫芦引》第四卷·末卷）（长篇

小说），香港中和出版有限公司 2018 年 8 月。

《你是谁?》（小说集），人民文学出版社 2018 年 9 月。

《四季流光》（小说集），人民文学出版社 2018 年 10 月。

《三千里地九霄云》（散文集），人民日报出版社 2018 年 10 月版。

《紫藤萝瀑布》（散文集），浙江教育出版社 2018 年 11 月。

《铁箫人语》（散文集），春风文艺出版社 2018 年 11 月。

《南渡记》（英文版）（长篇小说），查思出版公司 2018 年（约）。

2019 年

著作

《野葫芦引》（四卷本）（长篇小说），人民文学出版社 2019 年 2 月。

《〈野葫芦〉第四卷　北归记》，人民文学出版社 2019 年 2 月。

《小圃花开，领取而今现在》（散文集），北京时代华文书局 2019 年 4 月。

《铁箫斋文萃》（散文集），中华书局 2019 年 5 月。

《宗璞散文精选》（散文集），崇文书局 2019 年 5 月。

《野葫芦引（全卷本）（印刷签名版）》（长篇小说），香港中和出版公司 2019 年 6 月。

《紫藤萝瀑布》（散文集），中国致公出版社 2019 年 8 月。

《宗璞散文》（散文集），浙江文艺出版社 2019 年 9 月。

《人生乐在相知心》（散文集）（宗璞等著、王笑东主编），陕西师范大学出版总社 2019 年 10 月。

《中小学生读书法》（宗璞著，宸冰主编），台海出版社 2019 年 11 月，收入《读书断想》《乐书》。

《铁箫人语》（散文集），春风文艺出版社 2019 年 11 月。

《花的话》（童话集）（宗璞著，白鲸绘），黑龙江美术出版社 2019 年 12 月。

2020 年

散文

《三首诗及其他》，《随笔》2020 年第 2 期。

《我的邀请名单》，《辽沈晚报》2020 年 5 月 21 日。

著作

《宗璞散文精选》（散文集），北京教育出版社 2020 年 2 月。

《宗璞文学回忆录》，广东人民出版社 2020 年 5 月。

《素与简》（散文集），古吴轩出版社 2020 年 10 月。

《紫藤萝瀑布·丁香结》，长江文艺出版社 2020 年 12 月。

2021 年

散文

《应该说的话》，《中华读书报》2021 年 3 月 31 日。

《素与简》，《共产党员》2021 年第 7 期。

著作

《雪落燕园》（散文集），重庆出版社 2021 年 1 月。

《复杂世界，简单活》（散文集），重庆出版社 2021 年 1 月。

《丁香结》（散文集），长江少年儿童出版社 2021 年 11 月。

2022 年

散文

《爬山》，《亭湖报》2022 年 4 月 20 日。

诗

《宗璞诗作选刊》（《七十感怀》二首、《八十初度感怀》二首、《渔家傲》、《渔家傲·又一首》、《如梦令》），《中华读书报》2022 年 10 月 19 日。

著作

《父与女——从宇宙星河到点滴温暖》（冯友兰、宗璞），古吴轩出版社 2022 年 1 月。

《满天云锦——宗璞经典散文》（散文集）（宗璞著，杨柳编选），山东文艺出版社 2022 年 5 月。

《宗璞散文》（散文集），人民文学出版社 2022 年 5 月。

《宗璞散文》（散文集），山西人民出版社 2022 年 5 月。

《宗璞散文精选（青春珍藏本）》（散文集），金城出版社有限公司 2022 年 8 月。

创作谈

《道路》，收入《女作家学刊·第三辑》，作家出版社 2022

年 8 月。

2023 年

散文

《最是一年春好处》，《每日新报》2023 年 3 月 10 日。

《长寿老人》，《中华读书报》2023 年 4 月 5 日。

著作

《宗璞散文》（散文集），作家出版社 2023 年 3 月。

《宗璞小说》（小说集），作家出版社 2023 年 8 月。

《紫藤萝瀑布》，人民邮电出版社 2023 年 8 月。

《紫藤萝瀑布》，阳光出版社 2023 年 9 月。

《扔掉名字》（散文集），河南文艺出版社 2023 年 9 月。

《平芜尽处是春山》（散文集），华中科技大学出版社 2023
年 9 月。

后　记

　　目前，学界有关宗璞的单篇研究文章已相当可观，但综合性的研究专著并不丰厚，其中较为重要的有人民文学出版社所编的《宗璞文学创作评论集》（人民文学出版社 2003 年），属于专门性的评论集，收入众多优秀文章，但较为偏重长篇小说《南渡记》和《东藏记》的研究；另有徐洪军编著的《宗璞研究》（河南大学出版社 2017 年），该书增加了"自述·访谈·印象记"，对宗璞文学的整体性研究、小说研究、童话研究、散文研究都有代表性地选取，是研究宗璞必不可少的一本资料书。此外，先燕云所著的《三千里地九霄云——宗璞与云南》（云南教育出版社 2000 年）一书，通过走访、追踪宗璞在云南的足迹，呈现宗璞与云南、宗璞的文字与云南间的千丝万缕联系，极富现场感；李辉主编的《宗璞自述》（大象出版社 2005 年）以及常莉所著《宗璞：铁箫声里玉精神》（大象出版社 2007 年）皆以图文并茂的形式呈现宗璞的文学与人生。这些著作对了解宗璞都有所裨益，但想要真正了解一位作家，了解其创作脉络与人生历程，年谱的重要性就格外显现出来了。学者程光炜认为对中国当代重要的作家，"有必要带着抢救历史资料的心情开展有步骤有系统的收集、整理和编纂"①。宗璞作为当代著名女作家，且是当代鲜有的"多奖"作家，如今将至期颐之年，对其进行年谱撰写也必然要提上文学日程。

在《宗璞年谱》编撰过程中，首先要充分利用已经出版或面世的资料，系统爬梳、整合、校对，勾勒出年谱的基本框架。这些资料大致包括创作年表、作家自传、自述、创作谈、他传、访谈、回忆录等内容。关于年表，蔡仲德所编纂《宗璞文集》（第四卷）（华艺出版社 1996 年）中附有"宗璞创作年表"（1928—1995 年），徐洪军的《宗璞研究》中附有"作品年表"（1943—2012 年），《宗璞文学回忆录》中附有"宗璞著作年表"（1948—2019 年），这些资料为《宗璞年谱》的编纂工作提供了研究之便。在以现有资料为基础的同时，仍需查询原刊，认真校对作品出处以及精确日期，做好查漏补缺的工作。1992 年宗璞著有《自传》一文，将其六十五年的人生分为四个阶段，每个阶段都有记载，这是最直观、最真实的一手材料；宗璞的创作谈不算太多，大致包括《小说和我》《传统与外来影响》《独创性作家的魅力》《虚构，实在很难》《衔一粒沙再衔一粒沙》《答〈收获〉王继军问》《给克强、振刚同志的信》《红豆〈忆谈〉》《也是成年人的知己》等都应重

---

① 程光炜：《文学年谱框架中的〈路遥创作年表〉》，《当代文坛》2012 年第 3 期。

视，另外一些序与跋也应充分重视；访谈内容不在少数，其中较为重要的有《一腔浩气吁苍穹》（金梅、宗璞）、《历史沧桑和作家本色——宗璞访谈》（贺桂梅）、《又古典又现代》（施叔青）、《痴心畅要在葫芦里装宇宙》（宗璞、夏榆）、《希望写的历史向真实靠近》（李扬）等，在引用访谈材料时，应偏重谱主当时的创作心理、创作环境、创作目的，甚至是时过境迁后的创作感悟与省思等内容，以便研究者更好地了解作品的时代语境以及作家的创作心理。此外，蔡仲德编纂的《冯友兰先生年谱长编》（上、下）（中华书局 2014 年）记载了许多宗璞侍奉父母之事以及代表父亲的日常交往，且都有精确日期，是非常珍贵的年谱资料。本年谱在编写过程中多有引用，在此特表感激之情。对于冯友兰《三松堂全集》中记载的有关宗璞的内容，笔者也有所关注。

其次，应具备经世治史之视野，兼具史家意识。梁启超强调作家年谱，不仅要立足于谱主的个人史，而且宜兼顾家史、亲友史、国史。宗璞年谱虽以谱主的个人史为主，但"家史、国史与一代之史，亦将取以证焉"①。因而，本年谱对宗璞的父母、兄弟、姊妹、亲友的交往也有所涉及，尤其是其父亲冯友兰。宗璞著有较多有关冯友兰的文字，出版过《冯友兰：云在青天水在瓶》和《向历史诉说——我的父亲冯友兰》等。冯友兰晚年时，宗璞也是尽全力照顾父亲日常起居，甘愿做父亲的

---

① 章学诚：《〈韩柳二先生年谱〉书后》，载《文史通义新编新注》（下），商务印书馆，2017，第 558 页。

助手，帮助父亲完成《中国哲学史新编》。考订宗璞身世背景及其亲友关系，一方面有助于了解宗璞的主体性情及其投射到文学创作中的思想内涵；另一方面，也是在对重要的历史事件的深入挖掘中了解宗璞所处的社会历史语境，从中钩沉她与社会、与历史之间的复杂关系。

再次，面对搜集到的大量史料，最重要的是去伪存真，做好考据功夫。若遇上连谱主自己都相对模糊的内容，要查找原刊确保无误，若遇上暂时无法证实的史料则摆正事实，不强加求证，以免弄巧成拙。比如涉及宗璞在昆明所写滇池海埂文章的具体日期，则将各家意见如实呈现，做好注释，以便研究者了解全貌。而且在钩沉辑轶的过程中，要时刻保持警惕之心，切勿张冠李戴。

最后，面对汗牛充栋的研究文章，本年谱选取极具代表性的作品予以选评。做到既不罔顾文学批评，又不以编撰者之喜恶随意选取，宜呈现文学批评的动态变化，诸如有代表性地选取《红豆》《鲁鲁》《泥沼中的头颅》《三生石》《野葫芦引》等小说，重点关注《红豆》的批判和研讨。对于童话和散文的研究，窃以为精到之论亦可收入其中。

本谱由王海涛提供编纂思路、编写意见以及专业指导，由上海师范大学人文学院 2021 级中国现当代文学博士梁宇（信阳师范大学文学院 2018 级文艺学研究生）编纂、核校，王子涵（中原科技学院外国语学院学生）负责部分资料的收集与整理工作，最后由王海涛统筹、审定。感谢提供帮助的诸位师友，感谢信阳师范大学文学院的大力支持，感谢郑州大学出版社的辛苦付出。本年谱难免存在疏漏，恳请方家批评指正。

王海涛　梁宇
2023 年 10 月 18 日初稿
2024 年 2 月 25 日改定